働き方に"生産性"と"創造性"を取り戻す

戦略的休息術

TIME OFF
タイム・オフ

ジョン・フィッチ　マックス・フレンゼル 著
Mariya Suzuki 絵
ローリングホフ育未 訳

CROSSMEDIA PUBLISHING

WHAT IS WITHOUT PERIODS OF
REST WILL NOT ENDURE

「休息なしでは長くはもたない」

オウィディウス

TIME OFF
by John Fitch and Max Frenzel

「勇敢なリーダーたち、自由な魂の持ち主、クリエイティブな人たち、フルタイムで育児をしている人たち、起業家、早期退職者、夢見る人たち、そして他のタイムオフを実践している人たち、（過去と現在において）勇気をもって辛く険しい忙しさの世界から抜け出し、タイムオフにきちんと向き合えば多くのことを生み出せるのだと教えてくれたすべての人たちへ」

日本語版への序文 ―― この本は、日本で生まれ、日本のために書かれた

みんなが期待に胸を焦がしている。

表情は明るく、瞳をキラキラさせ、これからどうなるだろうと夢に描いている。

やる気に満ちあふれ、喜びと穏やかさに包まれた生活が待っている。

「そんなの素晴らしいにちがいない」とみんな思っている。「そんなふうに生き、働けたらどんなにいいだろう」とも。

だけど、高揚感は長くは続かない。

みんなの笑顔は消え、顔が曇る。そしてまた、あの言葉を僕は耳にする。

「でも、ここでは無理だよ」


これは2019年、ジョンとMariyaと僕が日本で目にしたことだ。

本書の草稿を練るとき、さまざまな読者に響くようにと、僕たちは集めたストーリーや

思いついたアイデアを頻繁にプレゼンしていた。

その一環で、日本のある有名広告会社に勤める技術者やデザイナー、プロデューサーを前に話をしたとき、返ってきたのが前の段落に書いた反応だ。その会社は、過労が常習化していることでよく知られていた。

あのとき僕は、やみくもに忙しくしていても人生は充実しないし、仕事の生産性も上がらないと説いた。学術的な研究結果やケーススタディなども紹介しながら話した。

僕の言いたいことはしっかり伝わったようだった。余暇を大事にする生き方を選んだ人たちが成功することもわかってもらえた。

だけど全員の顔が一様にこう訴えていた。

「でも、ここでは無理だよ」


そういう結論に達したのは、あの日の広告会社の社員だけではない。日本にいる友達や同僚に話してみたときも、同じサイクルをたどった。ほとんど例外なくね。

彼らは最初、夢を見ているような希望に満ちた表情を浮かばせるのに、すぐにあきらめたように肩をすくめ、そしてこう言った。

「でもここでは無理だよ」

「ここでは」というのは「日本では」という意味なのだと、僕はすぐに理解した。

そして同時に、「タイムオフ」というアイデアが日本には適応しない、もしくは不必要だと思われているわけではないことに気づいた。

日本の人たちも、タイムオフは必要だと思っている。だけど問題はそこではないのだ。

「でも、ここでは無理だよ」という言葉の裏に隠されているのは、恐れだ。

「クライアントにどう思われるだろう？」

「同僚から批判されないか？」

「上司からの評価はどうなる？」

あるいは「家族にどう説明する？」

日本の人たちだって、より良い休息倫理（本書で紹介している概念だ）を欲している。しかし問題は、広く浸透している文化と常識にあるようだった。

日本の人はやさしくて、責任感と義務感が強い。そのせいで輪を乱したくないと念じるあまり、重い荷物を背負い続けている。「タイムオフ」が喉から手が出るほど欲しいのに、実質的には絶対に手に入らないと信じているのだ。

僕は２０１５年から日本で働き、暮らしている。そのなかで、日本社会には「タイムオフ」が絶対に必要だということを、僕は身をもって学んだ。

来日したばかりの頃は東京大学で研究に励み、その後は企業で働き始めた。正社員や契約社員、コンサルタントとしていろいろな形態の企業で働き、ハイテクなスタートアップや伝統的な企業など、さまざまなクライアントとのプロジェクトに携わった。

だけどどんな職場でも、みんな忙しく、長時間労働していた。まるでそれが名誉の勲章であるかのように、四六時中休まずにね。

その忙しさが生産性にどれだけ繋がっているのか、考えることなどしていなかった。日本は製造業では世界トップレベルだけれど、ナレッジ・ワーク（知識労働）ではかなり劣る。日本の1時間における生産性は、G7の中で、ここ50年間ずっと最下位だ。

疲れ果てて燃え尽きるほどに、創造性も生産性もどんどん落ちる。だから焦って余計に長時間働く。そんな、悪循環にはまりっぱなしなのだ。

日本の友達や同僚にこの話をすると、多くの人が効率性（一定時間でやれるだけの仕事をすること）と生産性（価値ある結果を生み出す適切な仕事をすること）の違いさえ考えたことがないことがわかった。

身も蓋もないことを言うようだが、企業も個人もすごく熱心に働いているのに、こんなに何にも達成できていない場所は日本以外にない。仕事内容がそもそも必要なのかを立ち止まって考える時間さえ取らず、ただ働き続けているからだ。

本書刊行への旅は、そういう気づきから始まった。そう、この日本で始まったのだ。日本に来て初めて就職したとき、終わりのない忙しさと押し寄せる不必要な仕事に、僕は燃え尽きた。過去のクリエイティビティとやる気に満ちあふれていた自分とは違う、抜け殻のようになったと感じた。

それである夏、休もうと決めた。「青春18きっぷ」を買って、年休を10日間取り、東北をゆっくりと旅することにしたんだ。

静かな日本の風景に身を浸す旅で、僕は古い旅館に泊まった。山形県の山々を見つめながら、お茶をすすっていた。そのとき、稲妻に打たれたみたいにひらめいた。忙しくしても全然ダメなんだと気づいたんだ。人生が変わった瞬間だった。

それまでの自分を見返すと、惨めだったし、仕事の生産性もまるで上がっていなかった。逆に、落ちていた。皮肉にも、仕事を詰め込むこと自体が、成功の邪魔をしていたんだ。当然私生活にも、その悪い影響は及んでいた。

このことに気づいたとき、僕はタイムオフについて学ぼうと決めた。

そして学んだアイデアを積極的に実践していく中で、僕だけではなくて他の人の役にも立つかもしれないと思うようになった。

ケーススタディなどを調べていると、多くの研究は世界の国で行われたものだったけれど、日本企業にも適用できることに気づいたからだ。

それでも、まだ自信がなかった。僕自身が休息倫理を見つけ、高尚な余暇に向かって動き出すことと、他人にそれを説明して励ますことはまったく違うことだと感じた。異なる文化圏ではなおさら、困難なことのように思えた。

だけど僕は前に進んだ。世界中で応援してくれた人たちのおかげで、自分の経験を他人に共有してみようと思えた。そして、あなたが今読んでくれているこの本を、ジョンとＭａｒｉｙａと一緒に作ることができたんだ。


それでは、「今」の話をしよう。

本書の英語版は２０２０年5月に刊行されると、瞬く間にベストセラーとなった。タイムオフを学び、人生の焦点を新しくすることで生まれ変わることができたと、たくさんの読者から感想をもらった。

それだけでなく、世界中のさまざまな企業からも、タイムオフを有効に使うことで従業員のやる気やイノベーション、私生活の充実に繋がったと教えてもらった。

そして、原著が出た２０２０年からの3年間で、タイムオフに対する人々の考え方も微妙に変わってきたと思う（とくにコロナ禍の影響は大きかった）。

多くの人が自分の生き方や健康についてより考えるようになり、人生における「休息」

の優先順位が上がったように感じるんだ。

それに、まだまだ課題は山積しているけれど、多くの経営者やリーダーたちが、働き手の健康や人生の充実度は「オプションとして選ぶもの」ではなく、「絶対になくてはならないもの」だと気づき始めている。

もちろん従業員はハッピーな方がいい。そしてそれこそが、会社が市場での価値を上げ、会社（や国）がイノベーションに必要な基盤を構築し続けるために絶対不可欠な要素だと、リーダーたちも気づき始めているのだ。

日本が抱える問題や、その対応の特異性は僕にも理解できる。

日本は「過労死」という言葉の生みの親で、この言葉は今や世界中で使われている。なんの成果も生まないのに「ただ忙しく見せる」ために忙しくしている、というのは日本だけで見られる現象ではない。

しかし、日本の忙しさは、僕が訪ねた他のどの場所よりすさまじいことは確かだ。

父親が育休を取ることは形式上では推奨されているのに、実際に取得する人はかなり少ない。反発や孤立を恐れて取れない人がたくさんいる。

しかも女性にとっての状況はもっと悪い。多くの女性たちは、母親になるかそれともキャリアを追い求めるか、その二択を迫られ、厳しい状況に追いやられている。

そして、タイムオフを取ることはみっともなく、他人をがっかりさせ、迷惑をかけると考えられがちだ。「休む」ことが「弱い」ことの同義語であり、精神病に注がれるのと同じくらいの偏見に見舞われることもある。

これは、日本の抱える問題の氷山の一角に過ぎない。しかし、僕は悲観していない。なぜかというと、悪い面と同じくらい、日本にはタイムオフにとって大きな追い風となる文化があるからだ。

僕みたいな外側の人間から見ると、遊びでも仕事でも、日本の人たちはルールをよく守る。だからもし、タイムオフが規則になったり許容されたりすれば、みんながそろって取り組むようになるはずだ。たとえば、ゴールデンウィークや新年の休暇みたいにね。

そしてじつを言えば、多くの日本人は、仕事を忘れてパーッと遊ぶのがすごく上手だ。行楽や温泉、花見、祭りなんかは日本特有の（世界中から注目されている）文化だ。

また、職人文化やオタク文化は、タイムオフの最たるものではないだろうか。何かに打ち込むことで、人生の本当の意味や目的を見つけている。

同様に、気を散らすことをゆるさない剣道（僕も大学時代に打ち込んだ）や書道といった伝統的な「道」も、もっとも質の高い余暇だと言えるだろう。日々の忙しさから心を離すことなくして、上達はないからだ。

「タイムオフ」は、休暇や余暇についてではなく、生きる意味を深く探って人生を充実させるための概念だ。思うに、日本で言う「生きがい」とも通ずるところがある。こう考えると、厳格な日本文化にこそ、タイムオフの真髄が隠されているような気がする。

このようにタイムオフは、文化や価値観のレベルでは、すでに日本でも行われているのだ。しかも、かなりのハイレベルでね。

だからこれからの数年で、働き方の面でも、規則や常識が少しずつ変化していくことを僕は願っている。もう少し臨機応変に、寛容にゆったり構えることで、それぞれの人が自分なりの生き方を見つけるための勇気が出せると思うのだ。

僕は日本で働いている間に、たくさんのクリエイティブで優秀な人に会った。素晴らしい人たちを忙しさやプレッシャーの海に沈めてしまうのはもったいない。

多忙や重圧が、成功のために必要な時代もあったかもしれない。製造業ではとくに。しかし、ナレッジ・ワークが主流となった現代では過去の遺物だ。

才能を持て余している人がたくさんいるのに、このままでは全部を無駄にしてしまう！

僕は日本が大好きだ。これからもずっとここで働き、暮らしたい。

そんな愛すべき国の人々に、僕はこの本で伝えたい。

仕事で成功することと、余暇を楽しむ人生のどちらかを選ぶ必要はないのだと。あなたはどちらも手に入れることができるし、手に入れるべき人だ。

この本で紹介するアイデアやストーリーが自分の環境とは違っていても、「僕の人生にはどんなふうに適用できるかな？」と考えてみてほしい。「自分には無理だ」と決めつける前に、見方を少し変えてほしいんだ。

あなたの職場がすごく厳しくて、変化は起こりそうにないと感じるのであれば、まずは自力でできるタイムオフに集中してみてほしい。どんなに短い時間でもいい。

そしてもしラッキーなことに、あなたの職場がこの本に書いてあることに理解を示し、試してもいいと言ってくれるのならば、自分ができる範囲で試してみてほしい。

他の人も誘って取り組めたら、もっとすてきだよね。

一晩で文化が変わる、なんてことはないだろう。

社会を変えるには、多くの人たちが小さな変化を積み重ねることが重要だ。

小さな変化を大人数で、ずっと続ける。その旅路にあなたも加わってほしい。

自分の人生だけでなく、家族や友達、同僚やコミュニティに変化をもたらそう。

日本の人たちが持つ強い責任感は、正しく使えば、素晴らしい武器になるにちがいないのだから。

もう、現実を無視した「期待」に応えようとするのはやめよう。顧客に最善のサービスを提供したいのであれば、そして、友人や家族が困っているときに本当に味方になりたいと思うのであれば、まず自分がしっかりしなきゃいけないということに気づくべきだ。

そしてタイムオフをしっかり取ることが、最初の一歩なのだと気づいてほしい。

あなたが穏やかな気持ちでいることが、周りに与える影響は計り知れない。

この本であなたの心が元気になったら、僕はすごく嬉しい。

そしてこの本で得たものを、ぜひ周りの人にも伝えてほしい。一緒に変えていこう。

さあ、静かな心で一歩ずつ進んでいこう。

２０２３年１月　東京にて　マックス・フレンゼル

第1章 創造する
——CREATIVITY

第2章 休息する ―― REST

第3章

睡眠をとる
——SLEEP

第4章

運動する
——EXERCISE

第5章 ひとりになる ――SOLITUDE

第8章

旅をする

—— TRAVEL

第9章

繋がりを断つ

——TECHNOLOGY

第10章

これからの働き方

——THE FUTURE OF WORK

エピローグ

僕たちの物語
——OUR STORY

ブックデザイン　小口翔平＋畑中茜＋青山風音（tobufune）
イラスト　Mariya Suzuki
DTP　茂呂田剛＋畑山栄美子（有限会社エムアンドケイ）
校正　円水社
編集協力　ランカクリエイティブパートナーズ
編集担当　石井一穂

プロローグ

タイムオフってなんだろう?

WHAT IS TIME OFF?

次の場面を、想像してみてほしい。

- あてもなく、ただ森や家の近くの公園をぶらぶらしている。しばらく歩いたとき、悩んでいたすごく大事なプロジェクトのアイデアをひらめいた。次のステップが見えてきた。
- 集中したくて、スマホの「集中モード」をオンにする。通知が届かなくなると、驚くように仕事がはかどる。
- 仕事ですごく疲れた。ベッドに寝転がり、ほっとひと息。目を閉じて8時間ぐっすり眠る。翌朝、やる気に満ちあふれている。
- 大きな仕事をやり遂げた。すぐに次へ進まずに、小休憩。イタリアでパスタの作り方を学んだり、ニュージーランドで数週間のキャンプをしたり。あなたの人生という物語には、どんな続きがふさわしいだろう？　それを探るためだけに時間を使う。
- 水曜日の午後、仕事の流れ《フロー》（訳注：仕事に没頭している感覚がある状態）がすごくいい。息抜きに趣味を楽しんだからだ。
- 幼なじみが大爆笑しているので、つられて笑う。2時間かけてゆっくり食事を楽しむ。仕事のこと以外で人と話すのは久しぶりだ。子供の頃、僕たちはやんちゃだったよね。
- 両親と電話で長話。ああ、電話してみて良かった。あと何回、両親とこうした時間が持てるだろう？

さて、あなたの心は穏やかになっただろうか?
こういう時間を最後に持ったのはいつだろう?
忙しい日々のなかに休息の時間はあるだろうか?
忙しく走り回ることは、目標達成に本当に必要なのだろうか?

僕たちは休むことを、仕事とは真逆のことだと思いがちだ。休んでいるか、しゃかりきに働いているか、どちらかしかないような気がしている。

「タイムオフ(休息)」という言葉を聞いて思い浮かべるのは、有休や週末だろうか。それともソファに座ってテレビゲームをすることや、ビーチでカクテルを飲むことだろうか。

この本は、夏休みについての本ではない(ちょっとは話題にするけれど)。怠けるための本でも、さぼるコツを伝授する本でもない。

これは、**燃え尽き症候群や過労を遠ざける習慣についての本**だと言えるかもしれない。より豊かに、幸せに、満ち足りた人生を送り、(休むこととは真逆のことを言っているように聞こえるかもしれないけれど)いろいろな方向に動き、クリエイティブなあなたになるための本なのだ。

２０１９年、世界保健機関（ＷＨＯ）は「燃え尽き症候群」を、国際疾病分類のうち「適切に管理されていない慢性的な職場ストレスに起因するもの」と定義した。

ストレス、不安、幻滅に苦しめられる人が今までになく多くなっている。

とくに、ミレニアル世代に顕著だ。過労と心労は僕たちのクリエイティビティを削り取り、社会をだめにしている。

僕たちは、時計仕掛けの疲れ知らずのロボットじゃない。

いくらそんなふうにふるまっても、日々の忙しさから自由になる時間がなければ続かないだろう。日夜休まずに働いても平気な人もいるかもしれないけれど、それを前提にすべきではない。

人間の素晴らしい経験のためには、休息、内省、回復のための時間、つまり**重圧や期待から心と体を解き放つための時間が必要なのだ。**

あなたは、発明したり、社会に貢献したり、大きな変化を起こしたいと考えているかもしれない。どんな目標であろうと、前に進むためには「休息倫理」を労働倫理の一部として理解しなければならないのだ。

休息倫理とはなんだろう？

息を大きく吸って、止めてみてほしい。

しばらくそのままで。どのくらい息を止めていられるだろうか。

30秒くらい？　数分間？

息を吐かずにはいられなくなるまで、そんなに長くはかからないだろう。

働くことは、息を吸うことだと思ってほしい（キャリアにとって、働くことは酸素と同じくらい大切だ）。

労働に対する倫理がしっかりしていれば、なにかを作ったり、実行したり、調整したり、管理したりできる。つまり、仕事が可能になる。

業務リストを作ることは、息を吸うことだ。プロジェクトを遂行することも、息を吸うことだ。アイデアを実現させることも、息を吸うことだ。

しかし、**ずっと息を吸い続けることはできない**。**きちんと吐き出さなければならない**。

この吐き出すことこそが、休むことだ。だから、休息に対しても、しっかりとした倫理が必要なのだ。

しっかりした休息倫理があると、インスピレーションやアイデア、力が湧く。やる気がみなぎり、情熱を大切にできる。

新しい視点を得ることは、息を吐くことだ。

自由な発想とひらめきを得ることや、刺激的なアイデアに触れてワクワクすることも、息を吐くことだと言えるだろう。

そして、きちんと息を吐き切れば、次はより深く吸える。休息倫理と労働倫理は直結しているのだ。


休息倫理について考えを深める前に、労働倫理について考えてみたい。一生懸命働くことが、良い労働倫理だと思ってはいないだろうか。

ジェイソン・フリードとデイヴィッド・ハイネマイヤー・ハンソンは、**良い労働倫理とは死にもの狂いで働くことではない**のだと示し、次のように定義している。

「良い労働倫理とは、呼び出されたらいつでも仕事をすることではない。良い労働倫理とは、やると言ったことをちゃんとやることだ。その日の分の仕事に取り組み、仕事に敬意を払い、顧客や同僚を敬うこと。そして、時間を無駄にせず、他人の仕事量を増やさず、邪魔にならないことだ」

これが理想の労働倫理だ。**長時間労働したからといって、労働の質が上がるわけではない。量や忙しさではなく、大切なのは質だ。**

労働倫理を磨くための本は世の中に何冊もある。素晴らしい作品ばかりだ。『完訳７つの習慣――人格主義の回復』（スティーブン・R・コヴィー著　キングベアー出版　２０１５年）、『よりよい道を行け――最高を目指し続けるトレーニング』（ティム・S・グローバー、シャリ・レッサー・ウェンク著　パンローリング　２０２１年）、『プロになる』（原題『Turning Pro』　スティーブン・プレスフィールド著　２０１２年　未邦訳）などだ。だから本書では、休息や余暇の話をしたい。「タイムオフ」が、クリエイティビティや新しいアイデアを運んでくる仕組みを探りたいのだ。

ではまず、優れた「休息倫理」とは、一体どんなものなのだろうか？

この本を読めば、休息倫理が必ずしも「休暇を取ること」を意味しないことがわかるだろう。なるべく働かないようにするためのものではないのだ。

重要なのは、時間の使い方だ。

あなたの仕事の成果と忙しさの度合いは、反比例してないだろうか。

仕事から離れ、ゆっくりする時間があったらどうだろう。

きちんと「ノー」を伝え、線引きができたらなにか変わるだろうか。

あなたにとって、成功とは一体なんだろう。

これらの問いの答えを探ることで、あなたの深いところに眠る可能性とクリエイティビティが目を覚ますかもしれない。

休息倫理と労働倫理はどちらも必要だ。コインの表裏のようなものだ。それなのに近頃の僕たちは、息を止めたまま走り回っているような気がする。ワクワクやひらめきなしで、仕事の効率を上げることなどできはしないのに。

過度なストレスにさらされ、燃え尽きかけている人たちから、世界を変えるような素晴らしいアイデアなど出てくるわけがない。

この本を作ったメンバーもかつて、思いっきり息を吸いたいと願っていた。

ジョンは挫折を経験し、タイムオフのときに、時間の新しい概念に出会った。

マックスはやりがいを感じない仕事に忙殺されていたが、山で静かな時間を過ごすうちに、博士課程時代のような生産的でかつ余暇のある生活に戻ろうと決意した。

イラストレーターのMariyaは、あまりにも多くのプロジェクトを引き受けすぎて絵を描くことが嫌いになり、量よりも質を重視すべきなのだと学んだ。

僕たちは3人とも、でこぼこ道や曲がりくねった道を通って、やっとここまでたどり着いた。しっかりした休息倫理が鍵だったと気がついたのだ。

そして、あなたの道のりが少しでも楽になればと願い、この本を書くことにした。

「タイムオフ」は時代を超えて世界中で行われてきた

アルベルト・アインシュタインもかつて、静けさを求めてしばしば木船で海に漕ぎだしたそうだ。ベートーヴェンも午後は長い散歩に出て、酒場で新聞を読んだりしながら曲を構想した。

本書では、さまざまな素晴らしい人物たち（発明家、革命家、ノーベル賞受賞者、思想家、億万長者、アーティスト、ギリシャの神々、そして〝普通〟の人たち）を紹介する。リフレッシュ方法や行動の指針をきちんと持っている人たちから、燃え尽き症候群にかからなくても、へとへとにならなくても、成功できることを学んでほしい。その方法に、驚いてほしい。

この人たちは、「タイムオフを〝したのに〟成功した」ではなく、**「タイムオフを〝したから〟成功した」**のだ。

本書で紹介する方法すべてが、誰にでも合うわけではない。矛盾するような考えも並べて紹介している。

なぜなら「タイムオフ」の効果的な形は、人それぞれ違う。ひとりにならないとタイムオフじゃないと思う人もいれば、友達と一緒でなければだめな人もいる。忙しいのが好きな人もいれば、穏やかに過ごしたい人もいるだろう。

これまで成功を手にした人たちから、タイムオフのためのツールや戦略、習慣を学ぼう。使えるものもあるかもしれない。タイムオフを取り入れるきっかけにしたり、組み合わせを変えたりして、自分だけのお気に入りを見つけてほしい。

役立つものは大いに取り入れ、そうでないものは無視すればいい。

インターネットでの競争がこんなに熾烈なのに、しっかり休みながら、数百万ドルを稼ぐ方法があるのかって？

もちろんだ。**ステファン・アーストル**や**ブルネロ・クチネリ**から、話を聞いてみよう。

競争に勝つためには、情熱を捨てて本業だけを頑張らないといけない？

そんなことはない。人工知能が細かいタスクには適している場合もあるそうだ。これから生き残るには、幅広い興味があると良いらしい。

ソフトウェア・エンジニアでラッパーの**ブランドン・トーリー**と、ジャーナリストの**ティム・ハーフォード**に詳しく聞こう。

複雑な利害関係の真っただ中にいるリーダーで、何万人から頼りにされている。そんな状況で休暇なんて楽しめるわけないって？

楽しまなきゃ！　仕事ができて、やさしいリーダーになりたいのならなおのこと。

ローマ皇帝の**マルクス・アウレリウス・アントニヌス**は2000年前にとっくにコツを知っていた。実業家の**リチャード・ブランソン**は、現代で大いに休暇を楽しんでいるしね。

休んだりしたら世界トップレベルになれないと思っているそこのあなた、考え直してほしい。

アスリートの**レブロン・ジェームズ**や**フィラス・ザハビ**がよい見本だ。シェフの**アリス・ウォーターズ**や**マグナス・ニルソン**、俳優の**ルピタ・ニョンゴ**の言葉にも耳を傾けてみよう。

企業経営者、ローマ帝国の皇帝、フリーランス、プロスポーツ選手、そしてシェフ。誰にだって、タイムオフを毎日の生活に取り入れることはできる。オフィスでも、それ以外の場所でも。**新井セラ**さんや**ピート・アデニー**の例も見てみよう。

今まで紹介したみんなに共通していることがひとつある。

「トップスピードを常に維持して忙しくしていなければ成功できない」という考えなど、まったく信じていないところだ。

「働きすぎ神話を頭の中から追い出してください」と、デイヴィッド・ハイネマイヤー・ハンソンとジェイソン・フリードは訴える。「労働倫理と労働時間を取り違えてはいけない。昇進も平穏も失うことになる」と。

失わなくてすむ方法は、きちんとした休息倫理を手に入れることだ。

本書で明らかにするように、昔の偉大な人物たちはタイムオフの必要性をよく理解していた。だからといって、タイムオフが時代遅れの考えというわけではない。

タイムオフは現代社会で軽んじられる傾向にあるが、いちばん必要としているのもまた、現代に生きる僕たちではないだろうか。昔の知恵に気づき、実践することができれば、驚くような成功が待っている。

本書では、タイムオフをさまざまな角度から検証する。

創造性、睡眠、遊びなどの各項目を、科学的観点から考察し、楽しいエピソード、実践できるアドバイスなどを交えて深めていきたい。そこから、あなただけの休息倫理を作ってほしい。

本書の最後では、オートメーション技術や人工知能（ＡＩ）の発達によって、クリエイティビティ、イノベーション、そして人間らしさといった、機械には真似できないものがますます重要になる将来について話そう。

未来のため（そしてその未来で成功するため）には、しっかりとした休息倫理のもと、余暇を楽しまなきゃ。タイムオフこそが、未来への鍵なのだから。

さて手始めに、ひとつ質問しよう。

僕たちは一体どこに、タイムオフを置いてきてしまったのだろう？

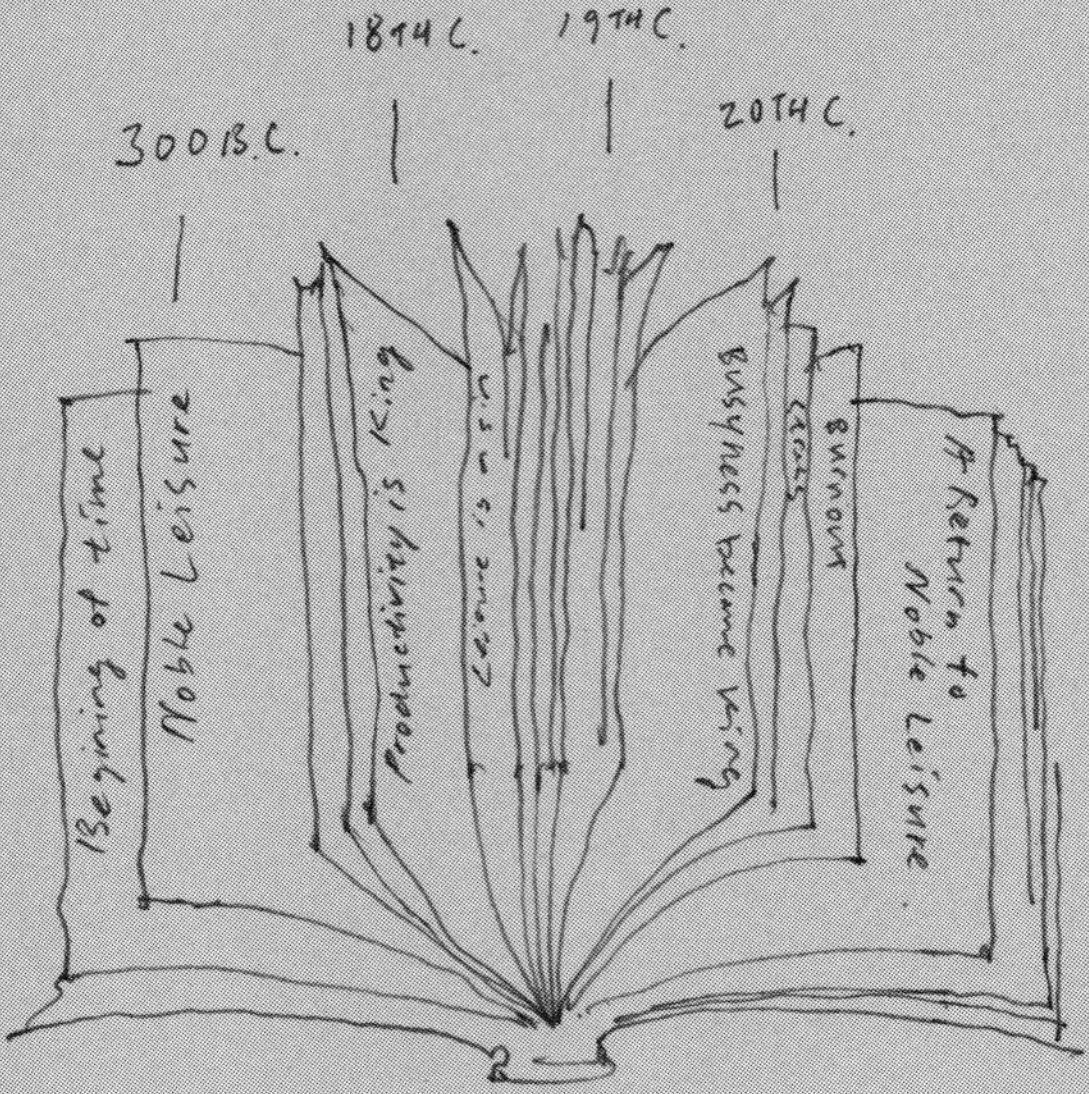
18TH C.
19TH C.
300B.C.
20TH C.
Begining of time
Noble Leisure
Productivity is King
Leisure is a sin
Busyness became king
Stress
Burnout
A Return to Noble Leisure

序章

僕たちは、どこで間違えたのだろう?

WHAT WENT WRONG?

歴史上の偉大な人たちには、大きな共通点がある。タイムオフの真価を理解していたことだ。

時代も職業も場所も違うのに、名を残した思想家や策略家やアーティストたちは、タイムオフを罪として嫌うのではなく、善いものとして楽しんできた。

こういった人たちの功績が後世に伝えられ、僕たちが恩恵を受けることができるのは、まさにタイムオフがあったからなのだ。

1932年、バートランド・ラッセルは「怠惰への讃歌」(平凡社　2009年)という思索に富んだエッセイで、僕たちにこんなヒントをくれている。

「余暇（レジャー）により、たくさんのことがなされ、その中には文明を代表するような功績もある。ただし、労働階級人口は有閑階級（レジャー・クラス）よりも多く、有閑階級層は人口のひとにぎりだ」

「有閑階級は社会問題に悩む必要がないため、その優位さを享受した」と、ラッセルは認めている。その一方で、次のようにも述べている。

「(有閑階級は)我々が文明と呼ぶものに大きく貢献もした。芸術、科学、本、哲学を生み出し、社会関係を成熟させた……この階級なくして、人類は野蛮から抜け出すことはできなかっただろう」

しかし、現代の労働文化はその逆だ。**みんな常に忙しく、ストレスに耐え続け、働きすぎることが勲章であり、自分の価値や有能さを、そうすることでしか証明できないようだ。**

定時に帰ったり、休暇を取ったりしたら、毎日残業をして滅多に机を離れない人よりも劣っている。そんな考え方が常識になってはいないだろうか。

では、歴史上の人物たちはよっぽどの変人だったのか（もちろん、そうではない）。それともバートランド・ラッセルは、文明形成について嘘八百を並べ、夢を見ていただけだったのだろうか（もちろんそうではない）。

そうでないならば、僕たちはどこかで、休息の大切さを忘れてしまったに違いない。

ナシーム・ニコラス・タレブは次のように書いた。

「〝働きすぎる〟ことが恥ずべきことではなく、誇りになったのはごく最近です」

この**見せかけの誇りを得ようと頑張りすぎて、精神の病や、燃え尽き症候群に陥り、不幸せになった人たちがこの社会にはあふれている。**必死に高めようとしている「生産性」さえ、結局のところ低いままだ。

仕事に集中するためには、忙しい時間と質の高い休息時間のバランスをとることが欠かせない。

だけど、ほとんどの人はアンバランスに生きている。つまり、仕事に没頭しているわけではないし（没頭する方法さえわからない）、だからといって完全に仕事を忘れて休んでいるわけでもない。オンでもオフでもない状態をふわふわしている。

まずいことに、労力は累積しないので、**50パーセントの状態で2時間働いても、100パーセント状態の1時間にはかなわない。**クリエイティブな仕事ならなおさらだ。

そしてこれからは、そういう仕事がどんどん増える。工場などでの単調な仕事はほぼなくなるという予測さえある。その点については、またあとで話したい。

幸運にも、少数の人たちのおかげでタイムオフの概念はまだ生きている。昔の偉人たちや、ベンチャー企業の経営者など、社会に影響を与えてきた人たちが守ってくれたのだ。

そして近年では、より多くの人がタイムオフの価値に気づき始めている（本書であなたもその仲間入りすることを願う）。

核心に迫る前に、なにがおかしくなってしまったのかを考えてみたい。

どこでねじれが起きたのか？

中途半端な働き方を目指してしまったのはなぜだろう？

どうして休息とタイムオフが不可欠だと忘れてしまったのだろう？

この答えを探るために、仕事と休暇をめぐる歴史を紐解こう。

「時間」の概念がなかった時代

昔々、「時間」の感覚は今とは違っていた。

狩猟採集をしていた先祖は、自然のサイクルに従い、必要なものを必要なときに得ようとした。腹が減れば、狩りに出る。あたりが暗くなって疲れたら、寝る。現代のような「労働」という考えも存在しなかった。

仕事は、ただ「供給」することだった。つまり、天候から身を守るための家や、餓死しないための食べ物を確保するためのものだった。

自然の恵みがたっぷりで、あまり人も多くない世界に暮らしていた先祖たちが食べ物を探すには、1日数時間くらいしかかからなかっただろうし、それで3日間は不自由なく食べられただろう。

そのため労働時間は少なく、あとは気の向くままに過ごすことができたと考えられている。睡眠時間も余暇も十分に取れて、慢性的な病に苦しむ人はほとんどいなかったらしい（健康問題よりも、肉食動物に狙われたときなどの極度のストレスの方が問題だったかもしれない）。

燃え尽き症候群や、過労による病気だけでなく、**多忙という概念さえ、現代文明の登場まで存在しなかったのだ。**

1万年ほど前に状況は一変した。新石器革命により、定住や農耕が進んだのだ。短期的ニーズを満たすためだけに動くのではなく、より長いスパンで物事を考えるようになった。比喩としても、そして実際にも、「種をまく」ことが必要になったのだ。農業を営むためには、狩猟採集者が予見したよりもはるか遠くの未来にどれくらい収穫があるのかを見込んで、作物や家畜を育てて世話しなければならない。大きな労働力が必要になり、時間の概念が出現した。

同時に出現した「私的財産」という概念が意味したのは、植民社会内での競争だ。狩猟採集社会では、必要量以上のものを獲得しても無駄になってしまう。しかし定住社会では、個人の富という概念のもと、競い合って働くようになった。**時間と労力をつぎ込むほど、得られるものも大きいと考えられるようになったのだ。**

少なくとも最初は、安定が手に入り、コミュニティが大きく育つという恩恵があった。メソポタミアでは車輪や数学、中国では絹織物や紙、エジプトではピラミッドが生まれ、宗教的伝統が発展し、文化が花開いた。古代ギリシャとローマでも同じように、後世に影響を与える多くのアイデアが発表された。それも、ものすごいスピードで。

短期間で、民主主義、哲学、天文学、数学、演劇、文学など、世界を形成する基本的なアイデアが生まれたのだ。

それにもかかわらず、現代社会を生きる僕たちが、古代ギリシャ人やローマ人（ただし貧民でも奴隷でもないという条件付きで）の典型的な1日を見ることができたら、なんて怠けた暮らしをしていたのだとあきれるかもしれない。

最大の貢献をした人たちは、なるべく働かないように生活していた。**成功者は労働などすべきではないと考えられていたからだ。**

そして、余暇を中心とした暮らしがあったからこそ、哲学やスポーツ、文学、家族、ゲームが生まれ、文化が繁栄したのだ。

バートランド・ラッセルによれば、**余暇とは「文明に不可欠なもの」**だ。

そして古代ギリシャのアリストテレスによると、余暇は不可欠なだけではなく、すべての人が望むべき高みなのだそうだ。仕事は必要で、余暇は高尚（ノーブル）なのだ。

アリストテレス

（ギリシャの哲学者 紀元前384年〜322年）

「もう一度繰り返すが、すべての行動の基本は余暇である」

「人生のすべては、仕事と余暇、戦争と平和に分けられる。そして必要と有益のために行動する者もいれば、高尚であることを目指す者もいる。ちょうど戦争が平和と引き換えであるように。つまり仕事は余暇のためにあり、必要で有益なものは、高尚なもののために存在するのだ」

紀元前330年、ギリシャのアテネ。アリストテレスは自らが創設したペリパトス学派の学校があるリュケイオンで熱心に働いていた。論理学や形而上学、数学、生物学、植物学、倫理学、そして政治学などの議論や思索に没頭していた。

しかし、ナレッジ・ワーク（知識労働）だと僕たちが認識するもののほとんどが、アリストテレスにとっては余暇だった。それもただの余暇ではない。高尚な余暇だ。

アリストテレスが考える、**労働と高尚な余暇を区別する基準は、「なぜそれを行うのか」という問いにある。**

労働には明確な目的がある。実用的な目標がある。一方で余暇はただ「したい」からするのだ。なにか別の目的のためというよりも、意味の追求といったところだろうか。

そのため、アリストテレスは休むことを「余暇」とは呼ばなかった。彼によれば、休む行為は問いを投げかけるからだ。「なにから逃れているのだ？」、と（答えは「山積みの仕事から逃れている」に決まっている）。アリストテレスのなかの順位付けでは、休むのは仕事のためで、仕事は余暇のためだったのだ。

しかし、労働なしで余暇だけ行うこともできるし、それがもっとも尊い行為だとアリストテレスは考えていた。

アリストテレスが労働だと思っていたもののほとんどが、現代では「余暇」とされている。

彼の思考の大半は、純粋な思索、つまり「ただそうするがためにしただけの活動であって、思索すること以外にはなにも得られない」ことであった。

それは「知りたい欲求にただ身を任せただけで、なにか有益なものを目指していたわけではない」のであり、「無益か有益か」などという価値判断を超越する営みであり、「それ」のみで善いことだと考えていた。

残念ながら、現代においては「純粋」な知識を司る職業、つまり学者などの働き手であっても、目的のない思索は滅多に行わないのではないだろうか。

だから、「高尚な余暇」という概念を、現代を生きる僕たちが真に理解することは難しいのかもしれない。

しかし、この概念が僕たちの生活におよぼす個人的、社会的影響は大きい。

アリストテレスが言っているのは、**仕事の忙しさに現《うつつ》を抜かし、仕事を行うための余暇になっているとすれば、実りある人生を送るためのひらめきも、文化や社会に貢献しようとするやる気も湧かない**ということだ。

その意味では、僕たちは余暇のない社会に生きている。そんな社会では「ビッグ・アイデア」は生まれない。

「高尚な余暇」は、ぼーっとすることでも、ただリラックスすることでもない。「足るを知る」時間だ。「ノーブル・レジャー」ブログプロジェクトはこう記す。

「余暇は、学問の追求や善いこと（つまり音楽、詩、哲学）を気兼ねなくする時間。それがノーブル・レジャーの目的だ」

ちょっと考えてみてほしい。仕事以外で満ち足りた気持ちにしてくれるものはなんだろう？　それを無視し続けてはいないだろうか？

アリストテレスの余暇の考えを、ほとんどの人が知らないまま生きている。

しかし、彼は時代を超えて多くの思想家に影響を与えてきた。そして僕たちは幸運にも、高尚な余暇の復興期（ルネッサンス）初期に生きている。

本書でもたくさんの例を紹介する。この流れにあなたも乗ってほしい。

「人は、必要なもの、有益なものを見据えて行動しなければならない。そしてそれ以上に、高尚なものはなにかということも常に考えなければならない」と、アリストテレスは僕たちに呼びかける。

「自然は正しい仕事のあり方のみならず、高尚な余暇の可能性も教えてくれる。繁栄の基礎、すべての始点なのだ」とも述べている。

さあ、僕たちの余暇を始めよう。**仕事のための休憩じゃなく、余暇のための余暇を。**あなたたちそれぞれに合った形を見つけてほしい。余暇からすべてが始まるのだから。

実践　高尚な余暇を目指すために

高尚な余暇は、光り輝く最終目標だ。これを取り戻すことができれば、タイムオフは完全にマスターできたと思っていい。タイムオフをマスターするために、まずはその価値を知ることから始めよう。アリストテレスが「プリンシパル・ポイント（基本方針）」と呼ぶものがある。それは「余暇にはどのような活動がふさわしいのか」という問いだ。アリストテレスは自分なりの答えを見つけた。現代の僕たちも、それぞれの答えを探してみよう。本書を読んで、あなたの「プリンシパル・ポイント」を見つけてもらえたら嬉しい。高尚な余暇への旅へ、出発しよう。

時間は価値で、仕事は必要で、余暇は高尚だった

アリストテレスの時代は、「余暇至上主義社会」だったと言える。

カトリック哲学者のヨゼフ・ピーパー教授が著書『余暇――文化の基盤』（エンデルレ書店1961年）で指摘したように、古代ギリシャでレジャーを指す言葉はχολή（Skole）であり、ラテン語のScolaの語源で、それが現代英語Schoolとなった。

つまり元来の意味で学校という場所は、文化的な、そして余暇としての人生の準備をするところだったのだ。【原注1】

実際、考えてみると面白いのだが、古代ギリシャ語にもラテン語にも「仕事（work）」にあたる言葉は存在せず、仕事は「余暇の不在（ギリシャ語でa-scolia、ラテン語でneg-otium）」として捉えられていた。

このような視点の転換は、現代においては現実的でないように思える。

原注1　現代の教育システムが、忙しいライフスタイルと勤勉さを教えることを目的にしていることに異議を唱える人はいないと思うが、語源だけでも覚えておいてほしい。「教育とは訓練の対であり、文化は解説と対である」とピーパー教授は述べ、レジャーの基本に立ち返るよう促す。「偏見を捨てるのだ。内なる偏見、仕事領域を過大評価することで生じる偏見を放棄しなければならない」。

僕たちは、ピーパー教授が「完全な仕事」と呼ぶ状態に生きているからだ。**「仕事をするために生きる」のは当たり前で、そうでない人は「狂人」とされる。**そんな時代に生きる僕たちが古代の人たちから学ぶべきことはなんだろう？

ナレッジワーカー（知識労働者）という概念が生まれたのも、つい最近だ。この単語からも、労働への態度が大きく変わったことがわかる。

昔は、知的探求は有閑階級のみに許され、労働ではなかった。

古代の人々にとって、知識は「受けとるもの」であり、世界を観察して受容するものだった。

だから、ゆっくりと呼吸し、思索にふける時間が必要だと考えられていた。

古代ギリシャの哲学者ヘラクレイトスは、知識とは「物事の本質に耳を傾けること」と述べている。

さまざまな点から、高尚な余暇はナレッジ・ワークの基礎であると言えるだろう。

ただ、アリストテレスと、その同時代の人たちは、現代のナレッジ・ワークという概念を想定していたわけではない。

僕たちの社会が、重要なポイントを見落としているのがわかるだろうか。

仕事と余暇がごちゃ混ぜになり、余暇を怠惰や自堕落さと結びつけているのだ。

そして懸命に働くことと、善い人であることが同一視され、その価値観に縛りつけられている。

そしてこの価値観には、時間についての捉え方の変化が強く結びついている。

可視化された時間1・0：「生産性」こそ正義

人類の歴史のなかで長い間、仕事は監視されず、自由に取り組む活動だった。好きなように生きて、結果が出ればそれでいいのだ。

お金で買うことができるのは物のみで、人の時間を買うという考え自体ありえなかった。時間の捉え方が現代とは違っていたのだ。自然の循環や、動作に必要な量を基準として時間は測られた。

「時間・労働規律・産業資本主義」（原題「Time, Work-Discipline, and Industrial Capitalism」未邦訳）という論文を書いた歴史学者のE・P・トンプソン教授は、「原始的な人」は「家畜時計」に従い、家畜の世話をするのにかかる時間、もしくは人付き合いにかかる時間などで行動するのだと述べた。

牛が草を食《は》みにいくと時を刻み、羊を放牧するときにまた時を刻む。時間の単位にも同じルールが適用された。マダガスカルでは「米を炊く時間」（およそ30分間）がひとつの時間単位だった。

こうした作業中心の時間概念はとても自然だ。牛の乳は出るときにしかしぼれない。「ミルク時間になったよ、しぼろう！」というわけにはいかないし、海の様子で船を出すかどうかを決める。

人間にとっては、こういう時間の捉え方がいちばん簡単で、トンプソン教授によると、「仕事と生活の線引きはあまりされず、必要に応じて仕事時間が長くなったり短くなったりするだけなので、労働と、ただ時間を過ごすことに摩擦が起きにくい」らしい。必要なことに取り組み、時間の心配はしなくてよかったのだ。

しかし、作業が複雑化し、作業人数が増えたり作業地域が広くなったりすると、労働する時間に変化が生じた。作業中心だった労働が、時間計測を前提とする労働に変わったのだ。

つまり、**いつ、どのくらい労働しているのかを他の人と照合し、「時間通り」であることを見せなければならなくなった。**

この新しい枠組みにはまらない人たちは「無駄が多く、緊張感がない」とされるようになったと、トンプソン教授は述べている。「雇用主の時間」と「自分の時間」の線引きがくっきりとなされ、可視化されたのだ。

彼はこうも言っている。

「仕事内容ではなく、時間が換金されるようになったことは大きい。つまり、時間が貨幣となり、ただ過ごされるものでなく、支払いに使用するものになったのだ」と。

言い換えれば、あなたの時間が誰かにとって価値を持ち、交換したり与えたりできるようになったということだ。**時間が商品になったのだ。**

この変化は時間のみならず、余暇の概念も変えてしまった。時間に付加価値ができ、換金できるようになったため、余暇の付加価値が下がったのだ。

もっと悪いことに、**余暇は無駄でしかなく、金を燃やすのと同等だ**と捉えられるようになった。同じ時間を使ってなにも生み出さないのであれば、無駄にしたも同然だ。

実際のところ、あなたがだらだらとなにもしないでいることに対して、お金を払おうという人はいない（少なくとも現時点では。あとでこれについては深掘りする）。

あなたの時間がなにかを生み出すという前提で、人々はお金を払うのである。

どのくらい生み出せるのかが、あなたが持つ時間の付加価値を測る指標になるわけだ。

産出物のみで時間が可視化されたわけではない。

14世紀以降、大きな都市や市場などのある場所で、教会の塔などの公共の場に時計を置くようになった。

音の方が文字よりも伝わりやすいため、教会の鐘や工場のベルなどで時間を伝え、時間を賢く使うように思い出させたのだ（ちゃんとお祈りしていますか？　してください！　ちゃんと仕事はしていますか？　やっていないって？　価値ある時間を無駄にするのは止めなさい！　雇用主のお金を無駄にするのと同じなのですよ。もっと生産的になりなさい！）。

連綿と現代まで続いていく、口うるさい時間の守り人たちが誕生したのだ。

現代ではそれぞれにアラームを所有し（きっとスマホに入っているはず）、毎日それによって起こされ、叫びながら1日を始めているはず。

「いそいで！　はやく行こう！　時間の無駄だよ！」ってね。

時間と価値は強く結びつき、余暇はその価値を台無しにすると思われるようになった。

そしてもうひとつ、別の力もひそかに影響をおよぼし始めた。

これによって、時間の付加価値と、その時間でなにを行うかが、個人の価値観と結びつくようになるのだが、その話をする前に、さまざまな時間の捉え方を紹介したい。

カイロスとクロノス

（ギリシャの神々）

「すべてのカイロスはクロノスだが、すべてのクロノスはカイロスではない」――ヒポクラテスお気づきではないかもしれないが、僕たちはよく、ギリシャの神、クロノスのことを話している。腕時計やスマホのロック画面、ガス台にまで、時間は表示されているからだ。スケジュール通りに行動し、遅刻しないように常に時間を確認し、ちゃんと間に合うか不安でストレスに感じることもある。

クロノスは時間の父と呼ばれ、厳密な時間を象徴している。1秒、1分、グーグルカレンダーの招待、忙しい1日の始まりをけたたましく告げる目覚まし時計。いたるところに、クロノスがいる。

現代社会で暮らす僕たちは、クロノスのみを信仰している。彼がすべてを統一する神であり、彼なしで現代文明は存在できなかっただろう。

しかし、時間の神はクロノスだけではない。カイロスという名の神もいる。

同じくギリシャの神だが、まったく異なる種類の時間をパワフルに象徴している。あまり注目されることがない神だが、**クロノスが時間の父だとすれば、カイロスは、ときどき遊びにきてくれるかっこいいおじさんみたいな感じだ。**

『あなたの人生にリズムを』（原題『Your Life in Rhythm』未邦訳）の著者で神学者のブルース・ミラーは、ふたりの神を次のように表現する。

「クロノスは老いた賢者のようないで立ち。白髪で、長いひげ面。手にした大鎌は天体の曲線をなぞる。カイロスはゼウスの末息子で、チャンスの魂だと信じられている。イソップによると、カイロスは逃げ足が速い。カイロスの頭髪は、おでこから伸びた一束の髪のみで、彼を捕まえるには正面からその髪をつかむしかない。カイロスが近づいてきたときだけ、それは可能だ。通りすぎたら、たとえゼウスでも、連れ戻すことはできない」

実際に僕たちは、両方の神と関わりがある。ブルース・ミラーは、我々が日常で過ごす時間を、次のようなふたつのタイプに分類している。

「大好きな人とデートしている3時間は飛ぶように過ぎる。退屈な授業の3時間はなかなか進まない。クロノス的時間ではどちらも3時間だ。カイロス的時間では、時間が飛んでいくか、のろのろ歩きかの感覚的な違いがある。クロノス的時間が活動に要する量であるのに対して、カイロス的時間は質を示している」

古代ギリシャの人たちは、このふたりの神によってもたらされる深い知恵と、異なるリズムに調和して暮らしていた。優劣があるわけでなく、**どちらの時間の神に気をつけて過ごすかを考えることで、日々の暮らしにバランスが生まれる。**

予定を詰め込みすぎたり、時計の示す時間にとらわれすぎたりすれば、せっかくのチャンスを逃しかねない。忙しすぎる場合、クロノスに気を取られている可能性が高い。そんなときは、カイロスに意識を向けてみると良いかもしれない。

カイロスは時間の量でなく、質だ。

何時間も働いたのに、それに見合う質の仕事ができなかった経験はないだろうか。そうかと思えば、少ししか働いていないのに、すごく誇らしい結果を生むことだってある。

カイロスが司るのは、こういった物事のフローだ。

シャワー中や、散歩中にハッとひらめくとき、カイロス的時間が起こっている。

カイロスはいつ姿を見せるかわからない。けれど、クロノスに執着しすぎると、目の前に現れたときに、その前髪をうまくつかめないかもしれない。タイムオフしているときには、日常ではアクセスできないチャンスがたくさん訪れるものだ。

ついつい、僕たちはクロノスのことを四六時中考えてしまう。

時間が足りないと文句を言ったことがない人はいないだろう。僕たちは時間切れになるのを恐れるあまりに、1日に可能な限り予定を詰め込もうとする。

だけど、子供の頃にも同じように心配していただろうか？

子供の頃は、カイロス的時間をより多く経験するようだ。ひらめきと本能任せに、冒険と不思議いっぱいの長い1日を友達と過ごす。遅すぎることも早すぎることもなく、時計の針など気にせずに、ただその瞬間に没頭している。大人になって感じる時間よりも、あの頃の時間の方がたっぷりと長く感じたのはなぜだろう？

昔は、計画など立てずにただ気持ちの向くままに体を動かした。だけど大人になるにつれて、現実世界で生きなければならないからと、時間の過ごし方を変えてしまうのだ。

でも、そんなことしなくても大丈夫だ。**クロノス的時間から少し離れて、速度を落として「なにができるかな」と考えてみよう。**時間に対して少し違う経験ができるかもしれない。時間の経過ではなく、一瞬一瞬の濃さに意識を向けてみてほしい。

たとえば職場の会議で目的もわからないまま時間を過ごすとき、その一瞬の濃度は低い。友人との楽しいピクニックでは、新しい考えが浮かんだりして、濃度が高くなる。

時間の神様については、ジョンがギリシャで学んでくるまで、僕たちも知らなかった。ジョンはギリシャのイカリア島出身の女性とディナーを食べた。そのときに彼女が、カイロスについて教えてくれた。

イカリア島は「死ぬことを忘れた人々が住む島」と呼ばれるほど、長寿で有名だ。ジョンは、なぜ島の人たちが健康でいられるのか尋ねた。

その女性によると、おそらく島の人たちがクロノス的時間ではなくカイロス的時間に身を置いているからだろうということだった。**クロノスにどんなに執着しても、時間のすべてをコントロールするなんて無理だからストレスがたまってしまう**と、彼女は穏やかに説明した。つまり、自分ではどうすることもできないことについて思い悩んでしまう。

時間を心配するということは、クロノスのことを考えすぎている証拠だ。

イカリア島の人たちは、壁時計や腕時計に支配されないようにきちんと心がけているから、ストレスレベルが低い。人生の一瞬一瞬の質が上がるように、心にゆとりを持っているのだ。

実践　クロノスを忘れて1日を過ごそう

日付を決めて、その日は時計を気にせずに過ごしてみよう。タイムオフとタイムオンは、職場でも他の活動でも、リズムよく取り入れることができる。心身ともに1年を通して健康であるためには、集中する時間とリラックスする時間を意図的にとる必要がある。クロノス的時間で仕事をしていても、ときどき、カイロス的時間を試してみよう。うまくバランスを取ろうと気負わずに、まずはリズムを感じられたら上出来だと思って、気軽に取り組んでみてほしい。

●時間は神聖に、仕事は高尚に、そして余暇は罪に

クロノスによって、絶対的に普遍的な時間という概念が広められると、新しい考え方が生まれた。18世紀初頭に発展した「時間規律」もそのひとつだ。

当時、弟子入りなどで技術を習得して、工房や会社を開こうとする人の数がどんどん少なくなった。工場などで、仕事やそれ以外の時間に心を煩わすことなく（長時間）働くことを選ぶ人が増えたのだ。

すると、中上流階級の人たち（ほとんど清教徒）が、貧しい人たちはどのように時間を過ごしているのだろうとやきもきし始めた。世話焼きの偽善者たちが、自分たちとはまったく関係のない他人の時間の使い方に、口出しするようになったのだ。

その結果、**エリートたちは働くことの美徳を訴え始めた**（貧しい者こそ、年中雇用され働くべきである。そうでもしなければ、ぶらぶらして酔っぱらうだけなのだから！）。

きちんとした「精神の鍛錬」を受けていない貧しい者たちは余暇をきちんと過ごせないと判断し、下層階級の人たちは働くべきだと主張したのだ。

トンプソン教授によると、1775年刊行のパンフレットには次のような文言がある。「早起きの習慣を身につければ、貧しい者たちも適切な時間に寝室に向かうだろう。それ

で真夜中のトラブルから救ってやることができる」

そして早起きは「家庭に規則を導入し、素晴らしい秩序を経済にもたらすだろう」と続いている。エリートが下層階級を操るための文句なのに、貧しい人の役に立つなどと、白々しいにもほどがある。

この新しい考え方(働くことは善きことである)が真実だと、みんなを説得するために、**上流階級のプロテスタントたちは宗教にかこつけて仕事を正当化し、意義を訴えた。**

マックス・ヴェーバーが「プロテスタント労働倫理」と呼んだそれだ。道徳的善の最たるものが働くことであり、神が人を創造した目的は、人がその道徳的善を行うためなのだと。

この新しい考え方によれば、神はわざと世界を不完全な状態にして、それが人間の仕事によって完結されることを望んだらしい。

トーマス・カーライルはこの考え方の熱心な支持者のひとりだが、こう述べている。

「すべての仕事、つまり機織りでさえ神聖なのだ。仕事のみが神聖なのだ。(中略)自分の仕事を見つけることは祝福を受けること。もうそれ以上なにも神に望んではならない。仕事は人生の目的(中略)真の仕事はすべて神聖である。真の仕事には例外なく神的なものが宿る。労働、それは地球ほど広い。そして頂上は天国にあるのだ」

アリストテレスの「余暇は必要不可欠で高尚だ」という考えから、これほどかけ離れた概念があるだろうか。

カーライルは余暇を見下し、「仕事をすることのみが神聖」だと言い切った。同時代の聖職者たちも彼に賛同し、同じことを説いた。すでに紹介した論文でトンプソン教授は、英国清教徒指導者であるリチャード・バクスターの言葉を紹介している。

「すべての1分間が貴重であると肝に銘じ、責務を果たすためだけに使うのだ」

別の清教徒であるオリバー・ヘイウッドはこう述べた。

「ああ旦那たち、今眠るのならば、地獄で目覚めるがいい。そこに救いなどないのだから」

時間、それも労働で忙しくしている時間は貴重で限りがあり、神が与えたものであるから無駄にしてはいけない。つまり、**高尚な余暇がすっかり忘れ去られただけでなく、余暇が罪になってしまったのだ。**

こうして、忙しくすることへの信奉の基盤が築かれた。

仕事とモラル規範を何度も何度も繰り返しつなぎ合わせることで、プロテスタント労働倫理が文化の隅々まで浸透し、さらに悪いことに、僕たちの自己という領域にも踏み込んできた。

そして宗教観が薄れても、この労働倫理は色濃く残っている。**時間をどう過ごすかであなたの人格が決まるのだ。生産的であれば善い人、怠けたら悪い人**、という具合に。

僕たちは仕事が道徳的なのだと完全に信じ込んでしまっていて、その考えを振り払うことはとても難しい。知識経済においてでさえも。いや、知識経済においてはなおさら難しいのかもしれない。

人類学者のデヴィッド・グレーバーは著書の『ブルシット・ジョブ――クソどうでもいい仕事の理論』（岩波書店　2020年）で次のように述べている。

「仕事をすることが良いという認識よりも、仕事をしていないことがすごくまずいという認識が広がっているようだ。つまり、**欲しくもないものを手に入れるためであっても、ボロボロになって働いていなければ悪人で、ただ飯食いの怠け者であり、卑しむべき寄生虫だから、社会からの同情にも慰めにも値しない**という認識だ」

勤勉な人は素晴らしく、働かない人は蔑まれるべき。そういうことだ。

この考え方の成り立ちを知らないとしても、給料に見合うために忙しいふりをしたり、ストレスにさらされたり、働きすぎているふりをしたことがあなたにもあるのではないだろうか。または、楽しんだことにお金は払われるべきではないという認識がないだろうか。

とても妙なのが、**僕たちのほとんどが自分の存在を仕事に見出そうとするのに、その仕**

事を嫌っている場合が多いことだ。

グレーバーはこの現象を「現代の仕事のパラドックス」と呼ぶが、清教徒的視点から見ればなんの矛盾もない。これがあるべき姿なのだ。

仕事を人格形成のツールと捉えるならば、仕事がつらければつらいほどいい。仕事への憎悪が自分への尊敬や自己価値の上昇に繋がる。

忙しくして、ストレスを感じながら働きすぎることは、現代の神聖な自己犠牲の形なのだ。

神、上司、あなたの時間を所有する誰か

19世紀初頭、産業革命が蒸気盛ん（言葉遊びだよ）だった頃、プロテスタント的労働理念は人々の精神と文化に深く根づいていた。働いて生産的であることが道徳的最善とされ、**身を粉にして働く労働者たちは雇用主よりも自分たちの方が崇高であると考えていた。**

「富の福音、労働の福音」（原題「Gospel of Wealth, Gospel of Work」未邦訳）と題されたエッセイで人類学者のディミトラ・ドゥーカスとパウル・ドレンバージャーは次のように述べている。

「怠惰な富裕層に対して、働くことで道徳的政治的優位に立つことができたのだ」

しかし、宗教的価値観の大きな引力が失われると、なぜ働くことが善であり、悪の対極になるのか、その理由付けがエリートの中で変化し始めた。

神に対する罪というより、産業革命の寵児である個人主義者たちは、なにもしないことを新しい道徳的罪と結びつけたのだ。それは「窃盗」だ、と。そして、**従業員の時間を買えば、その時間を所有できると考えるようになった**のである。

この変化により、仕事の行われ方も変わった（必ずしも雇用主が得したわけではなかった）。それまでは時間を使ってなにかを生産しなければ換金できず、取引は成立しなかったが、この変化により真ん中のプロセス（要するに労働）が必要なくなったのだ。

つまり、**素早く仕事を仕上げることでお金が支払われるのではなく、時間そのものに支払いが発生するため、無駄に忙しくしていなければ罰せられるようになったのだ。**

仕事が終わっても、そこにいなければならない。なぜなら雇い主は、あなたの「時間」にお金を払っているのだから。

これらの変化に適応するにつれて、労働者の要求も変わった。時給の改善、残業代、労働時間短縮……すべては、「自分の時間を売っている」という概念に見合ったものになった。

その要求はもっともだ。当時の人々は、平均週6日、1日10～16時間労働していたのだから。

そして、時間を僕たちの手に取り戻そうという認識（そして余暇の時間を増やそう）が現れ始めた。タイムオフをかけて、労働者たちは声を上げ始めたのだ。

現代では、メーデーは祝日だ。レーバーデー（労働の日）とか国際労働日としても知られている。

労働者の権利を求めた運動家たちは1886年に起こった（暴力を伴う）抵抗の記憶を思い出し、祈念する。「私たちが望むことをする時間」、つまり8時間労働、8時間睡眠、そして8時間の余暇を求めた日だ。

数十年の月日を要したが、その要求は実現された。1926年、ヘンリー・フォードは週の労働日数を5日間、1日の勤務時間を8時間と定めた（業界基準以上の給料も約束した）。

どうしてフォードは決断したのだろう？　優しい人だったからではない。優しかったかもしれないけれど、この決断の理由は経営上、そして実務上必要だったのだ。

まずフォードは、**ベストな労働条件を提示すれば、ベストな人材が集まると考えた。そして実際にそうなった。**腕利きの才能にあふれる人々が、ライバル会社を退いて、フォードの工場に働きにきたのだ。

それから、働きすぎていたり疲れたりしている人は、お金をあまり使わないこともフォードは知っていた。彼はこう言っている。

「余暇が多いほど、新しい服が必要だ。食べ物の種類も増えるし、乗り物だっていろいろ必要だろう。余暇は消費市場拡大に欠かせないものだよ。働いている人たちだって、消費者製品を手にする自由時間が必要だろう。自動車に乗る時間とかね」

古代ギリシャとローマで、余暇の中で文化が花開いたように、現代でも余暇が同じ役割を果たすだろうとフォードは考えた。資本主義の味付けをしてね。

つまり**自由時間があるほど、経済はふくらむ**。高尚な余暇（ノーブル・レジャー）ではなく、高利益な余暇（プロフィタブル・レジャー）をフォードは提唱したのだ。


やっと、本書のメッセージに近い人までたどり着いた。

フォードはさらに、労働時間が短いほど、従業員が良い仕事をすることに気づいていた。**時間制限がある方が、イノベーションも効率的な方法も生まれやすい。ただずるずると作業をするのでなく、「どうやって」作業をすればいいのか考えるからだ。**

「6日間でできることを5日間でやれば、おのずと生産性は上がる。緊張感があるから、良い方法も思いつく」と彼は信じていた。

また、**きちんと休めている従業員は効率的に働き、やる気があるため、損失を出すよう**

な大きなミスをしにくい。単純作業でさえ、量を増やせば自動的に生産性が上がるわけではないと、フォードは考えていた。

彼独自の理論で、フォードは余暇文化への回帰をいち早く提唱したのだ。経済人として休息倫理への先見の明があった数少ない人のひとりだ。

「余暇は怠けることではない」と彼は述べる。

「余暇と怠け心を一緒にしてはならない。（中略）余暇が増えると、多くの人の予想に反する結果になるだろう」

そしてこんな大胆な未来の予想もしている。

「週5日間労働がゴールじゃない。1日8時間労働だってやりすぎだ。（中略）次は1日の労働時間をもっと短くする方向に進むだろうね」

余暇を取り入れるフォードの方針は成功を収め、ほかの企業もならった。1938年、米国は公正労働基準法を制定し、週44時間以下に労働時間を制限した。

米ビジネス誌『ファスト・カンパニー』の記事で、ジョン・スタッフとピート・デイヴィスはこう書いている。

「米国人は余暇に対して楽観的で、多くの専門家は平日が消えてなくなるのではないかと予測している。経済学者のジョン・メイナード・ケインズによると、技術的発展で2020

年までに1週間の労働時間は、15時間まで減少するらしい。1965年、上院小委員会は2000年までに週14時間になるだろうと予想している」

しかし、余暇への楽観的な期待はそう長くは続かなかった。

仕事にまつわる道徳は僕たちの深いところに潜み、余暇を楽しませてくれない。すぐそこにあるのに、つかめないのだ。

もっと深く潜ろう。燃え尽きたナレッジワーカーの多忙さをともに見つめよう。そうしたら、地平に少しだけ、高尚な余暇が見えてくるかもしれない。

暗い谷へと出発する前に、現代のフォードのような人物を紹介したい。当時、他の誰よりも、高尚な余暇の重要さと真の意味を理解していた人かもしれない。

バートランド・ラッセル

（英国人数学者、哲学者　1872年5月18日〜1970年2月2日）

「私は真剣に訴えたい。現代人が仕事を美徳と信じるあまり、どれほど大きな害が及んだかを。そして、仕事を減らすことこそ、幸せと繁栄の道なのだということを」

「余暇は文明に欠かせないものであり、古代にひとにぎりの人にゆるされた余暇は、多くの者たちの労働によって可能であった。労働に価値があるのは、労働が善だからではなく、余暇が善だからだ。そして現代の技術があれば、文明を損ねることなく余暇を公平に分配することができるはずだ」

僕たちが本書を執筆していたとき、ウィキペディアでバートランド・ラッセルは「哲学者、論理学者、数学者、歴史家、作家、エッセイスト、社会批評家、政治活動家、ノーベル賞受賞者」と紹介されていた。

数学者として、すべての数学の論理的基盤を築こうとし、アルフレッド・ノース・ホワイトヘッドとの共著である壮大な3部作の『プリンキピア・マテマティカ』(序論のみ邦訳あり『プリンキピア・マテマティカ序論』哲学書房　1988年)を刊行した(この本では数百ページが「1+1=2の証明」に費やされている)。この著作は数学に大きな影響を与えた。

さらにラッセルは、「分析哲学の祖」と呼ばれる。「思考の自由さと人道主義的理想に果敢に挑戦した多様で重要な作品」を生み出したと評され、ノーベル文学賞も授与された。

ラッセルの功績は、ウィキペディア上で数ページにも及び、怠惰とはほど遠い人生を送ったことは一目瞭然だ。

しかし、ラッセルは無為(Idleness)と余暇の達人である。

1932年、ラッセルは「怠惰への讃歌」(平凡社　2009年)というエッセイを『ハーパーズ・マガジン』に発表している。現代にも響く内容だ。もしかしたら現代社会だからこそ、より共感を呼ぶ内容かもしれない。

エッセイの冒頭は、僕たちがすでに取り上げた問題についてだ。無為であること、つまりなにもしないでぶらぶらしていることがいかに非道徳的であるかについて書いてある。

そして、ラッセルはこう続ける。

「世界中で行われている仕事量の圧倒的なことよ。**働くことこそ美徳という考えによって、あまりにも多くのものが害されている。**現代の産業国で説かれなければならないのは、これまで繰り返し教えられてきたこととは違うはずだ」

世界はこんなにも変化したのだから。技術の発展で、自分自身と家族を食べさせる以上のものが産出できるようになったはずなのに。ずっと変われずにいるのは、僕たちの考え方だけだ。もう長いこと、同じ場所で足踏みし続けている。

この停滞による問題も生じている。そのひとつが不平等だ。ラッセルは次のように説明する。

「ある発明で、今までと同じ人数で2倍のピンが製造できるようになった。理にかなった世界では、ピンの製造者たちは8時間労働をやめて、4時間労働にし、それで万事良いはずだ。でも、現実世界でそんなことをすれば、非道徳的だと責められる。だから、やっぱり同じ人数で8時間働き続けるわけだが、ピンの余剰が増えすぎて雇用主は破産し、ピン製造者の半数が職を失う。みんなで4時間労働に短縮したときと同じだけの余暇が生まれるが、このシナリオでは、ピン製造者の半数は過労で、もう半数は（失業するため）余暇しかない。それで、余暇が幸せの源ではなく、惨めさの源泉になる。こんなに意味不明なことがあるだろうか」

ラッセルは、この道徳の指針が僕たちの仕事への心構えをハイジャックし、ゆがめてしまったことを見抜いていた。**「労働の道徳は、奴隷の道徳です」とも彼は書いている。「そして現代世界に奴隷は必要ないはずです」とも。**

しかし、その逆、つまり無為な時間を分配しようとすると、常識外れだと見なされるのだ。ラッセルはこう述べる。

「裕福な人たちはこういう考え（余暇の公平な分配）に衝撃を受ける。貧しい人たちには余暇の過ごし方がわからないだろうと決めつけているからだ。でも、アメリカでは金に余裕があるのに常に働いている人も多い。余暇を、働かないことへの処罰だと思っているのだ」

古代の人々と同じようにラッセルは、無為が文明、文化の発展に不可欠なものだと理解していた。

「気晴らしや遊びが以前はあったのに、効率性のカルト的信奉で失われてしまった。現代の人々は、無目的に行動してはいけないと思っている。動くこと自体が目的にはなりえないのだ」

自由な時間を失いすぎてしまい、現代人の多くは文明や文化に貢献しようなどと思えなくなっている。

「都会に住む人たちは、たいてい受け身の姿勢で喜びを体験する。ほとんどのエネルギーを仕事に費やしてしまうからだ。もし、余暇が与えられたら、喜びを体験することにもっと積極的になれるだろう」

消極的に消費するのではなく、積極的に関わろうとするのだ。

ラッセルの勇気ある提案はこうだ。1日4時間労働を、実現するべきである。

しかしこうも言っている。「それを実行した場合、残りのすべての時間をぶらぶらしてほしいと言っているわけではない」と。

余った時間とエネルギーで、学び、文化に貢献する。ラッセルは労働時間を減らせば、こういった結果は自ずとついてくると考えていた。

「1日4時間で仕事が終われば、科学的好奇心に身を任せたり、他人からの評価にかかわらず夢中で絵を描いたりしても、餓死しないのだ」

ラッセルはエッセイをこう締めくくる。

この世界に無為の時間が増えれば「疲れた心と体ではなく、幸せと喜びに満ちあふれるだろう」。

実践

タイムオフのためにエネルギーを節約しよう

あなたは余暇をどう過ごしているだろうか？　ぼーっとしているだろうか。それとも、アクティブ？　ぼーっとする派のあなたは、疲れてエネルギーが残っていないと感じるからだろうか。もしそうなら、仕事以外の時間をどうにか確保できる方法を考えてみよう（確保するのは、ほんの30分間だけでもいい）。そして好奇心やクリエイティビティ、学びのための活動をしてみてほしい。ぼんやりと考えるだけでなく、仕事の予定を立てるみたいに、仕事をしないための具体的な予定をしっかり立ててみよう。

可視化された時間2・0：「忙しさ」こそ正義

20世紀初頭、たくさんの産業リーダーや思索家がレジャーの価値を認めてくれていたら良かったのに。

そうだったら、僕たちはきっと今頃、古代ギリシャやローマの人々のようにレジャーを大切にし、タイムオフの恩恵を受けていたことだろう。

ヘンリー・フォードもそう信じていた。

１９２６年、１日の労働時間を10時間から8時間に減らしたとき、それがもっと短い労働時間への第1歩になるだろうと彼は信じていた。

しかし残念ながら、フォードの予想は大きく外れた。短い労働時間と労働日数の夢はついえたどころか、傾向はその逆だ。

２０１４年のギャラップ調査によると、**米国の平均労働時間は週47時間であり、１９２６年のフォードの工場従業員よりも、ほぼ丸1日長く働いていることになる。**

しかもこれで平均だ。18パーセントは、週60時間働いている。19世紀後半から20世紀初頭の労働条件に近づいているのだ。

ノーブル・レジャーに戻ってくるチャンスがあった（少なくとも労働と私生活に時間のバランスをもたらすことはできそうだった）のに、やっと手が届きそうなところで、壊れた道徳心を羅針盤にしてしまったため、道に迷った。

現代では、多忙であることが、もてはやされている。ストレスに押しつぶされそうで、燃え尽きそうで、忙しい。それなのに効率は全然上がらない。

僕たちの文化は、忙しさやストレス、過労自体を「到達点」と見なしている。**このまま突き進めば、働きすぎて死ぬか、ロボットにとって代わられるかしか道はない。**

単純作業からナレッジ・ワーク（知識労働）への移行が、僕たちの現状に大きく関係している。

ナレッジワーカー（知識労働者）は、「8台のT型フォード車を作ったぞ」といったように、労働の成果を目で見ることができない。アイデアは他の人には見えないし、触れることもできないからだ。

コンピューターサイエンスの教授で作家のカル・ニューポートは『大事なことに集中する——気が散るものだらけの世界で生産性を最大化する科学的方法』（ダイヤモンド社2016年）でこの問題を「計量のブラックホール」と呼んでいる。

仕事に没入し、成果を生み出すことこそ、ディープ・ワークと呼べる。

一方で、イノベーションとクリエイティビティにあふれる突破口を見出そうとする労働は、量で評価するのがとても難しい。そこに現代のナレッジワーカーの苦悩がある。

だから僕たちは、忙しさを成果の指標にしてしまう。**いかに忙しいかを測れば、生産性やクリエイティビティをちゃんと評価するよりも手っ取り早いからだ。**

しかも、なんの成果もないのに、達成感を覚える場合もある。そして残念なことに、上司や同僚からも評価してもらいやすいのだ。

忙しさは（結局は、成果を加味しない生産性の指標にすぎないのだが）、時間そのものとして捉えられるため、厄介だ。

中毒者がどうにかして次の一服を手に入れようとするのと同じように、僕たちは忙しさを求める。そして具体的な指針がないのに、上司たちは「君たちの時間は会社のものだ」と繰り返す。

すると、時間と価値、道徳と働くことが、心の中でべったりとくっついていく。

アリストテレスが唱えた高尚な余暇は、この考え方からもっとも遠いところにあるというのに。

僕たちはいつにもまして高尚な余暇を必要としてはいないだろうか。

ナレッジ・ワークがきちんと成果を生むためには、忙しさではなく、その逆にある思慮深い取り組みが求められる。

タイムオフについて、今こそ考えてみよう。しっかりした労働倫理と同じくらい、休息倫理が大切なのだ。

優れたナレッジ・ワークは、職人の仕事のようなものだ。熟練してこそ質が高まり、ただ流れ作業に身を任せるわけではない。

ロボットやＡＩが担うようになる、くさびを打ち込むだけの単純作業の生産性と、多面的でクリエイティブな仕事の生産性は、成果の出方が違うのだということを考慮しなければならない。

デヴィッド・グレーバーはこう述べている。

「何百万もの人たちが、スプレッドシートにデータを打ち込むふりをしたり、広告会議のための心の準備をしたりすることに人生の数十年を費やすべきだと誰かが決めてしまったのだ。セーターを編んだり、犬と遊んだり、バンドを組んだり、新しいレシピを試したり、カフェで政治について議論したり、友達のすごく複雑なポリアモリーな事情について話すよりも、そっちの方がいいなんてね」

起業家で作家のステファン・アーストルも賛同する。

「毎日午後1時に仕事を終えたら、興味に応じて、生産性の形は違うのだと気づけます。運動すること、学ぶこと、子供を育てること、社会問題に取り組んだり、コミュニティの役に立ったりすることだって生産的に取り組むことができます。社会を発展させ、周りの世界をより良くする。そういう生産性です。仕事で実現できる生産性とは比べ物にならないくらいのことができるのです」

昔から人間が大切にしてきた意味での生産性。それはつまり、現代を生きる僕たちが経済に注意を払うのと同じように、もしくはそれ以上に、文化と生の喜びに焦点をあてることだ。

つまり**僕たちの人生に意味を与えてくれる生産性であり、ただ「生産的である」ことの証明のために忙しくすることではない。**

高尚な余暇でしか到達できない、生産性だ。

丘の上に輝くアクロポリスが見えるだろうか。

それは、高尚な余暇の帰還を約束している。

けれど僕たちが今いる暗黒の谷はとても深く、道は険しそうだ。

起源や原因がわからなくなるほど時が経っても、数世紀にわたり僕たちを支配してきたものを、そう簡単に振り払うことはできない。

だから今は、まだ谷にいよう。

身動きが取れないときは、一緒に深く掘ってみよう。

谷底を掘り進んで、その深淵を目撃した人がいる（同時に脱出方法も見つけたらしい）。

その人の名は、アリアナ・ハフィントン。

アリアナ・ハフィントン

（米国メディア起業家、作家）

「考えてみてください。WHOが定義する燃え尽き症候群の症状がある従業員たちのことを。やる気のなさ、疲労、後ろ向きな考え方、悲観主義、そして能率低下などに苦しむ従業員が、ベストな結果を出せると思いますか？　手を抜いたり、辞めたりするのではないでしょうか？」

「ハフポスト」創業者であるアリアナ・ハフィントンを救うには、休暇以上のものが必要だった。

ハフポストは、ニュース・ブログサイトだ。インターネット上でいちばん広く読まれ、リンク引用される頻度が高いメディアだ。はたから見れば、アリアナ・ハフィントンは可能な限りの成功を収めたように見える。

アリアナ・ハフィントンはタイム誌とフォーブス誌の「もっとも影響力のある100人」にそれぞれ選出された。

2007年、「ハフポスト」を運営し始めて2年間が過ぎたとき、彼女は1日18時間働いていた。

しかしある日、現実を直視することになる。

オフィスの机の下で、血まみれで、頬骨を骨折した状態で目覚めたのだ。

「すべての基準において、私は成功者だったと思います。けれど、オフィスの床で血まみれで倒れているなんて、成功者の姿ではないですよね」と、彼女はキャロライン・モダレシ・テラニとのインタビューで述べている。

脳腫瘍があるのではないかと疑った彼女は、いくつもの病院に行き、原因を突き止めようとした。

しかし結局、「問題があったのは、私の生き方でした。そして、同じ問題で多くの人が苦しんでいることに気づきました」と言う。

脳腫瘍よりもシンプルなことが原因となり、彼女は気を失った。働きすぎによる疲れだ。この問題に苦しんでいる人が他にもいることに気がついたアリアナは、起業家のやり方で問題を解決しようとする。

「スライブ・グローバル（Thrive Global）」（訳注：Thriveには繁栄する、栄えるという意味がある）という名で、消費者の幸せと生産性のためのプラットフォームと会社を作ったのだ。

燃え尽きるまで働かないと成功できないなんて、みんなで信じ込むのはもうやめよう。そんなやり方を変えていこう。そんな使命を掲げたのだ。

アリアナ・ハフィントンはそれ以来、同僚たちが同じ過ちに苦しまなくていいように気を配っている。

「スライブ・グローバル」の大きな功績は、燃え尽き症候群への偏見を減らしていることだ。ハフィントンが見る未来は明るい。

「2007年、私が睡眠不足と疲労で倒れたとき、燃え尽き症候群は〝なったらそのとき考える〟という状況でした。しかし今は、きちんと職場の問題として取り組むことにしたのです。私たちは、この問題に対処するためにやっと効果的な一歩を踏み出せると感じました。問題を理解し、対処しようと動き始めない限り、大きな問題の解決はありません」

タイムオフを仕事に取り入れるとき、多くの雇用主は企業の有休方針に入れ込むだけで済ませてしまう。それ以上は踏み込もうとしない。

アリアナ・ハフィントンの場合は、休暇だけでは十分ではないと考え、**タイムオフの概念を「スライブ・タイム」と呼んだ。**

「意図的に回復する時間と捉え、過去を振り返り将来を見据えるよう促したのです。締め切りに間に合わせようと必死になることでなにを失っていたのかを考え、改善策を具体的に練る仕組みですね。一つのプロジェクトの終わりは、新しいプロジェクトの始まりです。だから休憩する時間というより、大切な日々の業務として考えています」

「スライブ・グローバル」は、多くの他企業と同様に、まだ走り始めたばかりである。リソースが少ない新興企業なので、もちろん結果を出さなければならないし、締め切りだって多い。出荷を間に合わせるために長時間働くこともあれば、クライアントのために残業することだってある。

しかし、燃え尽き症候群への一歩にならないように、集中的な業務をこなしたあとは、意図的に休むようにしている。

アリアナ・ハフィントンはこう述べる。

「〝スライブ・タイム〟があるから、休むことができます。出勤せざるをえなかった週末や締め切り、出荷後にはきちんと回復し、充電するために時間を設けるのです。数時間、午前中、丸1日。もっと長い期間でもかまいません」

ここで重要なのは、「スライブ・タイム」は有休や病欠などの日数には数えないことである。

「従業員に、回復と労働は別物と考えてほしくないのです。仕事だと思ってきちんと休んでほしい。**〝スライブ・タイム〟はご褒美ではありません。責任です。上司命令です。**上司の大切な仕事は、燃え尽き症候群が起こるのを防ぎ、チームのパフォーマンスを維持することなのですから」

嬉しいことに、燃え尽き症候群と過労を防ごうと、多くの経営者が動いている。アリアナ・ハフィントンのようなリーダーがその道を開いてくれるのは幸運なことだ。彼女のおかげで、他の起業家や上司たちがタイムオフについて考え、経営計画の戦略として組み込んでいる。

「燃え尽き症候群が注目され、従業員のため、会社の健康のために具体的な行動を起こすチャンスが来ています。実際に働く人たちの現実を直視することはオプションではなく、長期的に成功したいと思うならば必須です。〝文明の病〟の治療法を見つけるには、燃え尽き症候群の根っこを取り除くための努力から始めなければなりません」

悪い癖はそう簡単には治らないのに、いっぺんに全部を変えようとして挫折する人も多い。

「いきなり大きな目標を立てるのはやめましょう。まったく新しいライフスタイルを目指すわけですから。それとも、意志の力だけに頼るつもりですか？　その態度こそが、意志の力に対する科学を無視しているんですよ」とアリアナは話す。

だから彼女と会社（スライブ・グローバル）は「マイクロ・ステップ（小さな一歩）」を提唱するのだ。

彼女が参考にしたのは、スタンフォード大学の「パースエイシブ・テクノロジー・ラボ」のディレクターで、行動変容研究者でもあるB・J・フォッグ教授の研究だ。

「フォッグ教授の研究は〝最低限の有効行動〟を取ることについてです。目標までの道のりをなるべく細分化するのです」

フォッグ博士はこう述べる。

「新しい習慣を身につけるとき、行動の簡素化が大切です。不安になるくらい小さく始めましょう。**良い行動というのは簡単で、素早くできるものなのです**」

「来週1週間は仕事に行かずに回復にあてよう」という計画はうまくいかないかもしれない。

だからアリアナ・ハフィントンは、燃え尽き症候群を防止するマイクロ・ステップを紹介する。眠りの質を高めること、寝る前の30分間だけでもデジタル機器の電源を消すことなどだ。

動くのが好きな人なら、同僚と歩きながらミーティングするのもいいだろう。

変化を求めている人には、普段とは違う道を歩き、新しい人と会ったり新しいものを見たり、新しい経験をしたりすることをおすすめする。

充電のためには、やるべきことが終わっていないときでも「もう今日は仕事しません！」と宣言することも有効的だ。

実践

タイムオフのために、「今」できる小さな一歩を踏み出そう

読者の中に「じゃあ次の休みの日は、私の休息倫理を発揮しよう」と思っている人はいないだろうか？　本書にあるアドバイスで心に響くものや、これならできるかなと感じるマイクロ・ステップがあったら、なるべく早くやってみてほしい。明日でもいいけれど、今からだってできるはず！

「タイムオフ」をとりましょう

少しの間、

本を読むのをやめてください。

そして……

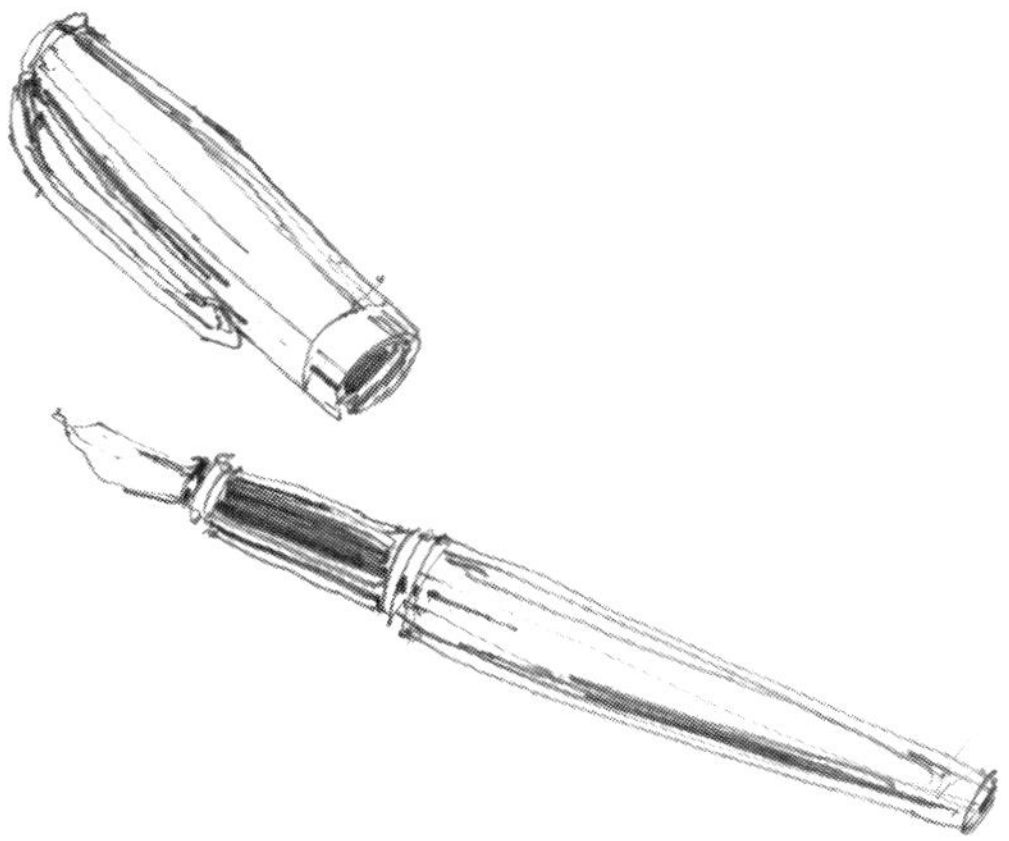

窓の外を見たり、

日記をつけたり、

好きな人に電話したりしてみて。

燃え尽き状態から抜け出し、余暇を取り戻そう

WHOが発表した2019年版の国際疾病分類に、「燃え尽き症候群は、職場環境の慢性的ストレスがきちんと対処されないときに起こる」とある。

WHOによると、燃え尽き症候群には大きく三つの症状があるらしい。「意欲低下・疲労」「仕事への心理的隔絶感・後ろ向きな感情・悲観的感情の増大」「業務効率の低下」だ。身に覚えがないだろうか？

「ナレッジワーカーにとっての8時間労働というのは、産業労働者にとっての16時間労働と同等だ」とステファン・アーストルは述べている。

「8時間労働は肉体労働のための基準であって、精神のための基準ではない」

1世紀ほど前、人々には肉体の限界を超えるほどの労働が強いられていた。それと同じことが精神に起こっているのが現代だ。

工場労働者がへとへとになるまで働かされボロボロになっていたように、現代の知識工場で働く労働者（訳注：つまりオフィスワーカー）も同じ目にあっている。

とくにミレニアル世代での被害が深刻らしい。この世代は、仕事と自己価値を結びつけやすく、短期的な結果を求め続ける。しかも、ソーシャルメディアのプロフィールを磨く

ために、**常に他人の成功と自分の成功を比べる。趣味もレジャーでさえも、ビジネスチャンスや副業にできないかと考え、そうでなければ無駄だと思ってしまう**のだ。

BuzzFeedに掲載された「ミレニアル世代はどのようにして『燃え尽き世代』になったのか」の中で、ジャーナリストのアン・ヘレン・ピーターソンは自らの燃え尽き症候群の経験を回想している。

簡単な作業が難しくなり、予定を立てたりメールの返信をしたり、郵便局に行くことさえ満足に行えなかったそうだ。彼女はこの症状を「雑用麻痺」と呼び、「高機能仕事中毒なのだ」と考察する。**大きなタスクはやり遂げられても、地味で単純な仕事が面倒くさくなり、不安を感じるようになる**ということだ。

「本来であれば楽しいこと（仕事をしていない余暇）が楽しくないのです。**働いていないことに罪の意識を感じてしまう。そして嫌だと思うはずのこと（四六時中働いていること）が嬉しくなってしまう。**成功のために必要なことをしているのだと思い込んでいるのです」と、ピーターソンは自分の経験を振り返る。

プロテスタント労働倫理の提唱者であるカーライルと同志たちは、自分たちの聖戦から数世紀後も、この倫理に人々が従っていることを知ったら、ほくそ笑むだろう。

ピーターソンは記事で、精神分析学者で燃え尽き症候群を専門に研究するジョシュ・コーエン博士の言葉を紹介している。

「内なるすべてのエネルギーを使い果たしてしまうと、燃え尽き症候群になります。なにがあっても進むのだと自分にムチをうつ衝動から自由になれないのです」

この神経をすり減らすような衝動こそが、内面化されたプロテスタント労働倫理であり、それを解毒できるのはタイムオフしかない。

僕たちがなぜこの本を書こうと思ったか。それは、現代の文化は高尚な余暇を取り戻せると前向きに信じているからだ。小さな歩みでも、きっとたどり着くはずだ。

しかし、これだけは強調したい。もう何度も明確に述べてきたことなのだが、この本は怠けたり停滞したりすることを勧めているわけではない。

僕たちは、**生産性と人生の喜びが手に手を取り合う文化を作りたい**。生産性の意味を、経済的指標よりももっと広く捉え直したい。クリエイティビティ、科学、精神、博愛主義を核にして発展するためのプロセスとして、高尚な余暇文化を提唱したいのだ。

本書でさまざまなタイムオフの方法を見つけ、取り入れ、あなただけの休息倫理を作ってほしい。そのために、タイムオフの力で世界に影響を与え、ポジティブな変化を起こしている人たちや会社を紹介しよう。高尚な余暇へ進むきっかけにしてほしい。

あなたがしっかりと休みを取り、クリエイティブに社会に影響を与える手助けができますように。きっとアリストテレスも喜んでくれると思う。

第 1 章

創造する

CREATIVITY

20世紀中頃、多くの科学者たちは光学分野の課題はもうほとんど解決されたと考え、他の分野に興味の対象を移していた。そんななか、あるひとりの科学者は、分子と光の相互作用の理解を深めるべく、黙々と実験に打ち込んでいた。

この研究者こそ、チャールズ・タウンズ教授だ。彼は電子への刺激の加え方を変えれば、短波長の強い電磁波を放出するのではないかと考えた（電球のような他の光源が、高周波の光を放出するのに対して）。

しかし難題は、機器が過熱し、爆発してしまうことだった。そのためタウンズ教授は、機器を壊すことなく、必要なエネルギー量を出す方法を求めていた。

1951年、ある春の朝。当時コロンビア大学教授だったタウンズ教授は、タイムオフの時間をとった。

「気持ちの良い朝でね、起きてから公園を散歩した。咲き誇るアザミの横のベンチに腰を下ろした。すごく美しかった。それで思ったんだ。なんで私たちはこんなに美しいものを、今までちゃんと見ていなかったんだろう、と」

タウンズ教授はベンチでぼーっとしていた。すると、**彼がのちに「突然の啓示」と呼ぶ瞬間が訪れる。**高エネルギーの分子のみを刺激しても機器を傷つけることなく、強力な光を放出させる方法を思いついたのだ。

3年後の1954年、タウンズ教授と同僚たちはプロトタイプを作り、それを「メーザー」と名付けた。マイクロ波を誘導放出する機器だ。間もなくして彼らはマイクロ波だけでなく、可視光でもタウンズの考えを実現させた。「レーザー」の誕生だ。

彼の功績をたたえ、1964年にノーベル賞が贈られた。同様のことを思いついたロシア人科学者たちも、ともに受賞した。彼らも同様の方法を考えてはいたのだが、実現させたのはタウンズたちが先だった。

皮肉にもタウンズにインスピレーションを与えたのは、1927年に刊行されたアレクセイ・ニコラエビチ・トルストイによるサイエンスフィクション小説『技師ガーリン』だったらしい。ロシア小説の死の光線マシーンがアメリカの科学者のレーザー開発を助け、その結果、先にゴールできたのだ。

しかもこの競争は冷戦初期。まるでフィクションのような話である。

タウンズの功績は、現代社会のさまざまなところで目にすることができる。レーザーは、スーパーのレジのバーコードを読みとる機械や、家電製品、医療現場から戦場まで、あらゆる場面で使用されている。

しかし、**タウンズを突き動かしたものは、ただ「知りたい」という強い気持ちだった。**「使用方法は考えていなかった。レーザーはすごく明るい光だとは思っていたけれど、私は分子についてとにかく知りたかっただけだ。そしてそのためには、より短波長の光が必要だった。探求そのものが大切で、応用方法を考えてはいなかった。だけど、その結果は想像もしないものになった」

これこそ、高尚な余暇だ。タイムオフの時間に、クリエイティブなひらめきが降りてくる。その行為が有益だから行うのではなく、その行為自体に意味があるのだ。その時間があったから、文明が大きく前進した。

２０１５年、タウンズは99歳で亡くなった。亡くなる前年の２０１４年まで、彼は毎日、当時の職場だったカリフォルニア大学バークレー校に通っていた。これは想像でしかないが、その時点で彼にとっての研究は、仕事ではなく余暇だったに違いない。

彼が多くの科学者たちと同様に応用技術に気を取られていたら、光学から離れていたかもしれない。その場合、僕たちの生活はまったく違ったものになっていただろう。

しかし彼は、自分のクリエイティビティを失わず、考えをふくらませ、旅をさせ、冒険を続けたのだ。タウンズはこう述べている。

「多くの人が通る道にも、裏返されていない石は必ず落ちている。その石を見つけ、裏返してやろうとする者にだけ、発見は訪れるのだ」

彼のエピソードとその他のさまざまな人の例からわかるように、タイムオフとはまだ裏返されていない石を見つけ、裏返してみる時間なのである。

一見、なにもないところから気づきを得る。忙しすぎて、誰もが見逃してしまうものかもね。

クリエイティブな４つのプロセスとタイムオフ

グレアム・ウォーラスは１８５８年、イングランド北部のサンダーランドという小さな町で生まれた。オックスフォード大学で教育を受けたあと、学校長を務めた。ロンドン・スクール・オブ・エコノミクスの創立者のひとりとなり、１９１４年に本校のポリティカル・サイエンスの初代教授に就任した。

しかし、彼の最たる功績は１９２６年、彼の晩年に刊行された『思考の技法』（筑摩書房２０２０年）だろう。

ヘルマン・フォン・ヘルムホルツやアンリ・ポアンカレ（のちに紹介する）などの仕事の習慣に感銘を受け、クリエイティブなプロセスについて説明したのが本書だ。およそ1世紀前の作品だが、現代のクリエイティビティについての研究者にも大きな影響を与え、学術論文などでも多く引用される。

ウォーラスの仮説によると、創造的プロセスは４つのステージに分類できる。

①準備する：座って一生懸命仕事をしている
②温める：心と頭を休ませる。違うことに取り組んでみる
③ひらめく：ずっと待っていた「これだ！」と思える瞬間が訪れる
④確認する：ひらめきが正しいかを実証する

とても直感的なプロセスだが、ひとつずつ考えてみよう。

まず、座って仕事をする。なにが問題なのかすべての面から考え、よく知る。カル・ニューポートが提唱する「ディープ・ワーク」が起こる場所だ（『大事なことに集中する――気が散るものだらけの世界で生産性を最大化する科学的方法』ダイヤモンド社　２０１６年）。

ディープ・ワークは次のように定義されている。

「邪魔を一切入れずに没入し、認知能力を極限まで上げた状態で仕事を行うこと。これにより新しい価値が生まれ、スキルが向上しベストな結果に繋がる」

準備をすることもタイムオフだ。邪魔を一切排除して没入するためには、準備は欠かせない。しかしほとんどの場合、望ましい結果まではまだ遠い道のりが待っている。そこで次の「温める」プロセスが大切なのだ。

仕事をいったんやめて他のことに集中すると、無意識のうちに「仕事」がなされる。かなり自由に、概念と経験がつなぎ合わされるのだ。もうすぐでなにか見えそうだと感じたことがあるだろう。あの瞬間に、アイデアが温められている。

この時点ではあまり無理してはいけないとウォーラスは注意を促す。無理をしたらアイデアを逃してしまうかもしれない。代わりに、自分の無意識を信じて待つのだ。

僕たちが、**取り組んでいる課題以外のことに没頭している間に、無意識の「温め」が起こるようだ。**山登りとか、他の仕事に集中しているときとかにだ。

ただし、ちゃんと没頭していなければならない。心ここにあらずのまま活動したり、あれこれ手を出して気が散ったりしてはいけない。

アイデアがほかほかに温まるまで、無意識の力を信じ、魔法を待つしかないのだ。

そしてついに、ひらめきが来る。

急にインスピレーションやアイデアが降りてきて、電球がぴかーんと光るような瞬間。心が「これだ！」と叫び、パズルのすべてのピースがはまる瞬間だ。

ウォーラスはこの瞬間を「ピカッ(Flash)」とか「カチッ(Click)」と表現する。

「長い長い計画を立てても、思う通りのものを無意識が与えてくれないときもあります。このひらめきは、無意識下の仕事の成果なのです。意識することをやめたときに、自然と起こるものです」

そしてディープ・ワークを再度行い、ひらめきが素晴らしかったことを確認する。

この4つのステップは、かなり簡素化されたものだ。そして実際には、準備と温めのサイクルを何度も繰り返さないとひらめきが降りてこないこともあるだろう。

ひとつの問題だけに取り組めるわけでなく、いくつものことが同時進行しているかもしれない。「数日前に提案したことについて寝かせている間に、次の課題について準備して、もうひとつの確認もしている」という人もいるかもしれない。

もしくは、課題自体はひとつでも、複雑であるため、あらゆる角度からそれぞれの段階を考えなくてはならないかもしれない。

だから、もしどうにもならないと感じたら、そこで立ち止まって、いつまでも自分をいじめるのはやめよう。タイムオフにしよう。他のことに集中してアイデアを寝かせてみよう。

1926年に提案された、この4つのクリエイティブなプロセス（準備する・温める・ひらめく・確認する）は、現代でも有効だ。

つまり、**僕たちが仕事だと思っているのは、仕事のプロセスの半分にすぎない**と理解すべきなのだ。残りの半分の大切なプロセスは、タイムオフで起こっている。

意識的に仕事をしている間はだめなのだ。温めとひらめきは無意識下で起こるが、コントロールすることもできる。スキルとして習得してみよう。

この本も4つのプロセスを経て刊行に至った。

まずは準備。長い時間をかけて資料を読み、メモを取り、考えをまとめ、インタビューを行い、いろいろな長さの文章を作ったりした。

しかし、これらの作業は休息の時間とも重なっていて、無意識の中で情報をつなぎ合わせてもいた。ここに書かれているほとんどのことが、机に向かっていて出てきたわけではなく、散歩の途中とか午後の時間にダラダラしていたときに突然思いついたものだ。ひらめきの確認作業や無意識の中で、タイムオフのギフトとして得ることができた。

クリエイティビティは、タイムオン（準備・確認）とタイムオフ（温める・ひらめく）の繰り返しで成り立っている。良いバランスを見つけ、そのふたつを行ったり来たりできれば最高だ。

時間ができたときに温められたらいいなという人が多いけれど、そんな時間が来ることはまずない。時間は意識的に作らなければならない。そのための休息倫理なのだ。

ディープ・ワークとタイムオフの素晴らしいバランスを実現させたクリエイティブな人物を紹介したい。毎日の長い散歩でアイデアを温めた、世界的に有名な作曲家だ。

さあ、会いにいこう。

ピョートル・チャイコフスキー

（ロシアの作曲家　1840年5月7日～1893年11月6日）

「仕事や読書、散歩の邪魔をする客人が来ないと思うと晴れ晴れとした気分になるよ」

ルートヴィヒ・ヴァン・ベートーヴェン

（ドイツの作曲家　1770年12月17日～1827年3月26日）

「茂みやハーブ畑、木々や岩々の中を歩き回ることほど幸せな瞬間はない。私ほど田舎を愛せるものは他にいないだろう。森、木々、岩から私たち人間が欲する響きが聞こえてくる」

「アイデアがどこから来るのか。はっきりとお伝えすることはできない。招かずとも降りてくるのだ。具体的なときもあれば、ぼんやりとしているときもある。この手につかめそうなときもある。この広大な自然の中で、森で、散歩の途中に、夜の静けさに、もしくは夜明けに」

違う時代を生きたこの偉大なふたりの作曲家がインスピレーションを求めて訪れたのは、森だった。

チャイコフスキーは、1日2時間以上散歩しないと悪いことが起きると信じていた。散歩をすることで、作曲に没頭した心と身体を落ち着けることができたのかもしれない。

「心と魂のある状態を、私たちはインスピレーションと呼ぶ。もしその状態が休みなしで続けば、アーティストはただちに死んでしまう」と彼は信じていた。チャイコフスキーの情熱はすさまじく、もし休まなければ彼自身をも焦がしてしまいそうだったのだ。

燃え尽き症候群という言葉からは、オフィスワークを連想しがちだ。しかし、注意してきちんと休まないと、情熱を追い求めて仕事をする人にも同じ症状が出ることをチャイコフスキーは知っていた。燃え尽き症候群について、彼の考察に共感する現代のオフィスワーカーも多いと思う。

またチャイコフスキーは、邪魔が入ることでフローの状態が乱されると考えていた。

「魔法的な（フローの）プロセスで外部から邪魔が入り、夢から覚めてしまう。玄関の呼鈴の音や、召使の足音、時間を知らせる時計の音。なんとおぞましい邪魔者たちだろう。そういう邪魔が入ると、長いこと集中できなくなって、どうにかしようとするのだけれど、徒労に終わることが多い」

2時間の散歩では、そのような邪魔は入らない。召使の足音に頭を悩ませる人は現代ではあまりいないと思うが、苦しみの根本は彼のものとあまり変わっていないようだ。友達からのメッセージや、何気なく肩をとんとんと叩いて「5分だけいいかな」と声をかける同僚。5分と言っても、大体5分では終わらない。そして、ほんの数分であろうとフローが失われてしまえば損失は数時間分だ。実におぞましい……。

ベートーヴェンも同じように、散歩でクリエイティビティとエネルギーを蓄えようとした。クリエイティブでいるためには、身体的な健康に気をつけなければならないと彼は知っていた。ベートーヴェンの伝記の著者であるロマン・ロランはこう記す。

「ベートーヴェンには力を保つ方法がいくつかあった。冷水を浴びたり、入念に片づけをしたり、毎日昼食のあとに散歩をしたり。散歩は夜までかかることもあった。ぐっすりと十分な睡眠をとって、文句なしの状態になる。彼の生活はきちんとしたとてもシンプルなものだった」

ベートーヴェンとチャイコフスキーによるたくさんの美しいメロディが、作曲をしようと意識していないときに生まれたなんて、すごくすてきだ。

森の中で伝説の音楽家たちとともにメロディを奏でた陰の立役者がいる。それは自然の静けさだ。大きな称賛を送ろう。自然によって、ベートーヴェンの交響曲第7番やチャイコフスキーの白鳥の湖は生まれ、僕たちは酔いしれることができるのだから。

新しい視点は、机に座っているだけではなかなか浮かんでこない。休憩したり、散歩に行ったり、軽い運動をしたりすると、身体の健康や創造性を保つ（もしくは高める）ことができる。邪魔が入らなければもっといい。思考が深まるからだ。

作曲家を目指す読者はそう多くないかもしれない、しかし、僕たちはそれぞれに、人生という最高傑作を奏でようとしている。大自然に身を浸し、タイムオフを味方につけよう。椅子にお尻をくっつけたまま、ただじっと座って仕事をするのではなくてね。

実践

行き詰まったときは（文字通り）体ごと仕事から離れよう

時間をかけて散歩をしてみよう。できるなら、自然あふれる場所で。足をのばして、思考を解き放つ。気が散るものは遠ざけてみよう。そしてベートーヴェンのように、いつもペンとノートを持ち歩こう。ハッピーな瞬間にインスピレーションが突然降りてきても、書き留められるように。

「ひとつへの集中」を打ち壊そう

オルダス・ハクスリーを知っているだろうか。小説『すばらしい新世界』や『島』を発表し、ディストピアやユートピアについて描いた人物だ。

しかし近年のサイケデリックなものへの関心の高まりにより、彼のノンフィクション作品『知覚の扉』にも注目が集まっている。

これは人間や社会の存在における根本的な問いを投げかける作品だ。とくに彼が心を痛めていたのは、周りの人たちがバランスを失っていることと、彼らの「〜にほかならない」という態度だった。

ハクスリーは、見識の狭さや専門分野を重視することが社会問題になっていると考えただけでなく、教育の問題点にもなっているのではないかと思い巡らせた。

彼のエッセイ集『内なる神聖なもの』（原題『The Divine Within』未邦訳）で、彼はこう述べている。

「すべてのことが仕分け棚の中で進んでいる。しかし学術施設に必要なのは仕切られた棚同士をつなぐための大工仕事をする人たちだ。すべての棚の声が聞こえ、みんなでなにができるのか考えることが必要なのだ」

現代の僕たちにとって、いちばん有効で、しかもスマートな選択は、仕切られた棚の中をのぞき、それぞれの空間をつなぐ人になることだというわけだ。詳しく説明しよう。

リラックスしていなければアイデアは温まらないのだろうか。

そんなことはない。他のことをしているときも、アイデアは温められている。ウォーラスはこう述べる。

「いくつかの課題に同時に取り組む方が、良い結果を生む場合が多い。いっぺんに始めると手をつけられない課題がいくつか出てくるが、それでいい。ひとつの課題に取り組んでいるうちに、自然とその他の課題も進むはずだ」

仕事とは関係ないことにいそしむのは、現代の「高尚な余暇」である。タイムオフを習慣化している人からすれば当たり前のことなのだ。

そう考えると、友達に料理をふるまうことを「仕事」と言うこともできるだろう。しかし、それには仕事とは異なる意義がある。日々の仕事から少し抜け出すことができるという。それがアイデアの温めには欠かせないのだ。

英国人アーノルド・ベネットは、1908年の自著『自分の時間』(三笠書房　2016年)で、いろいろなことをすること自体がタイムオフになりえると主張する。休息と同じくらい効果的らしい（次章で詳しく説明する）。

アーノルド・ベネットは次のように書いている。

「なんだって？（就業時間外の）16時間でエネルギーを使い果たしてしまうと、就業時間8時間の効率が落ちるというのか？　そんなことはない。まったく逆で、効率は上がる。まず、従業員にいちばん学んでほしいのは、働き続けることのできる強いメンタルなのだ。腕や足のように疲れるようでは困る。**メンタルが求めているのは変化だ。休息ではない。睡眠以外の休息は逆効果だ**」

余暇にエネルギーを費やせば、すべての活動においてエネルギーが持続できるようになるのだ。

アーサー・ケストラーも彼の著書『創造活動の理論』（ラテイス　1967年）で、創造的な活動によって考えを温めることを勧めている。

課題が複雑であるほど、無意識下での成果が大切だと彼は述べる。常識や普通だと思われていることをぶち壊すことが大事で、思考にクリエイティビティが生まれるのだ。

「創造的な行動には、革命的で破壊的な一面があります」

歴史上、その犠牲はあちこちで出た。流行り廃れた芸術の主義だったり、天動説だったり、フロギストン（酸素の発見前まで、燃焼の際に放出されると考えられていた架空の物質）だったたりする。

その壊す力は、探求によって湧いてくる。常に学び直すことと遊び心が欠かせない。

ケストラーはまた、まじめすぎてはいけないと言う。

「まじめな人は、頭が多面的でなく平らだ。適応力は高いが破壊力は低い。頭は良くても保守的では、革命など起こさない。指示がないと学ぶことができず夢に向かうことができないんだよ」

異なる音楽ジャンルのミュージシャンの経験が、よい例かもしれない。

ジャーナリストのデイビッド・エプスタインは『RANGE 知識の「幅」が最強の武器になる』(日経BP 2020年)で、クラシック音楽のミュージシャンは幼年期から専門的にスキルを身に付けるために多くの時間を費やし、規則に則ったレッスンを繰り返し受けると指摘する。意図された訓練の見本となる子供たちだ。そしてケストラーの言う「まじめ」な人たちだ。

一方で、トップレベルのジャズミュージシャンは、幼年期から形式ばった訓練を受けた例が少ないという。さまざまな楽器を試し、自分なりに実験を重ね、自分に合ったものを見つける。楽譜の読み方を学ばない人たちも少なくない。

クラシック音楽の重要な細かい技能を蔑んでいるわけではないが、厳しい訓練を長年受けると「即興演奏」がとても難しくなる。

ジャズ（幅がある）からクラシック（ひとつにしぼる）への転向はより簡単だし、逆の転向よりも実際に多い。広く学んだあとにひとつのことに深く潜る方が、深い穴を掘ってその穴の中から違うところを目指そうとするよりも簡単なのだ。

エプスタインは、巨匠ギタリストのジャック・チェッキーニの言葉を引用している。チェッキーニもジャズから始めて、クラシックギターへの愛に目覚めたひとりだ。

「ジャズミュージシャンはcreative（創造的）なアーティストで、クラシックミュージシャンはre-creative（再・創造的）なアーティストなんだよ」

人工知能（AI）にとっても、創られたものを再現すること（re-creating）は、創り出すことよりも簡単だ。

事実、本書の共著者であるマックスは人工知能と音楽の交差点で働いている。アーティストと企業のパートナーと協力して、コンピューター技術が人間のクリエイティブなプロセスにどう役立つのか研究している。遊んだり、様々な選択肢を試したりしながら、音楽を届ける新しい方法を考えているのだ。

ＡＩ音楽の実験では、クラシックやテクノなどのジャンルの作曲家やパフォーマーの真似をさせる。厳しいルールやきちんとしたパターンがあるため、機械にとって学びやすいからだ。

一方で、ジャズ音楽の即興演奏は、機械にとっては手が届かないところにある。最新のアルゴリズムは、狭い領域（ドメイン）での性能は上がっているが、ドメインを越えて散らばるアイデアをつなげるのは苦手だからだ。そしてこの傾向はすぐには変わらないだろう。

自問してみてほしい。今までジャズのリズムで仕事をしてきただろうか？　それともクラシック音楽の厳しいルールに従ってきただろうか？

これからは、ジャズのリズムを多めに取り入れてもいいかもしれない。

ＡＩが活躍する未来では、ひとつのことしかできない人よりも、多くをこなせる人の方が強いのだから。

ひとつにしぼらないのであれば、すべての経験をひとまとめにしなければならない。そのためには、休息と静寂が必要だ。

オルダス・ハクスリーはクラシック音楽の大ファンで、とくに、音のない時間は作品において大切だと考えていた。

「休息は静寂」（原題「The Rest is Silence」未邦訳）と題されたエッセイで、彼はこう述べている。

「すべての優れた音楽で共通するのは静寂である。ベートーヴェンとモーツァルトに比べたら、ワーグナーの押し寄せる音は静寂において貧しい。後者があまり重要視されない一因かもしれない。いつも話しているから響かないのだ」

世界の美しさを前に僕たちは一歩下がり、そのすべてに身を浸たす。

タイムオフの静けさと、仕事が交わるようになれば、仕事自体のクリエイティビティや成果も高まるに違いない。

ひとつのことを極めなければ成功できないなんて、誰が言ったのだろう。

時代が進むにつれて、ひとつのことしかできないことは、苦しみしか引き起こさなくなるかもしれないのに。

ひとつ以上のものに秀でることは可能だ。実際に成し遂げた人も多い。しかし、そのためには仕切られた棚の中で閉じこもっていてはダメだ。

ひとつのことだけに集中するのでなく、多くのことを同時に自由にやってみよう。そして共通点を探そう。重なる面白いところに目を向けよう。一石二鳥だ。

そんなふうに生き、仕事をすれば、新しい繋がりが見つかり、可能性が広がるだけでなく（しかもＡＩに負けないですむ）、タイムオフを組み込んだ日々が始まるのだ。

すべての興味をしっかりと抱きしめれば、燃え尽きることなく成功や目的地にたどり着くことができる。

と、ここまで書いてきて、まだ納得していないあなたの顔が目に浮かぶ。
それでは、次に紹介するふたりの話を聞いてみてほしい。
クリエイティブな探求で成功を見つけ、そのやり方を広めたいと思っている人たちだ。

ティム・ハーフォード

（英国人経済学者、ジャーナリスト、パブリックスピーカー）

「現代社会ではチョイスを迫られているような気がするよね。ブラウザーからブラウザーに瞬時に飛び移ることをやめてしまえば、仙人みたいに世捨て人として生きるしかないような気持ちになる。だけど、このジレンマに実態はないよ。1度にたくさんのことをしながらクリエイティブでいることもできる。ただやっぱり、速度は落とさなきゃね」

あなたはいつも、どんな場所で仕事をしているだろうか。

音楽やPodcastを聞きながら企画書を作成しているかもしれないし、Slackの通知音が連続で鳴っているかもしれない。

内容を確認して、また企画書に戻る。ついでにメールもチェックしよう（5分前に確認したけど）。よし、終わり。企画書に戻る。

一行書いたところで、スマホ画面に通知が表示されたのに気づく。なんだろう、大事なことかもしれないから見ておこう。ああ、別になんでもなかった。企画書に戻る。

1分も経たないうちに同僚が来て、クライアントからメールがきていないか尋ねる。ああ、きてるよ。あとで確認する。

さて、企画書だ。ちゃんと進んでいる。いろいろ邪魔が入っても大丈夫。だってマルチタスクは得意だから。

というふうには、なかなかいかない。

残念なことに、人は自分の心理過程を考察することが、大の苦手だ。

マルチタスキングが上手だと思っている人もいるかもしれないが、神経科学の見地から見ると、エドワード・M・ハロウェル博士が『ビジネスパーソンの時間割——集中とアイディアを生む時間投資術』（バジリコ　２００９年）で指摘しているように、**僕たちにとっては、マルチタスクをすること自体が可能でさえないのだ。**

僕たちの脳は、一度にひとつのことしか積極的に処理できない。だから結局のところ、マルチタスクと言いながら、タスクを交代で行っているだけだ。それも、大きな代償を払って。

でも、マルチタスクを可能にする方法もあるかもしれない。時間と深さの度合いを変化させてみよう。

２０１９年のＴＥＤトーク「あなたのクリエイティビティを解き放つパワフルな方法」で、経済学者のティム・ハーフォードは「スローモーション・マルチタスキング」というやり方を提案した。

ハーフォードは、英経済紙「フィナンシャル・タイムズ」で「まっとうな経済学」（原題「The Undercover Economist」）というコラムを担当し、自著を２冊発表している。そしてさらに、王立統計学会の名誉会員でもある。

そんな彼が、１度に多数のことに取り組むことには利点があると述べたのだ。

「大切なことであれば２つのこと、欲を言えば３、４つのことを同時に行うのが理想である」と。

しかし、「1度に」と言っても文字通り「1度」でやり切るべきだと言っているわけではない。時間枠が重なるようにするべきだと言っているのだ。

分刻み、時間刻み、もしくは日を単位にして集中しなければならないのは変わらないが、週や月、年の単位で見たときに活動は多様であった方がいい。

たとえば、興味のあるプロジェクトや事柄を書き出し、週ごとに違う項目に取り組む。1週間、ひとつのことに集中したら、その次の週は違うことに挑戦する（翌月でも、自分のスケジュールに合うように考えればいい）。

それぞれのプロジェクトに、時間とエネルギーをかけるべきだ。なぜなら速度を落とすことで、プロジェクトの進捗度は高くなるのだから。

「スローモーションでマルチタスクを行うというのは、非生産的に聞こえるでしょう」とハーフォードは認める。

「私が言いたいのは、**いくつかのプロジェクトを同時進行させるべきだ**ということです。気分次第でトピックを行ったり来たりできるようにね。なぜこれが非生産的に聞こえるかというと、私たちがマルチタスクに頼るのは決まって追い詰められたときだからです。急いでいて、すべていっぺんに済ませたい。でもマルチタスクをゆっくり行うと、すごい効果があるんですよ」

つまり彼は、全体を考えた上でのマルチタスクを推奨しているのだ。僕たちが日常的に陥ってしまうマルチタスクとは異なる。

ハーフォードはアインシュタインの例をあげてさらに説明している。

「アインシュタインは同時代の多くの科学者と同じように、科学においてさまざまな活躍をしていた。ブラウン運動、特殊相対性理論、光電効果などを同時進行で研究していた。友達とチャットしながら『ウエストワールド（訳注：アメリカのSFテレビドラマシリーズ）』を観るのとは違う種類のマルチタスクだ。全然違う。そして、そう、アインシュタインは他の人とは全然違う唯一無二の存在だ。しかし、彼の行動はそれほど特異ではない。クリエイティブな人たちには共通してみられる特徴だ。アーティストであっても、科学者であっても」

複数の科学的分野で、大きな影響力をおよぼすような研究成果をあげることは、アインシュタインにとっては自然なことだったのかもしれない。

しかし彼以外にも、創造的かつ積極的に活動し続け、成功を収めている科学者たちの多くが、複数の分野で成功を収めている。

20世紀の半ば、心理学者のバーニース・アイダソンは優れた科学者と平均的な科学者を隔てるものはなにかを研究していた。
結果、複数のプロジェクトを同時進行させていることも、優れた科学者たちの条件の一つであるとわかった。
専門性がもっとも必要とされそうな科学という分野においても、ひとつだけに特化するよりも、複数に取り組んだ方が良いということが証明されたのだ。

興味深いことに、**バーニース・アイダソンは、優れた科学者たちがひとりでいることを好むことを発見した。**

「ほとんどすべての科学者たちが、ひとりになる時間を作っています。そして自分なりの楽しみや安らぎを見つけるのです。自分自身の能力を試し、それを向上させようとします。自分だけでいることを不快に感じないし、その時間で思考を自由に遊ばせます。課題に挑戦したり、読書したりして時間を過ごすのです」

タイムオフをひとりきりで過ごすことで、科学者たちは自分の精神を冒険させ、創造性や遊び心を発揮する方法を身につけるのだ。

遊び心は、マルチタスクでも役に立つ。

「クリエイティブな人たちは、同時進行でいくつものプロジェクトに接しています。しかもかなりマニアックな趣味がある場合も多い。創造性が高まるのは、アイデアを別の場所に移したときの場合が多いのです」

探求心を発揮すると、クリエイティブになれるのだ。ゆっくりとしたマルチタスクからは、たくさんのものを得ることができる。

小さいことに執着して詰め込みすぎる傾向がある僕たちだが、スローモーション・マルチタスキングはそれにストップをかけ、方向転換させてくれる。

短い時間の単位（分、時、日）でひとつのことに集中しながら、長い時間の単位（週や月、年）で見ると、いろいろな活動が含まれているというのがいいのだ。

だから、速度を落とそう。

自由にプロジェクトの間を行き来してみよう。

慌てず、騒がず。

実践

スローモーション・マルチタスキングを実践してみよう

あまりにも多くのことを抱え込みすぎて、いっぱいいっぱいになってはいないだろうか？　ちょっと落ち着こう。カレンダーを用意して、それぞれのタスクや課題に取り組む日や、週を決めて書き込んでみよう。取り組むことはひとつしかないのに、行き詰まっている？　では趣味でもいいから、なにか時間をかけて取り組みたいことを考えてみてほしい。そしてマルチタスクをゆっくりとやってみてほしい。思いがけないクリエイティブなひらめきが訪れるかもしれない。

ブランドン・トーリー

（米国人ソフトウェア・エンジニア、ラッパー）

「なにがいちばん非生産的かというと、仕事と仕事ではないことをぱっくり分けて考えることだね。仕事は面倒なオマケじゃない。僕は両方が大好きだから、ただなにかを作って楽しもうとしているだけなんだ」

「人間が叶える夢は、人生でひとつだけじゃなくていいと信じている」

マサチューセッツ州ブロックトン。ホームレスの少年だったトーリーは、ゴミ捨て場を漁って電子部品を集めていた。コンピューターの仕組みや組み立て方、修理の仕方を学ぶためだ。

夏になると教会のコンピューターワークショップに参加し、自分で買った本で自習し、C言語ができるようになった。コンピューターは大好きだったが、誰にも打ち明けなかった。「オタクだと思われるのが嫌だったんだ」と、トーリーはのちに語っている。

カリフォルニア州クパチーノ、「アップル（Apple）」のオフィスにシニア・ソフトウェア・エンジニアが座っている。「C++」「Python」「Java」の専門家であり、同僚から尊敬のまなざしを浴びている。

彼は毎週末、ロサンゼルスまで10時間かけて車で往復する。音楽への情熱を追い求め、パーティーなどの企画をしたり、曲を作ってレコーディングしたりするためだ。地下イベントでパフォーマンスすることもある。

アップルでは、彼が音楽に情熱を注ぐ一面を知る者はいない。彼は腕利きのエンジニアだ。同僚に音楽好きの一面を知られたらなんと言われるだろうと心配している。

もうおわかりだろうが、15～18歳をホームレスとして過ごした少年と、アップルで働くソフトウェア・エンジニアは同一人物だ。ブランドン・トーリー、その人である。

困難な生い立ちにもかかわらず、トーリーはMCAS(マサチューセッツ州総合評価システム)とSAT(大学進学適性試験)の両方で高スコアをたたき出し、マサチューセッツ大学に「ジョン・アンド・アビゲイル・アダムズ」奨学生として進学した。

電子工学で学位を取得したものの、エンジニアはクールじゃないと考えた彼は、卒業後、音楽の道を志す。最初は小さな成功を収めたが、あまり経済的に成功できず、ロサンゼルスで暮らすうちに一文無しになってしまったのだ。

2016年、彼はシリコンバレーで自分のエンジニアとしてのスキルを試そうと決める。ソフトウェア開発者になり、最終的にアップルにたどり着いた。

彼が毎週音楽のために車を走らせるようになったのも、二重生活を送るようになったのも、この頃だ。エンジニアとミュージシャン、どちらにもなれる生活を続けたのだ。

しかし、それぞれのコミュニティで、もし別世界の自分のことがばれたらバカにされるのではないかと彼は恐れていた。

「子供の頃から、自分のアイデンティティにあまり自信がなくて、自分像というものに苦しめられていたんだ」と彼は説明する。

「自分のイメージを保とうと必死だったときは、コンピューターオタクの自分がマニアックなことに激しい喜びを感じるたびに、なにか罪悪感のようなものを覚えていた。自己像を気にしすぎることの代償だ」

そして次第に、トーリーはごまかすことに疲れてしまう。

姉に説得されて、トーリーは自分の二重生活についてのドキュメンタリーを作ることにした。ただ上映するのではなく、映像を、アップルの1分間のコマーシャルとして利用し、科学とアートの境界を信じない若いエンジニアたちを勇気づけることに決めた。

「僕はあまり評判の良くない地域で育った子供で、ラップが大好きで、しかも、トップレベルの自己流エンジニアなんだ」と、2019年のインタビューで彼は語っている。

「君だってそうなれる。そう伝えたいんだ」

重役たちに映像を送ると、とても好評で、重役として「アップル・ミュージック」を取り仕切っていたジミー・アイオヴィン（彼自身もプロデューサーだ）から連絡が入った。

「ジミーに直接会ってほしいって頼んだら、もちろんって彼が答えたんだ。ひざまずいて神に感謝したよ」

アイオヴィンのメンターシップと導きのおかげで、トーリーは自分の指針を見つけた。

彼が「マルチドリーム説」と呼ぶ考え方だ。

ふたつの世界を互いから隠し、切り離していたことは、不安の源になっただけでなく、両方における成長のチャンスを奪っていたのだと彼は気づいた。

「エンジニアとして科学に集中したい。一方でミュージシャンとして、自分の文化とアートに集中したい。その葛藤自体がアートなんだと気がついた。境界線があいまいになり、ふたつを分けて生きることはもうしないと決めた。僕は完璧なエンジニアでも、完璧なラッパーでもない。完璧な夫でも、完璧な父親でもない。人生の秘密は、夢を自由に泳がせて形を変えることを許すことだと思うんだ」と、彼は雑誌『ミディアム』で述べている。夢に十分な時間と空間を与えたら、自由に流れ出し、重なるところを見せてくれるのだと。異なる夢が交じり合い、響き合う。そしてひとつの「マルチドリーム」になり、妥協することなく追求できるのだと。

夢の中心にクリエイティビティがある人は多い。

テクノロジーの発展のおかげで世界はワクワクする場所になってきているが、トーリーはクリエイティビティの未来について次のように述べている。

「人間であることのいちばん素晴らしいことはクリエイティビティだ。機械学習モデルや人工知能を発達させて、単純作業を担わせようとしていることからも明白だろう」

僕たちも彼の意見に賛成だ。**将来の世代は、狭くて（しばしば退屈な）専門性を武器にして生きなくてもいい**。曲がりくねったキャリアを描けるようになるはずだ。道は枝分かれし、ぐるりと回り、交差したり、合体したりして高い創造性の実現へと導いてくれる。

トーリーはもっと真剣に音楽に打ち込むようになった。アップルを退職し、ロサンゼルスに移り、「グーグル（Google）」でシニア・AIソフトウェア・エンジニアとして働くかたわら、音楽の道も突き進んでいる。「マルチドリーム」に生き、自分のことも認められるようになり、異なる情熱を追いかけているのだ。

実践　あなたの「マルチドリーム」を生きよう

自分の夢について堂々と誰かに話したのはいつだろう？　同僚に夢を語ったことがあるだろうか？　仕事以外の夢について話すことで、同僚との距離が縮まるかもしれない。一つの夢だけ選んで、他の夢をあきらめるなど考えなくていい。すべて一緒に追いかければいいんだ。ひとつの夢を、他の夢の燃料にして。常に違うことをしろと言っているわけではない。トーリーはこう言っている。「秀でるためにすべてを出し切らないといけないなら、常に活動を変えることはあまり意味がない」。夢が独立して存在するのではなく、他の夢と繋がっていることに気づいて行動することが大事なのだ。ひとつの夢が前に進むとき、他の夢も前に進んでいる。

仕事という「沼」からはい出そう

創造的であることは、点と点を繋ぐことだ。幅広い興味を探求すれば、それだけ多くの点に出会える。

しかし、点がどれだけあろうと、そのひとつに固執しすぎたり、準備の沼にはまったりすると、近くの点と点しか繋げなくなる。結果、面白くない古臭いアイデアしか生まれない。

面白い点繋ぎをしたいなら、新しい視点を得るために少し遠くまでいかなければ。

これにはさまざまな方法がある。まず小さいところでは、疲れてもうアイデアが浮かばないと感じるとき、1時間、それも無理なら**数分でもいいから、少し散歩に出てみたりなにか別の活動をしたりしてみるといい。**

少しの間でも問題から離れてみると、戻ってきたときに新しい視点が持てたりする。

中期間のものだと、1日から2週間くらいの休暇を取るのもいいかもしれない。問題からより遠く離れ、結果として多くの点を結ぶことができる。

そして最後に、もっと長いタイムオフについても考えてみよう。数週間以上のものだ。旅行などと組み合わせてもいいかもしれない（のちに詳述する）。

旅は問題から離れ、癖になっている思考パターンからも抜け出すきっかけを与えてくれる。アイデアを温めるにはもってこいだし、イノベーションにあふれたアイデアが浮かぶかもしれない。

しかし、タイムオフの重要さに気づけたあなたも、まだほんの入り口に立ったにすぎない。実践し、その効果を信じて、湧き上がる不平不満を無視したときに、見えてくるものがあるだろう。

植えつけられた間違った道徳的価値観を捨て、ゆっくりと学び直す。個人としても社会全体としても、そんな努力をすべきだ。

仕事中毒の僕たちは、つい「準備」と「確認」の時間ばかりを大切にしがちだ。クリエイティブなプロセスのなかで、そのふたつは積極的に取り組めるし、難しく感じるからだ。だから、このふたつの段階は善であり、しっかり取り組むべきだと思い、無意識下での「温め」や「ひらめき」の段階を無視したり軽視したりしてしまう。

仕事にいつも取り組み、解決策をひねり出そうとしているのに、アイデアが出てこない。**「よし、働く時間を増やしてごまかそう！」というのは、いくらなんでも、みじめではないだろうか。しかも、非生産的だ。**

皮肉にも、生産性を追い求める僕たちは、しばしば非生産性にたどり着いてしまう。ほとんどの場合、そうかもしれない。深い洞察力には決してたどり着けないのだから。ナレッジワーカーが給料をもらって従事する仕事の多くは、一直線に進んだり、単純になにかを重ねたりすればいいという種類のものではない。いくら時間をかけても、ひらめきが訪れるとはかぎらない。

グレアム・ウォーラスは創造性の仮説を立てたとき、そのことに気づいていた。彼が引用したヘルマン・フォン・ヘルムホルツ博士だってそうだ。ヘルムホルツ博士の言葉を紹介しよう。

「全方位の問題への調査（とそのおさらい）によると、幸せなアイデアは予期せぬときに訪れる。ひらめきのように。私について言えば、心が疲れていたり、仕事机に向かったりするときにひらめきは訪れない。晴れた日にゆっくりと丘を登る。そんなときに降りてきてくれるようだ」

「温め」には（そして「ひらめき」にも）必要なものがある。タイムオフだ。離れること。新しい視点を得ること。クリエイティブなプロセスにおいて、休息は絶対に必要だ。

第 2 章

休息する

REST

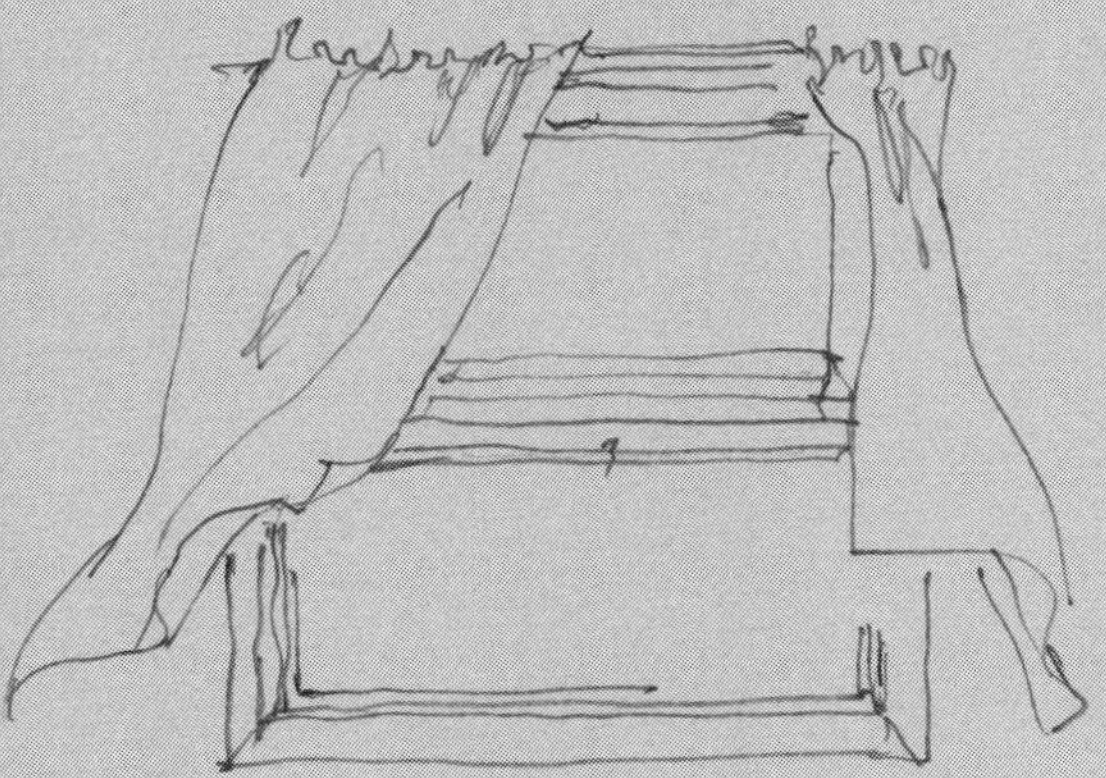

我らがマックスは、何か月も悩み続けていた。書斎に閉じこもり、学術論文をいくつも読んだ。それ以外の時間も、常に考えていた。問題点も目標も明らかだったのに、どうしたらいいのかがわからなかった。ＡＩ研究者として、ＡＩアプリケーション上でのデータ・リプレゼンテーションの仕方をあれこれ考えていたのだ。ストリーミングサービスや写真をタグ付けし、類似した歌や製品のリコメンドを表示する機能だ。きっと読者も日々、目にしているだろう。

これを可能にするためにデータサイエンティストたちは「マップ（地図）」を作成する。このマップは「ラテント・スペース」と呼ばれるもので、マップ上で近くにあるデータほど、お互いの類似性が高いとわかる。

マックスが直面していた問題は、このマップがゆがんでしまい、「秘密の谷」や「隠された山」などが出現することだった。それらはシステムの提供物に大きな影響を与える。グーグルマップが「最短距離は１００メートルだ」と示す一方で、そのルートに表示されない隠された崖や谷があったらどうだろう？　それと同じことがデータマップ上で起きており、データサイエンティストたちは頭を抱えていた。

マックスは秘密の山や谷の位置を知る方法を突き止めていた。難しいのは、この情報をどうやって距離と組み合わせるかだ。マップを変化させて距離により大きな意味を持たせる必要があり（数学的に言えば〝内在する距離空間〟を平らにしようとしていたのだ）、もう何か月も考え続けていた。そんなある日、マックスは箱根に山登りに行った。

箱根は日本の本州にあり、温泉と富士山が見える素晴らしい眺望で有名な場所だ。週末旅行にぴったりで、マックスは友人のアヤコと楽しい時間を過ごしていた。山々に囲まれた美しい露天風呂で、ゆっくりと1日目を過ごした。

翌日、たっぷり時間をかけて山登りをした。マックスの心は、数学やデータマッピングの問題から可能な限り離れていた（ように見えた）。

山登りも人とのふれあいも、心から楽しめたし、傾斜の激しい狭い道では岩や枝につまずかないように注意も払った。しかし、何気ない一言が彼の思考に火をつける。

ふたりが山を登り始めて数時間経ったときだった。ホテルに戻ろうと、バスの路線図を観光案内所でもらった。地図は手書きのとてもシンプルなもので、距離などのスケールはかなり適当に描かれていた。観光名所や主だったルートを目立たせることが地図の目的のようだった。

ちょうどアヤコは、地図の歴史についての本を読んだばかりで、マックスにこう言った。

「面白いよね、昔の人って。大事な場所ほど大きく地図に描いたんだって」

その瞬間、マックスは稲妻に打たれたようだった。もしくはレンガの入った袋で殴られた？ トンネルの先に見えた光？ これこそが探していた答えだ！

「カルトグラム」と呼ばれる手法を基にしたマップは、関心の高さなどの度合いによって、描かれる場所の大きさが変わる。たとえば、GDPや人口、農業総生産を表すために用いられる地図がこれだ。

データ・リプレゼンテーションにも同じテクニックを使えば、マップ上の問題を解決できるのではないかとマックスは考えた。「山脈」がデータマップ上にあるのなら、その山のあるエリアを大きくして、点同士を遠ざければいい。距離を大きくしたいなら山を「高く」すればいい。

東京に戻ったとき、マックスは実際にこの方法を試し、見込みがあると確信した。実験を繰り返し、分析を細かく行って、同僚ふたりとともにこの新しいメソッドについて論文を書いた。箱根でハイキングしていたときのひらめきがすべてだ。仕事から離れ、休息をとることが必要だったのだ。

1万時間？　それとも4時間？

チャールズ・ダーウィンの仕事時間は、1日に90分間×3回だった。その他の時間は、散歩したり昼寝したり、ぼーっとしたりしていたらしい。

アンリ・ポアンカレはさまざまな分野でたくさんの業績を残しているが、**働いたのは朝**

10時から正午までと、夕方5時から夜7時までだけだったそうだ。問題をいったん把握したら、あとは「無意識」とバトンタッチするのだ。

同様に、ゴッドフレイ・ハロルド・ハーディも、仕事ができるのは1日4時間が限度だとし、その他の時間に忙しくしすぎると、かえって生産性が落ちると述べている。

ダーウィンも、ポアンカレもハーディも、みんな同じことを考えていた。**1日4時間は集中できるということだ。ちゃんと休息をとって適切に取り組めば、その時間だけで偉大なことは成し遂げられるのだ。**忙しさに支配された僕たちの文化をバカにしているのかと思う人もいるかもしれない。

さまざまなところで引用されるアンダース・エリクソンと同僚による論文「1万時間ルール」について紹介したい。

この考え方はマルコム・グラッドウェルの『天才！ 成功する人々の法則』（講談社 2009年）で使用されて有名になった。どの分野でも約1万時間取り組めば、専門家レベルに到達できるという考えである。

忙しさ、ストレス、過労を善きものとする社会に、このルールはすぐに受け入れられ、信条のようにすがる人までできた。しかしエリクソンの研究は、効率を上げるためには、集中力を要する活動は制限するべきだとも述べている。4時間は理想的だ。

興味深いことに、（無視されることも多いのだが）研究によると、トップクラスの業績の人たちは普通の人と休み方が異なる。平均的な成果を上げる人に比べ、余暇がしっかりと計画されている。**集中して仕事するだけでなく、集中して休むのだ。**

睡眠時間も1時間ほど多かった。成功する人たちの多くが、考えを温めたり、4時間しっかり集中したりするために昼寝することも判明した。

つまり、集中しなければならない仕事の間に睡眠を挟むと、1日のメリハリがつきやすい。1日2シフト制だ。

サルバドール・ダリのように、睡眠を極めた人もいる。「なにもしないことこそが鍵」メソッドだ。うとうとしているとき、つまり覚醒から睡眠に移るときの時間を利用して、クリエイティブな洞察にたどり着く。

睡眠については後述するが、休息の形は睡眠の他にもいろいろある。

休息こそ「生産的」な行い

休むことは働くことの逆と考えられがちだ。休んでいるか、生産的か、白黒つけてしか考えられない。

しかし、**仕事と休むことを極端に切り離したのは、僕たちの社会の大きな間違いだ。**

仕事を9時から5時までの間にやるべきことだと思わず、クリエイティブで生産的な、もっと広いプロセスだと考えてみよう。すると、仕事に取り組むことを支える意識的なプロセス自体も、仕事を構成していると考えられないだろうか。

長い間、休息時は脳の力は発揮されないと考えられていた。しかし神経科学者が脳画像解析技術を使って実際に脳活動を観察してみると、予想外のことがわかった。

18世紀の詩人ウィリアム・クーパーはこう書いた。

「仕事がない状態が休息ではない」「空っぽの心は病んでいる」

研究者たちによると、心が休んでいる状態は空っぽとは程遠い状態だ。脳が活動しなくなるのではなく、活発になる部位が変化するらしい。

休んでいるときに活発になる脳の部位はまとめて「デフォルトモードネットワーク（Default Mode Network：DMN）」と呼ばれる。

研究が進むにつれ、デフォルトモードネットワークは活発になるだけでなく、重要な役目を果たすことも判明した。南カリフォルニア大学の神経科学者であるメリー・ヘレン・イモディーノ＝ヤング博士と同僚たちは、デフォルトモードネットワークの活動と知能、共感、感情的判断、メンタルヘルスなどが強く結びついていることを発見した。

休息は、健康、成長、そして生産性に欠かせないものなのだ。

イノベーションとクリエイティビティを必要とする仕事には、リラックスする時間が欠かせない。積極的に働く時間と同じくらいに大切にしなければならない。**休息のとき、脳は記憶をまとめ、問題解決方法を静かに探っている。**デフォルトモードネットワークが活発になると、直感が冴え、創造力や問題解決のスキルがさまざまなところと結びつき、線的ではない動きをする。

シャワーを浴びている最中や散歩の途中に、お告げのような白昼夢を見たり、ひらめいたりしたことがあるかもしれない。それはデフォルトモードネットワークのおかげだ。休息のとき、デフォルトモードネットワークは全体的な解決策を探そうとし、あっと驚く答えに導いてくれる。しかし心が乱れていると、このプロセスはうまくいかない。

そのため、**計画された意図的な休息とは、テレビの前でぼーっとしたり、Tinder（訳注：世界最大級のソーシャル系マッチングアプリ）をだらだら流し見たり、YouTubeで猫のビデオをとめどなく見続けるといった活動ではないのだ。**

クリエイティブな人たちのデフォルトモードネットワークは発達しているらしい。休息時も無意識で働いているのだ。

また面白いことに、デフォルトモードネットワーク内でも特定の部位が変わった動きをする。たとえば、アイデアの価値判断を司る左側頭部は、休息時には活発的でなくなる。アイデアを抑制し、意識がはっきりするときまで温めているのだ。こうして、ひらめきの瞬間が準備されるわけだ。

休息をたっぷりとって、仕事に「積極的」には取り組まない時間を持つことは、創造性や幸福感を高めるだけでなく、仕事に取り組む時間の効率も上げる。

ウェブ開発企業の「ベースキャンプ（Basecamp）」（かつての37Signals）は、平日の労働時間を短くして、週の休日を1日増やした。

「5日間と4日間の仕事量はさほど変わらないことがわかりました。3連休のあとは、みんなすごくリフレッシュした顔をして出社します。月曜日がハッピーになる。3連休があると、平日の仕事の効率も上がります」

休む時間を増やすと、仕事に直接良い影響がある。

自主的な時間制限によって、大事なものに自然と集中できるようになる。仕事やそのやり方を見つめ直し、わかりやすい「忙しさ」の罠から抜け出せるのだ。

無駄な会議を増やさなくても、すべきことを達成し、物事を動かすことができる。

自分の時間の本当の価値に気づき、お金と交換するためだけにあるのではないと、思い至るのだ。自分にとって重要で、意味のあると思うものに投資するために使うことだって可能だ。

時間を、情熱を傾ける活動に費やすことで、創造性はアップするのだ。

アンリ・ポアンカレ

（フランス人数学者、理論物理学者、博識家　1854年4月29日〜1912年7月17日）

「難しい課題に取り組むとき、最初の一撃で瞬殺できる人は少ない。だから休憩する。短いときも、長いときもある。そして新しい気持ちで机に向かい、仕事に取りかかる……すると突然、決定的なアイデアが浮かぶ。意識して行う仕事が成果を出す、と捉えがちだが、中断し、心が休めたときにこそ、力と新しさが生まれるのだ」

現在ではフックス型微分方程式と呼ばれる数学の方程式を、ポアンカレは2週間の格闘の末、証明した。そのとき、彼は僕たちと同じ失敗をしている。コーヒーを飲みすぎてしまったのだ。彼はただ天井を見つめて寝転がっていた。しかしそうするうちに、アイデアが頭の中でまとまり始めた。存在しない方程式を証明する。その逆を思いついたのだ。眠りにつくと、ポアンカレはフックス型微分方程式の下位方程式の証明はできると確信した。翌朝、起きてすぐに、彼は考えていたことを「ものの数時間で書き出した」。

それから間もなくして、さらなる問題に挑戦しているとき、地理的探検のために机を離れることになった。「旅に出ることになって、数学の課題のことはすっかり忘れてしまった」と彼は書いている。

しかし、こうも書いている。「数日後、バスの階段に足をのせたとき（解決へと繋がる）アイデアが降りてきたんだ。なんの関係もないことを考えていたのに、本当に突然に」、と。帰宅してアイデアを確認すると、ポアンカレはまた違う問題に直面した。

「自分の失敗にムカムカして、海の近くで数日間過ごして他のことを考えたいなと思った。ある朝、崖の上を歩いていると考えが浮かんだ。ぱっと浮かんで、すごく突然だったけれど、強い確信があった」

数学と科学の世界で、ポアンカレほど多岐にわたる業績を残した人はいない。彼の影響を受けていない分野はないと言ってもいいかもしれない。フックス型微分方程式は、数世紀にわたり数学者を悩ませたフェルマーの最終定理の証明に繋がった。

そして彼は（悪名かもしれないが）有名な問題を作った張本人でもある。ポアンカレ予想と呼ばれ、重要な定理だと考えられ、クレイ数学研究所はこの問題を解けた人に1億円の賞金を与えると発表したほどだ。そしてついに2006年、グレゴリー・ペレルマンにより解かれたが、ポアンカレ予想についてはいまだに多くの人が論じている。

そして、彼ほど直感と無意識の力を頼りにした人もいないだろう。休息やタイムオフがいかに大切かも理解していた。生産性を高めるためにうまく利用したのだ。

彼は毎日、2時間×2回の計4時間を仕事の時間に当てていた。午前10時から正午までと、午後5時から7時までだ。**それ以外は無意識を稼働することに費やし、アイデアを温めた。**その効果は一目瞭然だ。量も質も、他に類を見ない。

長期的に見ると、スローモーション・マルチタスクをしているとも考えられる。ポアンカレの働き方は、ハチが花から花へと飛び移る様子にたとえられるかもしれない。米国人数学者のエリック・テンプル・ベルは彼が最後の「博識家」だと表現する。

ポアンカレはさまざまなプロジェクトを同時進行することで、一見すると繋がりのない数々の問題を同時に解いた。新しいインスピレーションを得たり、次の研究の種まきをしたりしながら。

彼は、タイムオフの最大効果を期待するならば「意識して取り組む仕事の前後」で実行すべきだと述べている。つまりバランスが大事だ。仕事と遊びは、生産性とクリエイティビティに必要なもの。その両方があるからこそ、満ち足りた人生を送れるのだ。

実践

集中する時間と休息する時間を設定しよう

ひとつかふたつの課題に1、2時間没頭したのはいつだろう？ 直面している問題や課題を書き出し、そのひとつだけにじっくり2時間向き合ってほしい。邪魔になりそうなものはすべて排除してほしい。でも、無理はしないで。もし、全然先に進めそうにないなと思ったら、一歩下がって無意識とバトンタッチ。しなければいけないことを先延ばしにしろと言っているのではない。ただ、良い休息をとってほしいのだ。潜在意識に身も心も任せてみると、難しかったものがなぜか簡単だと感じることもあるのだから。

休息は立派な「活動」である

「休む方法は、他のことをすることである」と、ワイルダー・ペンフィールドは彼のエッセイ「無為の有用性」（原題「The Use of Idleness」未邦訳）で述べている。「なにもしないことで教育の幅を広げ、生産性の高い専門家に育てるのだ。幸せにも、役立つ市民にもなれる。世界を深く理解し、多くのことができるようになる」、と。なかなか説得力がある。

メンタルが疲れたときは充電しなければいけないというのは、誤った考え方だ。全部が間違っているわけではないが、**疲れた心が求めているのは変化であることが多い**。だから休息の時間にアクティブに動いても、次の日の仕事には影響しない。仕事の効率が上がる場合さえある。異なるチャレンジに没頭すると、潜在意識が解き放たれ、意識のある頭で吸いとった情報に惑わされずに、問題解決方法を探すことができる。

著名な科学者の多くは、熱心なミュージシャンや、アーティスト、スポーツマンであったりする。マックスはクロスフィットの激しい運動と、パン作りや楽曲制作などの穏やかな没頭が効果的だと感じている。ジョンは柔術や、手の込んだディナーパーティーの企画で他のクリエイティブな人たちと楽しみ、お互いに刺激を与えあうことが好きだ。

気づいた読者もいるかもしれないが、**長い散歩は偉人たちの趣味である場合が多い。**

多くの素晴らしい考えは散歩中に浮かんだのだ。ヴェルナー・ハイゼンベルク博士の不確定性原理も、ウィリアム・ローワン・ハミルトンの高次元複素数も、ルビク・エルネーのルービックキューブも、散歩中のひらめきだ。「私の足が動き出すとき、思考も動き出す」と言ったのは、かのヘンリー・デイヴィッド・ソロー。彼もまた、散歩好きだった。

彼の言葉は科学で裏づけられている。のちにより詳しく説明するが、運動は脳の柔軟性を高め、状態を良くする。筋力や循環器系に良い影響を与えるのと同じだ。

運動中は、神経細胞の発生や機能を強化するプロテインの神経栄養因子の産生量が大幅に増える。さらに、筋肉に負荷をかける運動はイリシンというホルモンを産出させる。このホルモンは脳由来神経栄養因子（ＢＤＮＦ）の産出を脳に促す。神経栄養因子のなかでも、とりわけ活発な因子だ。

すなわち、**汗をかくと脳が成長し、新しい回路を作るのだ。**その回路により、行き詰まっていた問題への解決策が導かれたり、ひらめいたりする可能性が高まる。

さらに、運動はストレスを緩和し、将来のストレスに備える力を蓄える助けにもなる。僕たちがアクティブに体を動かすと、脳は影響を受け、その結果、クリエイティビティや生産性に良い影響をおよぼす。逆説的に聞こえるかもしれないが、そのような活動的な時間は、心の休息には必要不可欠だ。

「タイムオフ」をとりましょう

この本を読むのを

15分間やめて……

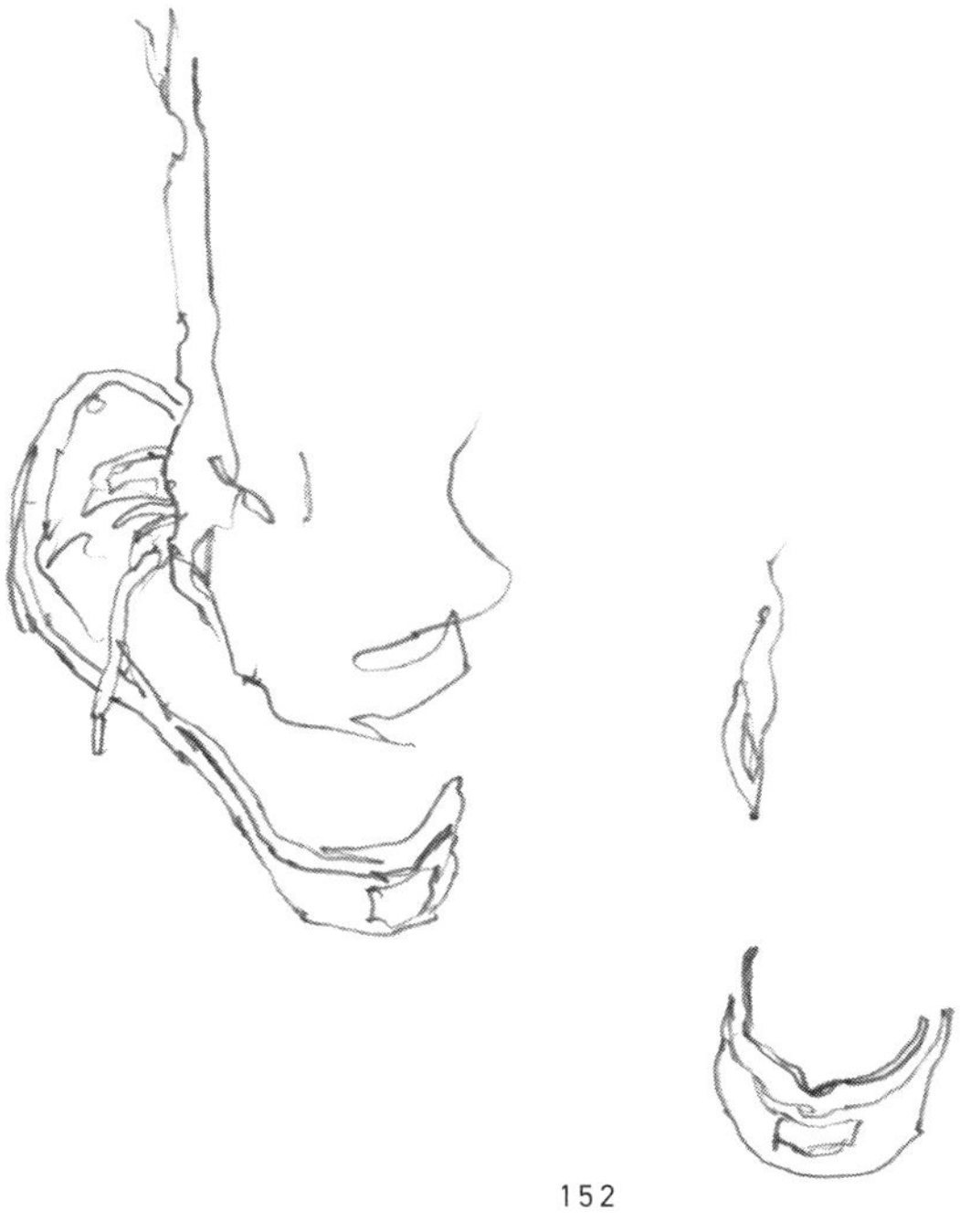

軽く体を動かそう。

回復に向かうための「4つの行い」

休息について考えるとき、なにを思い描くだろうか？　木陰のハンモック？　「となりのサインフェルド（訳注：アメリカのコメディドラマ）」をイッキ見すること？

休息とは、ただ休めばいいわけではない。良い休み方がある。Ｒｅｄｄｉｔ（訳注：アメリカの掲示板型ソーシャルニュースサイト）を眺めて３時間無駄にするのは、昼寝したり散歩することとは違う。生産性を上げるためには、休息の質を高めなければならない。

そして、体をアクティブに動かすと、休息の質が上がる。それでは、他にどんな休み方をすれば、良い休息が取れたと言えるのだろうか？

アレックス・スジョン－キム・パンは『シリコンバレー式　よい休息』（日経ＢＰ　２０１７年）で適切な休息と回復のための４つの主な要素をあげている。

- **リラックス：心と体をゆっくりさせる。**
- **コントロール：どのように時間を過ごすか決める。**
- **マスタリー（習得すること）：フロー状態になるようにやりがいのあることをする。**
- **ディタッチメント（離れること）：仕事のことを忘れられるくらい没頭する。**

つまり、休息はただリラックスすることだと思っているうちは、他の３つの要素を考えられていないわけだ。

では、コントロールについて考えてみよう。僕たちがコントロールできることには限りがある。

上司の決定ひとつで、3か月間頑張ってきたことが台無しになってしまうこともあるし、締め切り直前にクライアントが新しい注文をつけてきたり、アイスランドの火山がいきなり噴火してヨーロッパのほとんどのフライトがキャンセルされ海外で足止めをくうことだってあるかもしれない（マックスの実体験だ。大学の試験期間中に彼はこの災難に見舞われた）。こういうことはすごくストレスだし、気がそがれるし、エネルギーもクリエイティビティも奪われてしまう。

バランスを保つために、休息の時間をコントロールしよう。絵を描いたり、料理したり、音楽を作ったり、自分の思い描いたとおりに時間を使おう。

そんな週末の冒険の途中で、決断を迫られる場面もあるだろう。しかし、決断を下すのはあなただ。企業方針に従う必要はない。

どのように時間を過ごすのか、エネルギーを使うのか、気を配るのかを、自分で決めることができる。その結果、休息が、目まぐるしい日常を乗り切る力の源になるのだ。

次にマスタリー（習得）。楽器を弾いたり詩を書いたりすることも、自分でコントロールできることだ。こういう活動は決して簡単ではないけれど、とても効果的な休息だ。**本当に効果のある休息は、アクティブで、少しの努力が必要な活動なのだ。**難しくて心からのめりこめると、フロー状態になれる（難しすぎると逆にイライラしすぎて投げ出したくなるので要注意）。

ジョンは、ある柔術の技を体得するために繰り返し練習していた。相手に技を受けてもらうとき、きちんと集中しなければねじ伏せられてしまう。この数時間、仕事のことは一切考えないため、とてもリフレッシュできる。

なにかをマスター（習得）することは、休息の重要な要素だ。要らないものを心の中から取り除く。仕事さえも、追い出してしまうのだ。

そしてディタッチメント（離れること）。休息に欠かせない要素の4つ目だ。**仕事（などの休憩したいもの）をすっかり頭から追い出して、目の前のことに集中する**ことは、体と心の回復に効果的だ。つまり、「ログオフ」するのだ。

ザビーン・ゾネンターグ博士はディタッチメントの重要性をこのように書いている。「実証研究では、タイムオフ中に仕事から距離をとれる従業員ほど人生に満足しているし、精神的症状を訴えにくかった。仕事にもきちんと集中できている。（この研究が示すのは）タイムオフで仕事からディタッチメントできれば、業績にポジティブな影響があるということだ」

成功する人に共通する能力は、２つの状態の素早い切り替えができることだ。やるべきことに精神的・身体的なエネルギーを全集中させるオンの状態と、ゆったりとして仕事から切り離された穏やかなオフの状態だ。

僕たちのほとんどは、中途半端なオンとオフを行ったり来たりして、最高値まで能力を上げきれず、結果、それがもたらすものも味わえずにいる。

夜、週末、長い休暇で、完璧なディタッチメントが実践できるようになると、いざというときに高い集中力を発揮できる。そして回復も速い。クリエイティブに仕事に取り組む人たちは、仕事から距離をとる術を身につけているのだ。

良い休息は、ただゆっくりと過ごすことではない。アクティブに、難しいことに挑戦することも休息だ。集中力たっぷりのフロー状態を作ってくれる。しばらくの間だけ、心配事を忘れ、ただその時に存在させてくれるのだ。暇すぎて不安になることもない。

誰かにとっての仕事が、他の誰かにとっては休息だということもある。良い休息のためには、さまざまな活動に取り組むのがいちばん効果的だ。

セーレン・キルケゴール

（デンマークの哲学者　1813年5月5日〜1855年11月11日）

「バカげたことのなかでもっともバカげているのは、忙しくする（食べ物と仕事のことでいそいそとする）ことだ」

「なにもしないことは諸悪の根源などではない。真に善きことしか生み出さないではないか」

作物に精通する農業従事者は、同種の作物を毎年同じところに同じように栽培しても同じ収穫量は見込めないことを知っている。そんなことをしたら、土壌の養分を枯渇させ、地力が低下し、害虫が発生するリスクが高まる。

だから、賢い農業従事者は輪作を行う。同じ土地に、異なる種類の作物を交代に栽培する方法だ。これにより、1種の作物を育んだ後に回復する時間が土に与えられ、収穫量も多くなる。自然に回復するのを待つよりも、土が肥える。

なぜなら、栽培する作物をきちんと選んでさえいれば、ひとつの作物が、次の作物が育つために必要な養分を土に蓄えてくれるからだ。

この方法はとても効果的（かつシンプル）で、古代からずっと行われてきた。少なくとも中東では西暦紀元前600年から行われていたようだ。

実存主義の創始者と呼ばれるキルケゴールは、輪作を人の心に当てはめて考えた。

彼はコペンハーゲンのとんでもなく裕福な家に生まれた（父親の財産で一生を暮らした。人生すべてがタイムオフだったんじゃないかと、読者は言いたくなるかもしれない）。しかし、幼少期から病弱だったキルケゴールの暮らしは、常に死に囲まれたものだった。

彼が22歳になるまでに、6人兄弟のうち5人が死んだ。その結果、彼は死んでも後世に残るような跡を世界に残したいと考えるようになった。そしてその道として、哲学を選んだ。

退屈こそ人間の問題の源だと考えたキルケゴールは、退屈を諸悪の根源と呼ぶようになった。しかし、ここで注意してほしいのはキルケゴールの「退屈」と、僕たちが思う「退屈」は異なるという点である。

彼はなにもしないことや動かないこと、もしくは現代で僕たちが「マインドフルネス」と呼ぶものを「退屈」と呼んだのではない。「輪作」というエッセイ（『キェルケゴール著作全集――原典訳記念版第1巻』に収録 創言社 1994年）に彼はこう書いている。

「私たちは言い慣れている。なにもしないことは諸悪の根源だと。悪を防ぐために、仕事が推奨されている。（しかし）なにもしないことは諸悪の根源などではない。その逆で、もし退屈していないのであれば、その人生は真に高尚なのだ」

退屈を悪だと考えるとき、僕たちはキルケゴールとは真逆の考え方をしてしまう。しかし、彼が問題視しているのは、退屈を感じること、そのものである。

つまり、活動への欲求、絶え間ない動きへの渇望、そして静寂への恐れ、それが問題だと彼は考えたのだ。**なにもしないことを恐れることこそが諸悪の根源**だと、キルケゴールは言っているのだ。

「退屈することは、本来穏やかで静かな性質であるはずだ。それにもかかわらず、動きを欲すること自体が大変興味深い」とキルケゴールは述べる。

真の「なにもしない心」とは、動きたいと思うこともない。なぜなら、動かない状態で満足だから。将来も心配しないし、ただその瞬間に存在するだけだ。

そんなことができる人は、子供みたいにシンプルなことに喜びを見出し続けられる。他の人が見たらなにも感じないことにも喜びを見つけるだろう。

自分の子供時代を回想して、キルケゴールはこう書いている。

「ハエを追いかけるだけで楽しかったし、木の実の殻の中にハエを閉じ込めて、殻が動くのを見てはしゃいでいた」

彼は不安に襲われたとき、ハエを目の前にした子供の頃を思い出して、目の前の瞬間だけに集中するように自分に言い聞かせていたそうだ。

『不安の概念』（改造社　１９４０年）というエッセイにこう書いている。

「満ち足りた時間は永遠に続く一瞬だ」

クリエイティブな考えとイマジネーションの核にあるのは、なにもしない心だと、キルケゴールは考えた。**しかし、現代人はなにもしないこと（もしくは退屈すること）を極端に恐れ、この世に存在するいちばんの悪と捉えている**ようだ。

この点に関して、数学者ブレーズ・パスカルの言葉をキルケゴールは引用する。彼はかつてこう言った。

「すべての人間の問題は、部屋にひとりでじっと座っていられないことに端を発する」

とてもテンションが高い人が、じつは退屈していることもあるだろう。身に覚えのある読者も少なくないはずだ。スマホの通知はひっきりなしに届き、急かされるようにスクロールして、もっと忙しく働かなきゃと思うけれど、心の中では信じられないくらい退屈している。意味のなさがそう感じさせるのだ。**刺激や活動が足りないのではなくて、意義を感じないから、つまらない。**

1800年代においてすでに、キルケゴールは忙しさがあふれていることに警鐘を鳴らした。「あれか、これか」（『キェルケゴール著作全集――原典訳記念版第1、2巻　これか-あれか』創言社　1994~1995年）でこのように主張している。

「精神世界を閉ざして不撓不屈に活動する人は動物界に属しているのだ。動が支配する世界に。私たちのなかには、どうしてかすべてのものをビジネスのように処理する人がいる。恋に落ちるときも、結婚するときも、冗談を聞くときも、芸術を鑑賞するときも、まるで仕事に対しているかのような熱狂ぶりだ。ラテン語では〈なにもしないことは悪魔の枕〉と言われ、まったく正しいが、退屈していなければ悪魔は枕に頭をのせることはない。それなのに多くの人は、仕事こそが人間の運命であり、なにもしないことは、仕事の対極にあると信じて止まないのだ」

200年ほど前に書かれたものだが、現代の僕たちの心にも刺さる。なにもしないことと退屈することを僕たちは混同し、仕事を神聖なものに押し上げてしまった。

ここで、精神の輪作について考えてみよう。**キルケゴールは退屈を感じないために、精神的活動やプロジェクトは交代で行うべきだと考えていた。**農業従事者が行う輪作のように、精神的栄養素を使い果たしたら、次の作物に移り心を休ませる。

しかしキルケゴールは、精神の輪作は正しい方法で行われるべきだと指摘する。そうでなければ、ただ退屈な時間が増えるだけだと。マルチタスクや落ち着きのなさの言い訳にこのロジックを使ってしまえば、元の木阿弥だ。

彼の提案する精神の輪作は、方法論的でよく考えられている。根底にあるのは、なにもしないことである（退屈することや、ただソワソワしていることではない）。

「私が考えるのは、農業での輪作と同様、土を変えずに作物の種類と栽培方法を変えることです。もうこの段階で問題にぶつかります。世界で唯一の解決策、つまり、方針を転換しなければならない。量ではなく質による回復を目指すのです」

その意味で、彼の輪作のアイデアは、ティム・ハーフォードの「スローモーション・マルチタスキング」と似ている。

退屈しないためにいくつものことを詰め込むのではなく、質の高い少数の活動に取り組む。そのそれぞれに必要なだけ時間をかけてから、次に進むのだ。

実践　精神の「輪作」を試そう

取り組む活動をひとつ、ふたつ選ぼう。時間制限も設けて、そのことだけに集中しよう。制限があるなかで集中することの喜びを味わってほしい。作業スピードが落ちてきたと思ったら、次のタスクに移ろう。ここでも、集中して！　いくつもの作業を同時にするのではなく、キルケゴールのようにひとつのことに集中し、そして次に移る。次の作業は、今の作業からの「タイムオフ」。土壌を休ませて栄養を与えてくれる。そしてまた戻って、輪作の効果を体感しよう。

あなたの「休息」を守ってあげよう

大事だとわかっていても、休憩時間を取るのは難しい。忙しさが基本設定の社会ではなおさらだ。**だから時間は作らなければならない。**

もしくは、アレックス・スジョン＝キム・パンが言うように「守る」ことが必要なのだ。「休息をちゃんと取るには、まず重要さを理解して、休憩する権利を主張するところから始まる。人生でちゃんと休めるスペースを削り出し、それを死守するんだ」

その際、プロテスタント労働倫理というサブスクをキャンセルするのを忘れないようにしよう。

僕たちは必ず、集中する時間を設定する。それと同じように、きちんと習慣づけをして、休息をとることを日課にしよう。そのためには、**余暇を計画し、仕事が侵入するのを防ぐ戦略をきちんと練らなければならない**（これ自体が仕事のようだが）。

ひとりで在宅ワークをしている人、大好きなプロジェクトに取り組んでいる人たちはとくに注意が必要だ。こういう人たちこそ、意識的に、そして積極的に休息のためのスケジュールを組んでほしい。

仕事を切り上げる時間をあらかじめ決めておくのも、効率アップにつながる。アーネスト・ヘミングウェイはあえて文の途中でペンを置き、仕事を切り上げたことで有名だ。次に書くことがわかっていれば、次の日にスタートダッシュが可能だ。白紙に向かうよりも良い。

そしてこの習慣は、潜在意識とデフォルトモードネットワークに燃料を与え、創造に向かう支援をしてくれる。適切なタイミングで立ち止まるには多少の自己認識が必要だが、大きな見返りを得ることができるのだ。

仕事時間から休息への切り替えのために、**仕事終わりの小さな儀式のようなものを考えてみるといいかもしれない。**たとえば翌日すべきことを書き出すとか、机の上の植物の水やりをするとか、日記を書くとか。帰宅する必要がない在宅ワーカーたちにはとくに効果があるだろう。

予定がないときをタイムオフに充てる、という考えではもったいない。スケジュールを練って、しっかり守ろう。**会議や集中して仕事をする日を決めるのと同じくらいの真剣さで、休息のためのスケジュールを組んでみてほしい。**

仕事が終わると「営業日」が終わったと考える人も多いが、そういう人は休息も「営業日に含める」のだと考え、しっかり休んでほしい。

いちばん欠かせない休息については、とくに入念に。それは、睡眠のことだ。

第 3 章

睡眠をとる

SLEEP

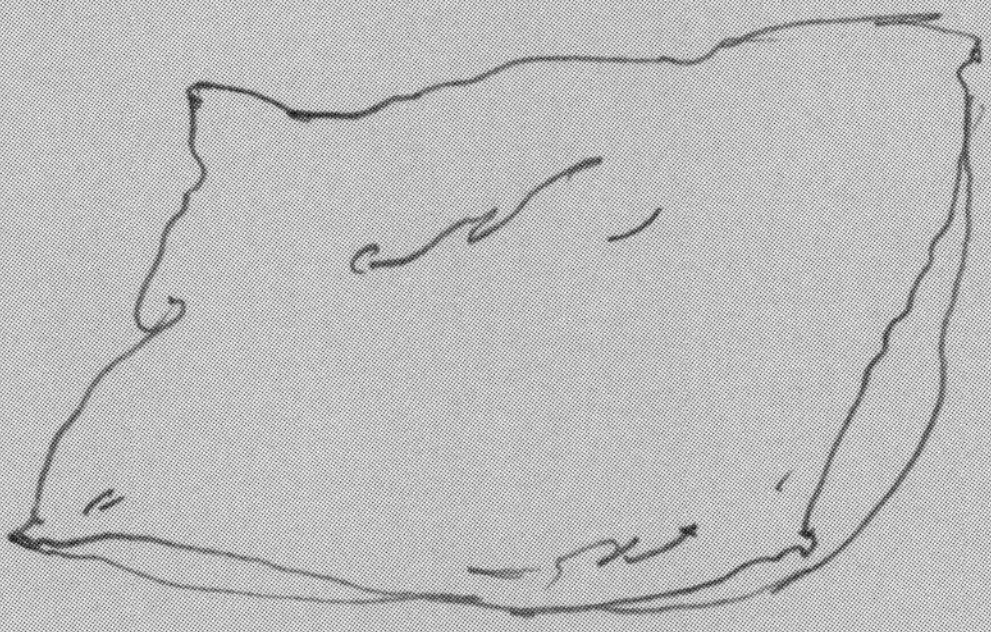

アメリカ疾病予防管理センターと世界保健機関（ＷＨＯ）はともに、睡眠不足が流行し、健康に悪影響をおよぼしていると発表した。**先進国の3分の2の人たちが十分な睡眠を取れていないそうだ。**しかし、十分な睡眠とはなんだろう？

個人差はあると思うが、科学的には「7時間未満の夜間睡眠」を、「習慣化した短縮睡眠時間」と定義している。しかも7時間が理想的というわけではない。この数字は、最低限だ。7時間が最低限なんて！

「うそでしょ。7時間なんて寝たことないけど別に平気だし」と思ったそこのあなた。僕たちは自分のことを把握するのが下手だ。睡眠不足でも大丈夫と思う人は実際に多い。だけど、4、5時間の睡眠で「大丈夫」だとは、どの科学的根拠をもってしても言い切れない。ただの神話なのだ。私は本当に大丈夫だと言い張る人たちは、夢を見ているのだ（睡眠不足だとメンタル機能がかなり落ちるので夢も見やすい）。

そして睡眠不足は積み重なる。**1日まったく寝ないのと、毎日6時間の睡眠を1週間続けたのでは、同じくらい体に悪い。**

ちょっと考えてみてほしい。この数か月、あなたはどのくらいの、眠れない、もしくは寝つけない夜を過ごしただろうか？　このあと詳しく解説するが、健康と生産性のために睡眠はとても大切だ。もしぐっすり眠れた夜と同じだけの健康効果をもたらす薬があったら、それは「奇跡の薬」だ。みんなで飲もう。

しかし、**僕らは喜んで睡眠時間を削り、場合によってはそれを誇らしく思ったりする。**マシュー・ウォーカー博士は、ベストセラー『睡眠こそ最強の解決策である』（SBクリエイティブ　２０１８年）でそれを「睡眠の〝役立たなさ〟を取りざたすビジネスカルチャーの傲慢さ」と呼ぶ。

「この考え方が今まで生き延びてきたのは、実際にビジネスリーダーのなかに、労働時間とその成果や生産性がイコールだと考える人がいるからだ」

だが、それは真実ではない。睡眠をやっつけようとする僕らの文化もやはり、プロテスタント労働倫理の名残だ。健康を害し、仕事の効率にも大きな悪影響を与えている。

ウォーカー博士はある研究を引用する。国家レベルで考えると、睡眠不足はＧＤＰの１〜３パーセントの損失になる。**日本の場合、ＧＤＰ２・９パーセントを損失しており、世界ランキングトップだ（日本国防総予算の３倍であり、教育予算とほぼ等しい）。**

アメリカは２・３パーセントの損失で日本のあとを追う。本書執筆時点で最新の睡眠不足による年間損失合計（２０１９年）は４９３０億ドルである。ウォーカー博士はこんなふうにたとえている。睡眠不足で頑張ることは、水を弱火で沸かそうとするのと同じだ、と。

もしも、ちゃんと休めた状態で取り組んだら、同じ成果、もしくはもっとすごい成果を強火で、短時間で達成できる。睡眠のことを真剣に考えれば、だらだらとエネルギーを無駄にせず、たくさんのことを手に入れられる。たとえば幸せな結婚とかね。

マシュー・ウォーカー

（英国人睡眠科学者）

「睡眠を削ることは、寿命を削るのと同じ」

「寝たもん勝ち」

サンフランシスコ湾に日が沈む。カリフォルニア大学バークレー校で神経科学と心理学分野の研究をするマシュー・ウォーカー博士は、その日の分の睡眠科学についての研究と担当講義を終えるところだった。

その日は自転車で通勤したし、ジムにも行った。最後のコーヒー（カフェインなし）は数時間前。忙しい日だったけれど、気持ちはとても落ち着いている。ヘトヘトという感じではなく、疲労感が心地よいのだ。

チカチカするスクリーンの前で何杯か酒を飲むこともできるけれど、本を読もう。そして眠る前にパートナーとゆっくり時間を過ごして、いちゃいちゃするのもいい。そのあと、別々の寝室で朝までぐっすり眠る。

「このふたり、ほんとうにうまくいっているの？」と思う読者も多いだろう。関係がうまくいっていたら、同じ部屋で寝るはずだ。でもそれは、**科学的には最悪の提案だ。**

そしてもちろん、ウォーカー博士はそのことを知っている。彼は睡眠科学の第一人者であり、「センター・フォー・ヒューマン・スリープ・サイエンス」の創設者でありセンター長でもあるのだから。１００以上の論文を発表し、著書の『睡眠こそ最強の解決策である』（ＳＢクリエイティブ　２０１８年）はベストセラーだ。この章も、この本に大きな影響を受けている。

ウォーカー博士は、1年間交際した恋人にこう言った。

「睡眠離婚してください」

研究によって、**睡眠不足のカップルは身体的にも精神的にも親密になれない**ことを彼は知っていた。10組のカップルのうち、1組は睡眠に関わりのあることが原因で別れてしまう。疲れてイライラしている人たちは概して、カッとなりやすい。

だからウォーカー博士とパートナーは、寝室を別にしようと決めた。そしてその選択に満足している。

「かなりうまくいっています。たっぷり休めているし、すべての面で僕たちの関係は良くなりました。ぐっすり眠ると、テストステロン値が上がるんです。男女どちらの性欲も高めてくれます。この事実を広めて、ベッドを別にすることへの偏見を払拭したいですね。だって言ってみれば、『寝ないもん負け』なんですよ。健康にも愛情にも抜群に良いんですから」

この方法がすべての人に効果的だというわけではない、と彼は強調する。一緒に寝た方がぐっすり眠れるというカップルもいるだろう。ウォーカー博士の研究は、睡眠にははっきりとした個人差があるという重要な結論にたどり着いた。

人間の睡眠はクロノタイプ（訳注：その人がどの時間帯がもっとも活動的であるかを示す特性）によって分類できる。簡単に言ってしまえば、朝型か夜型かだ。

理想的なのは、**自分のクロノタイプを知り、生活のスケジュールを睡眠に合わせて組む**ことだ。身体のリズムに合わせて活動する。それが午後8時から午前4時でも、午前2時から午前11時でもいい。

しかし、現代社会ではそれが可能でない場合が多い。午前9時から午後5時までの勤務時間は、どんな人にも同じ時間帯に起き、活動することを強いる。

そのため、深刻な実害を被る人がたくさんいる。このリズムに合わないクロノタイプの人たちは、健康を害され能力を発揮できない。しかも怠け者呼ばわりされることもある。

「睡眠と怠惰を結びつけてしまっています」とウォーカー博士は言う。

「忙しく見られたいがために、睡眠時間をいかに削っているか自慢するのです。ご褒美のメダルのようにね」

この偏見にどんなメッセージが隠されているのか考えると、胸がぎくりとする。

「ただ十分に寝たいだけの人たちを怠け者と糾弾する。そして睡眠を軽んじる人たちを過剰評価しているのです」

腹を殴られたような衝撃を感じないだろうか。他人に忙しくしていると思われようと、疲れていることも忘れて働き続ける。

「特別な理由もないのに睡眠を削ろうとするのは人類くらいなものですよ」とウォーカー

博士は指摘する。

彼自身は、必ず8時間眠る。そして毎日、同じ時間に寝る。パートナーはきちんと疲れをとるためには9時間睡眠が必要なので、彼より30分早く寝て、1時間遅く起きる。睡眠離婚のもうひとつの利点だ。

「睡眠はライフスタイルの贅沢なオプションではありません。絶対になければならないのです。生命維持装置であり、母なる自然が与えてくれる不死の薬にいちばん近いものです。先進国の『睡眠殺し』は健康や幸福に大きな影響を与え、子供たちの安全や教育さえも損なっています」

さらにウォーカー博士はこう警告する。

「睡眠不足という伝染病が静かに広がっています。21世紀の公衆衛生分野における最大の問題です」

「睡眠不足優位主義」を捨てよう。寝ていない自慢をするのはやめよう。身体がいちばん喜ぶのは寝ることだと認め、楽しもう。

身体も精神も元気を取り戻し、素晴らしいアイデアを思いつき、温め、クリエイティブなひらめきだって降りてくる。睡眠は、唯一無二のタイムオフなのだ。

いい夢みてね！

実践

「絶対に外せない」睡眠時間枠を設定しよう

8時間。ほとんどの人にとっての最低限の睡眠時間だ。そして毎日、同じ時間、寝てほしい。ウォーカー博士の時間枠は午後10時半から午前6時半。ただし、自分のクロノタイプ（朝型・夜型）に合った設定をしてほしい。パートナーがいる人は、睡眠離婚をして、別々の部屋で寝てみよう。偏見は根強いが、データが示すのは関係性の向上だ（そう、セックスも良くなる）。寝る前と起きたときに、パートナーとぎゅっとする時間を大切にして。

「夢を見る」ことの驚くべき力

誰しも、人が眠っている姿を外側から見たことはあるだろう。目を閉じて、体の力は抜けていて、コミュニケーションや反応はない。よだれも出ているかもしれない。

そして睡眠は中断することができる（昏睡状態とは違う）。睡眠をどんなふうに感じるかも、僕たちは知っている。外からの刺激にあまり気づかなくなり、時間の感じ方がふたつになる。次の二種類の時間の欠如を体験するのだ。

ひとつは、数時間後に起きると、時間がまったく経っていない気がすること。かと思えば、夢を見た夜はすごく長い時間が過ぎた気がする。（幻覚を見ているかのように数分が数時間に感じられたりする。

しかし、睡眠と、それが健康やクリエイティビティに与える影響を本当に理解するためには、脳について学ばなければならない。

睡眠はいくつかの段階に分けられる。健康な人は、寝てから目覚めるまでに睡眠サイクルを何度か繰り返す。1回のサイクルはおよそ90分間で、さまざまな段階を経る。あまり複雑にしたくないので、大事なふたつの言葉を紹介したい。深い睡眠と、レム

（ＲＥＭ）睡眠だ。前者は身体の癒しと回復に必要で、後者は精神的な治癒と創造性の回復に必要とされている。

起きているとき、脳内回路の活動はかなり複雑だ。細かい近場の情報を処理するための高周波の動きが多く、脳内の離れたところには届かない。

しかし、深い眠りに入って周波が遅くなると、脳内のおしゃべりもゆっくりとなる。すると脳の他の部分が動き出し、コミュニケーションを始める。脳内の一部にとどめられている情報を、脳内の他の部分に動かすことはとても重要だ。とくに、短期記憶（海馬）から長期記憶（大脳皮質）への移動が重要である。

僕たちは**起きている間に新しい情報を得て、眠っている間に情報を蒸留する。**

深い眠りは、司書のような役割だ。なくなっているものはないか確認し、適切な場所にきちんと収め、記憶にタグ付けし、参照しやすくする。

しかし、遅い周波の睡眠がすべてではない。レム睡眠は、もしかしたらもっとすごいかもしれない。深い眠りによって集められ、整えられた情報を使うのだ。

僕たちが夢を見るのは、レム睡眠のときだ。夢は、創造力の発電所なのだ。

起きていると、僕たちは論理的でかっちりと順序をつけた考え方をする。レム睡眠では、**この論理的な構造が崩れ、突拍子もないところから記憶を引っ張って来て、繋がりを作る。**

そのおかげで、はちゃめちゃな楽しい夢を見られることもある。

意識の届かない場所で、普段の凝り固まった考えから自由になることは、クリエイティビティにとっては強力なツールだ。面白い洞察や解決方法が浮かぶかもしれない。いわばアイデアの「ぽかぽか温め装置」だ。

しかも、夢で再現するため、レム睡眠は新しい記憶を作ったり、体の動きを習得したりするのにも役に立つ。ミュージシャンやスポーツ選手には、夢を利用する人が多い。

あるクラシックギターのコードを何度も練習したけれど、習得できなかったとする。その厳しい練習の直後に昼寝をする。目が覚めてもう一度やってみたら、今度はスムーズにできる。まるで魔法みたいに。これが夢の効果だ。学びには必要不可欠なものだ。

学習の前に眠ると、すでにある記憶を海馬から大脳皮質に移動させ、新しい情報を入れるためのスペースが脳内にできる。学習後の睡眠は、新しい情報を整えて「保存」のボタンをきちんと押してくれるのだ。

この章の最後に紹介する一流のパフォーマーたちも、トレーニングに睡眠を組み込んでいる。

面白いことに、**他の霊長類に比べて人類の睡眠時間はかなり少ないものの、レム睡眠の占める時間が多い。**

レム睡眠中は体の力が抜け、夢の中の出来事に合わせて体を動かすことができない。捕食者から逃れるために木の上で眠る生活をしているならば、そのような脱力はあまり好ましくないだろう。夢の途中で飛び起きて、木から落ちて首の骨を折るかもしれない。

しかし、僕たちの先祖たちは木から降り、地面で眠ることにした。それなりに安全な環境で眠れることで、深い眠りとより頻繁なレム睡眠が可能になったのだ。

これにより、人間は複雑なコミュニティやテクノロジーを発達させることができたと考える科学者もいる。そのおかげで、人類は強い種になった。他の霊長類に比べて睡眠時間は少ないが、有効活用している。

僕たちは、夢見ながら現代文明までたどり着いたのだ。**睡眠は人類が「優れている」理由なのだ。**ちゃんと役立てなければ。

毎晩の睡眠サイクルは、精神安定や日々の行動を効率よく支え、偉大な哲学者、イノベーター、リーダーになる力を与えてくれる。

しかし残念なことに、僕たちの中には日々、重度の睡眠不足のままで生きている人たちがいる。

そのツケは、予想よりずっと大きいというのに。

「タイムオフ」をとりましょう

この本をいったん閉じて……

寝ましょう。

睡眠は人類にとって「奇跡の薬」

睡眠不足の影響はうんざりするほど長く続く。

睡眠が足りないと、とくに循環器系が大きなダメージを受けてしまう。夏時間に切り替えた日は睡眠不足になる人が多いが、**心臓発作の受診数が25パーセント増加した**という調査報告もある。【原注2】

また睡眠不足は、集中力や判断力の低下に繋がり、**19時間ずっと起きていると（午前7時から午前2時まで起きている感じだ）、飲酒運転と同じくらいの注意力になる**と言われる（実際、多くの交通事故は居眠り運転が原因だ）。

睡眠不足だと免疫力も落ち、たった1日満足に眠れないだけでも、癌細胞と戦う細胞が急減する。**6時間睡眠が習慣になると癌リスクが40パーセント増加する**とも言われる。

そしてもっとも衝撃的なのが、睡眠不足は性欲をなくし、精子の数とテストステロン値も減少させることだ。ウォーカー博士の睡眠離婚に懐疑的だったあなたも、取り入れてみたくなっただろうか。

睡眠をなめているとひどいことになる。そのほんの一部を紹介した。

恐怖心をあおってしまったかもしれないが、こう考えてみてほしい。睡眠はちゃんととりさえすれば、さまざまな不調や病気を治す、無料で在庫切れすることのない奇跡の薬になる。しかも簡単に服用できる！　たっぷり眠れば認知能力や社会スキルも上がるだろう。

さらにはレム睡眠は、クリエイティブなアイデアを温める強力なツールであるだけでなく、さまざまな調整もしてくれる。

レム睡眠中、脳内の感情センターはとても活動的だ。くわえて、脳にはストレスを起こすホルモンであるノルアドレナリンがまったく存在しない。

だからストレスフルな記憶や感情を追体験しながらも、整理し、嫌な記憶を排除してネガティブな感情を抑え、中毒性のある行動を減らすのだ。

つまり、夢見ることで心の傷が癒されるのだ。【原注3】

原注2　ギリシャ人から学ぶことができる。アテネ大学医学部の研究「健康な成人人口におけるシエスタ」で、昼寝をよくする人は心臓発作のリスクが37パーセント低いことがわかっている。みんなでシエスタを導入しよう。

原注3　残念なことにロザリンド・カートライトは『夢の心理学――生活に夢を役だてる』（白揚社　１９９７年）で、ＰＴＳＤやその他のうつ病などを患っている場合、このプロセスは阻害されると述べる。夢を見ることで、ストレスを感じない環境で感情や経験を整理することが不可能であり、悪夢という形で恐ろしい経験を追体験してしまうのだ。

睡眠、とくに夢は、僕たちの心を静める。そのおかげで、他人に対して理解しようと努めたり、やさしくしたりする余裕も生まれる。

上司や管理職でとても短気な人がいないだろうか。気持ちをコントロールできず、チームを悪い空気にしてしまう人だ。その人たちはおそらく、寝る間も惜しんで働くことを誇りに思うタイプだろう。けれどちゃんと寝ていないと、前頭前皮質がぼんやりとし、扁桃体に思考のハンドルを明け渡してしまう。

そのため怒りに任せて行動に走り、「やるか、やられるか」といった極端な反応をしてしまう。良いことでも悪いことでも、感情の起伏が大きくなり、リスクの大きな行動をとりがちになるのだ。

人を導く立場であるほど、落ち着いて穏やかに、冷静に難局を乗り切らなければならない。だから、睡眠を味方につけよう。

扁桃体に身を任せて爆発してしまうことは、感情的に不安定であるだけでなく、ストレスレベルにも悪影響を与える。

交感神経系は、急激なストレスや危険が迫った状態のとき、身体を乗っとってしまう。トラから逃げたり、難しい交渉などに挑んだりするときは好都合だ。

しかし、これが常時になるとまずい。ちゃんと寝ていないと、交感神経系が常に活発で、高血圧や心臓発作、動悸、息切れなどの症状に繋がる。体に大きなダメージを与えるのだ。ストレスや不安を感じると眠ることは難しいかもしれない。だからこそ、余裕をもって寝る時間を設定しよう。

睡眠によって脳内は整理される。いらないものを捨てる時間なのだ。

睡眠中に脳細胞は60パーセントほど縮む。髄液が流れるスペースを作り、それによりベータアミロイドたんぱく質のようなネバネバしたたんぱく質などの不要物を排出することができる。このたんぱく質が蓄積すると、アルツハイマー病になると言われている。

たっぷり眠ることで、脳は若く健康でいられる。加齢とともにリスクが上がる、さまざまな神経変性疾患を予防するのだ。

つまり、大きな目標がある、素晴らしいチームにしたい、難しい問題を解決したい、あっと言わせるような芸術作品を作りたいなどと思うなら、まずは脳をすっきりさせ、イライラしたり、ストレスにやられたりしなくてすむようにしよう。

ラッキーなことに、解決策は簡単だ。ぐっすり眠ろう。毎晩、決まった時間に。

では、良い眠りの実現方法を考えてみよう。

どうすれば僕たちは、もっと眠れるのだろう？

睡眠がどれほど大事なものか、ご理解いただけたはずだ。おそらく、世界でいちばん大切なタイムオフの形態で、休息倫理の中心にあるべきものだ。

睡眠のプロを目指そう。プロのように眠ろう。

「アマゾン」のＣＥＯである**ジェフ・ベゾスは、株主のための行動のひとつに睡眠をあげている。**「スライブ・グローバル」とのインタビューで次のように述べている。

「睡眠を削って、生産的な時間を増やそうとする。そんなのは、ただのまやかしかもしれないね」

なにかを極めたいのなら、まずは睡眠を極めること。真に仕事ができる人は決して睡眠不足でない。

しかし残念なことに、多くの人にとって十分な睡眠時間を確保することは難しい。

眠気を感じ、実際に眠りにつくために重要なふたつのプロセスがある。

ひとつは、サーカディアン・リズムだ。１日24時間（きっかりではなく、およそだが）の体内時計のサイクルのことだ。このリズムは、外部の刺激によって24時間サイクルと同調される。光や温度変化など、その他の要因に左右されるのだ。

朝方、コルチゾールを産出して気持ちをしゃきっとさせたり、夜間はメラトニンを産出してより眠くしたりするのもこのサイクルだ。

眠気を感じるために**もうひとつ重要なのが、「睡眠圧」だ。**厳密にいうとアデノシンである。身体にアデノシンが蓄積するほど、人は疲労を感じる。

これを差し止める働きをするのが、カフェインだ。カフェインはアデノシン受容体を塞ぎ、身体が睡眠圧を上げないようにする。

睡眠中にアデノシンはなくなり、ちゃんと取り除かれると朝方すっきりとする。しかし、睡眠圧を高めるだけ高めているにもかかわらず、多くの人は睡眠時間が足りずに、アデノシンを蓄積したまま翌朝を迎える。その結果、だるい。

それを解消しようと、まずは1杯のコーヒーを飲む。アデノシンをまたカーペットの下に隠してしまうのだ。

なにごとも極めようと思ったら、新しい習慣を取り入れることがいちばんの近道だろう。

睡眠だって同じだ。きちんとした睡眠の習慣ができれば、サーカディアン・リズムと睡眠圧がシンクロしてくる。そうすれば毎朝目覚めたときから、コンディションは最高だ。

そのうえで重要なのは、睡眠にきちんと時間をかけること。少なくとも、8時間をきちんと確保することだ。本当の緊急事態以外は、睡眠時間は厳守しよう(小さい子供を育てている場合は常に緊急事態のようなものだが)。

そして**睡眠時間の枠は毎晩、同じ時間に設定しよう**。すると気持ちはゆったりとして、身体も休む時間なのだと理解し、起床時間もわかるようになる。

しかし、睡眠時間は十分に確保しているのに、眠れないという人もいるだろう。自分のことを不眠だと思っている人は少なくない。もちろん本物の不眠症に苦しんでいる人もいるが、自分で不眠の原因を作っている場合もある。

カフェインは、世界でいちばん普及している薬だろう(この本を書くのにもカフェインの力を借りた)。しかし先ほども書いたように、カフェインはアデノシンをブロックし、体に疲れを感じさせなくしてしまう。朝起きて、集中したいときにはぴったりだが、夜は眠れなくなる。

カフェインの半減期は個人差があるが、およそ5〜6時間だと言われる。つまり、**正午にコーヒーを飲んだらその4分の1は真夜中になっても血中に残っている(!)**。

そして多くの人が、夕方までにコーヒーを何杯も飲む。マックスは数か月間、彼の(わりと平均的な)血中カフェイン量を記録した。その結果、起きる時間(午前8時)になってもまだ血中に20〜30ミリグラムのカフェインが残っていた(シングルショットエスプレッソの半分の量だ）。

僕たちが思うよりもずっと長く、カフェインは血中に残っているのだ。コーヒーをどれくらい、どのタイミングで飲むべきかよく考えよう。

アルコールも睡眠に関わりのある、誤解されやすい物質である。

アルコールには入眠作用があると信じられているが、睡眠薬と同様、眠れているようでも、質はとても悪い。鎮静と睡眠は同じではないのだ。

そしてアルコールは、睡眠を細切れにしてしまう。何度も起きてしまい、（翌朝覚えていなくても）レム睡眠をさまたげる。少しのアルコールでも、睡眠の効能を台無しにしてしまうのだ。

盛り上がっている場を冷ますようなことはしたくない（それにときどき飲みたくもなる）だろう。しかし、ちゃんと眠りたいなら、可能な限りアルコールの摂取は避けるべきだ。とくに、就寝前のアルコール消費には注意しよう。

もう1度、地中海の文化に目を向けよう。夕食ではなく、昼食にワインを飲む人が多い。それともドイツ人のように、朝ごはんにビールはどうだろう？

良い睡眠のための要素として、おそらくいちばん見過ごされがちなのは「温度」だ。

僕たちの先祖は洞窟で眠っていた。静かで寒い暗所だ。しかし**現代社会の僕たちは、暖かすぎるところで寝ることが多い。**

眠りやすくするためには、体の深部体温を1度下げる必要があると言われる。暖かい部屋で分厚い布団にくるまっていては、難しい。

室温を15～19℃の間に調整できればいちばんいいだろう。肌寒く感じる人もいると思うが、慣れると冬眠するクマのようにぐっすり眠れることに気づくはずだ。

また、逆効果のように聞こえるかもしれないが、寝る前の温かいシャワーやお風呂もおすすめだ。温かくなるとなにが起きるかというと、お湯が体の表面に血を集め、深部体温を下げてくれている。入眠を速め、眠りの質も高めるのだ。

そして最後に、光だ。人類は人工的な光によって、自然の太陽光による光と闇のサイクルから抜け出した。しかし、そのせいでサーカディアン・リズムがおかしくなったのも事実だ。

日中の強くて眩しい光と、夜の闇ではなく、起きている間中ずっとぼんやりとした室内の灯りに照らされている。このような環境では朝からスタートダッシュをかけるのも、夜に穏やかになって眠るのも難しい。

解決法として、**なるべく朝の早い時間に日光を浴びるようにしよう**（日よけは家に置いておこう。カッコよく見えるかもしれないけど元気は出ない)。

そして、寝る前の時間はできるだけ寝室を暗くしよう。

LEDやバックライトなどのブルーライトは極力避けた方がいい。この種の光は、身体にまだ昼だと思わせ、メラトニンの産出を鈍らせるため入眠しにくくなる。

だから今夜はロウソクを灯して、スクリーンから離れて過ごしてみてほしい。涼しい洞窟でぐっすり休息の眠りについてほしい。

そうすれば次の日、すごいことができる。研究で大発見するかもしれない。クライアントが頷いてくれるかもしれない。NBAで優勝するかもしれない。

レブロン・ジェームズと
マイク・マンシアス

（米国人バスケットボールスター選手と、彼の長年のパーソナルトレーナー）

「トレーニングではすべてこなす。起きているときの回復メニューにあるアイスバッグもノーマテックもなんでもやる。その後に質の高い睡眠がとれたら、翌朝起きたときすでに、やる気がみなぎっている。目覚まし時計なんていらない。ただこんなふうに思うんだ。『よし、今日も自分の最高レベルを目指すぞ』ってね」

レブロン・ジェームズは伝説的なバスケットボール選手だ。

アメリカのスポーツ専門チャンネル「ESPN」は、2011年からずっと、彼をNBAで活躍するトップアスリートと称している。NBAで4回のチャンピオンに輝き、4度のNBAファイナルMVP、オリンピックでもふたつの金メダルを獲得した。

バスケットボールコート内で、彼が多くの練習をしてきたことは疑いようがない。しかし、彼のトレーナーであるマイク・マンシアスによると、**彼のパフォーマンス、スキル、そしてスタミナの秘密はコートの外にあるらしい。**

「どんな一流アスリートのトレーナーやセラピストであっても忘れてはいけないのは、回復のプロセスに終わりはないということだ」と彼は言う。

「レブロンの試合時間が40分の日と、28分の日があるとするよね。どちらでも、トレーナーとしてのいちばんの優先順位は変わらない。回復だよ。栄養バランス、水分補給、柔軟体操、トレーニングルーム。すべての面に気を配る。本当に終わりがないんだ」

この「常に回復中」という態度で臨むことで、ジェームズのような選手が成功を収め、リスクも高く負担も大きいキャリアでも長く続けられるのだという。

ジェームズが絶対に譲らない日課が、睡眠だ。まるでスリーポイントシュートの研究をするかのように、ジェームズとマンシアスは睡眠について熱心に研究し、戦略を練った。

「毎日、毎日、睡眠について質問攻めだよ」とジェームズ。「どれくらい眠れた？　何時に寝た？　ちゃんと8時間寝た？　9時間？　しつこいくらい聞いてくる」

アスリートであれ誰であれ、ベストのパフォーマンスのためにはきちんと休んでいることが必須条件だとマンシアスは考える。昨晩、8〜9時間寝られていない読者は、今日ベストを尽くせない可能性が高いということだ。

マンシアスが言っていることは、科学でも裏づけられている。

2011年に「Sleep」という論文集に発表された研究によると、スタンフォード大学のバスケットボールチームの選手たちは、睡眠時間を増やすことで成績を上げたそうだ。基本的な能力が整ったところで、選手たちは10時間眠るように指示された。普段は6時間から9時間寝ている選手たちだ。

すると実験期間の終わりには、**プレイの正確さが9パーセント向上した。**走るのも早くなり、試合でも練習でもパフォーマンスが向上した。

パフォーマンスを10パーセント向上させるためには、どのくらいの努力が必要だろう？でも本当に必要なことは、毎日寝る時間を少しずつ増やせばいいのかもしれない。

あまりにも基本的なことに聞こえるかもしれないが、ジェームズはかなり高いレベルの選手だ。

プロバスケットボールの試合で激しい動きをするだけでなく、チームメイトやコーチ、メディアやスポンサーとの関係作りもこなしている。一日の疲労はよっぽどだろう。だからトレーナーのマンシアスは、ジェームズにきちんと眠って回復してもらおうとするのだ。

そして彼は、バスケットボール選手はもちろん、他の分野でも高いレベルで活躍する人ほど眠る必要があると主張する。

「ビジネスパーソンでも、医師でも弁護士でも、眠らなきゃだめだよ。ＮＢＡの試合でも法廷や病室での戦いでも、それがなんであれ回復には睡眠が必要なんだ。眠ると身体が自然に回復する。だから欠かしちゃだめだよ」

「８時間寝る時間なんてない。だって仕事が山積みだから」とか、「休みの日に寝だめしよう」とか考えている、そこのあなた。明日が辛くなるだけだ。

眠らなければやる気もエネルギーも湧いてこない。仕事もうまくいきっこない。

あなたがなにをしていようと、高みを目指すなら、ジェームズと彼のトレーナー、マンシアスのように、睡眠のことを真剣に考えよう。

実践　眠りを極めよう

一晩寝たらバスケットボールのスター選手になっていた、なんてことは無理かもしれない。だけど、スター選手のように眠ることはできる。ジェームズは眠るとき、室温をちょうどいい設定にし、カーテンをすべて閉めて灯りを消し、部屋を真っ暗にする。リラックスして穏やかな気持ちになるように、寝る前の30分から45分間はデジタル機器を使わない。睡眠環境を意識して整えることで、世界一のパフォーマーと同じように眠ることができるのだ。

第 4 章

運動する

EXERCISE

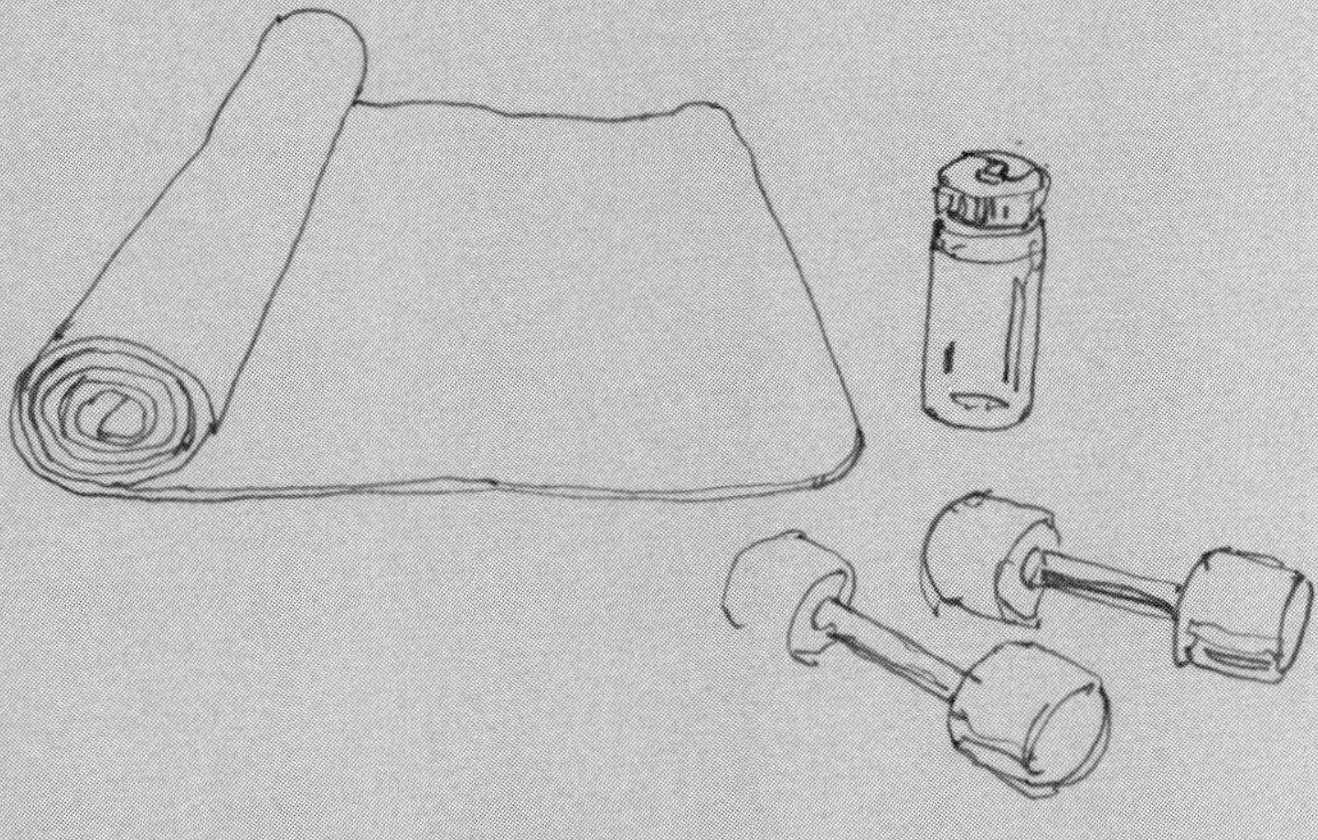

2009年に設立された「ストラバ（Strava）」は世界で有数のアスリートのコミュニティだ。スウェーデン語で「努力する」という意味がある。多くのサイクリストやランナーたちが運動を記録し、友人とシェアしている。

この会社は、アスリートたちが楽しみながら上達する手助けをしたいという目標のもとに始まった。ストラバは、スポーツに根差したライフスタイルを好み、もちろん、CEOのジェイムズ・クォールズもその例にもれない。

ストラバのCEOになる前、クォールズはIT業界で重役としてのキャリアを築いており、フェイスブックのヨーロッパ地域ディレクターを任されていたことや、インスタグラムの副社長だったこともある。

だけどクォールズが同僚たちと少し違っていたのは、彼がいつだって仕事と健康、家族とのバランスをとるよう努力していたことだ。毎朝、3人の子供たちが起きる前に走りに出て、気持ちを整える。そして、家族のためにしっかりとした朝食を用意する。

クォールズは通勤時間にもワークアウトをする。駅まで自転車で行き、それから電車に乗って、駅からはまた自転車で仕事場へ向かう。

「自転車通勤が僕のいちばん大事な習慣だね。雨が降っているときでも（合羽を着て）自転車だね。新鮮な空気が気持ちいいんだ」

仕事場に到着すると、他の重役たちと同じように夕方まで休みなく仕事をこなす。けれど、この2つの習慣によって、始業前に2回のワークアウトを済ませているのだ。

水曜日は仕事量が少ない日だ。そこでクォールズは午後に運動する。

じつはこの時間は、会社全体で運動することになっている。「週1ストラバ運動時間」になっているため、社員はこの時間帯に他の予定を入れない。チームの雰囲気も良くなるし、社員の心のリフレッシュにもなり、その日の残りの仕事へのやる気にも繋がる(シャワーと健康的なランチも忘れずに)。

そしてクォールズは、どんなに仕事が忙しくても、できる限り毎日5時58分の電車で家に帰る。そうすることで、仕事が家にまで侵入してこない。

平日は健康的な夕食をデリバリーしてもらうことが多く、休日はクォールズが料理を作る。夜の時間はCEOとしてではなく、家族と時間を過ごすことに集中するのだ。

「僕の夜なんてすごく典型的だよ。子供たちに読み聞かせしたり、宿題を手伝ったり、読書したり、寝かしつけをしたりね。昼の仕事から夜の仕事に切り替えているだけだ」

CEOとしての労働倫理と同じくらいの厳しい基準で、**彼はタイムオフでの「仕事」にも取り組んでいるのだ。**

持続可能なやり方で働く。IT業界であろうと、他のどんな役割であろうと、ふたつの領域のバランスをとることはとても大事だ。クォールズはそれに気づき、人生で取り組むべき優先事項として向き合った。

「健康的な生活はバランスとエネルギー、そして気づきから始まると思う。バランスというのは、何事もやりすぎないこと。そして生活の一部が他の側面に影響を与えすぎないように気を配ること。それから、なにがいちばん自分の可能性を広げるかを考えると、エネルギーが蓄えられる。たとえば、ワークアウト、ブートキャンプ、走ること、自転車、柔軟体操、筋トレなんかだね。そしてエネルギーのためには栄養バランスも考えなくちゃ」

忙しさにかまけて、健康ややる気の充実に欠かせない栄養と運動のことを忘れてしまいがちだ。そうならないように、日々の習慣として生活に組み込み、休息として実践しよう。

運動して、しゃきっとしよう

運動が体にいいことを知らない人はいないだろう(実行するかどうかは別にして)。僕たちの身体は動かすように作られている。にもかかわらず、毎日、椅子に座りっぱなしでは、健康やクリエイティビティを損ね、プロジェクトに悪影響を与えかねない。

科学もそう証明している。運動によって筋力や循環器系の機能が上がるように、脳も柔らかくなり、活性化する。運動するとき、ニューロンの成長と形成を促すたんぱく質、神経栄養因子が急増する。

さらに、筋力トレーニングはイリシンというホルモンの産出を促す。このホルモンには、脳内で活発に脳由来神経栄養因子（ＢＤＮＦ）を産出させる働きがある。

難しい言葉が続いたので、神経科学に詳しくない読者は頭がくらくらしているかもしれない。シンプルに覚えてほしいことだけ述べよう。つまり、**外に出て運動することで脳が強くなり、新しい繋がりを築くことができる**ということだ。

運動は右耳と左耳の間にあるアイデア工場を稼働させる。より複雑な課題やプロジェクトに挑む準備をさせてくれるのである。つまり、体を動かすことで生産性やクリエイティビティがアップするのだ。

アレックス・スジョン‐キム・パンは彼の著書『シリコンバレー式　よい休息』（日経ＢＰ２０１７年）で、運動が身体を強くするだけでなく、仕事に取り組む力も上げると述べている。

「仕事での失敗やプレッシャーに耐える力にもなる。寿命も延びるし健康でもいられる。人生を豊かにする知性も創造性も磨き続けられるのだ」

重圧のかかる仕事をする人たちがいる。たとえば、バラク・オバマ元米国大統領やエレナ・ケイガン米国連邦最高裁判所判事、コンピューター世界の先駆者であるアラン・チューリング、ノーベル化学賞受賞者ドナルド・クラムなどだ。

今挙げた人たちはみんな、**スケジュールの中に運動をきちんと組み込んでいる。**そうすることで、忙しい仕事をこなす力に変えているのだ。偉大なことを成し遂げようと思っていないにしろ、毎日の運動から得るものは大きい。

人生にはうまくいかないことや、ストレスに押しつぶされそうなときがある。**運動のなかで、自分で管理できて予期できるストレスを経験しておくと、日常生活でのストレスにも強くなり、余裕のある対応ができる**だろう。


年齢や運動神経の有無にかかわらず、運動が脳のスタミナや知能を高めることがわかっている。クリエイティブな仕事に対する我慢強さと精神的なしぶとさを高めるという多くの研究結果が出ているのだ。

運動が身体に与える良い影響についてはすでにご存じかと思うので、繰り返しここで説明はしない。その代わり、運動がクリエイティビティにどう作用するのか見てみよう。

日常から僕たちの心を引き剥がし、脳を活性化してくれるのが運動だ。新しい視点から物事が見られるようになる。ワークアウトをしているとき、仕事時間を無駄にしているのではない。パンはこう言う。

「きちんと体を鍛えている人が、世界トップクラスの仕事をすることは珍しいことではない。むしろ、きちんと体を動かしているから、良い仕事ができると言えるだろう」

自分の潜在能力を発揮するには、体を動かすことにも真剣に向き合わなければならない。時間ができたら運動をするのではない。運動のための時間を作るのだ。

メディテーション(瞑想)によって心の平静を保ち、創造性を高めるという成功者はとても多い。しかし、座禅して呼吸に集中することに意味を見出せない人もいる。もしあなたがこのタイプなら、**運動にもメディテーションと同じ効果がある**ことを覚えておいてほしい。心をリセットし、新しい視点を運んできてくれる。

運動するときのアドバイスは「細かいことは気にしない」ではなく「細かいことは汗で流そう」だ。プロジェクトを動かしたかったら、まず体を動かそう。

そして運動は、筋力をつけるためだけのものではない。人格や粘り強さも向上させる。市場で生き残るための力だ。

マラソンや武道大会のために練習すれば、目標に向かって努力することを学ぶだろう。世界を変えたいと思えば、新しいアイデアを考え、温めなければならない。けれどアイデアがあっても、実行力が伴わなければ、それはただの幻想で終わってしまう。

休息の中に体を動かすことを取り入れるほど、身体的にできることの幅が広がる。そしてその意志力は、仕事にも浸透していく。

午後にワークアウトをするのは、時間の無駄じゃない。その後の仕事にもっと集中して取り組める、クリエイティブな自信を与えてくれるのだから。

最後に、ジムや運動場でトレーナーやコーチと一緒に運動することの（目立ちにくいが）決して小さくはないメリットについて話したい。

クリエイティブな仕事をしている人や起業家の中には、助けを求めることに罪悪感がある人も少なくないようだ。しかし、成功するために自分で全部をコントロールしようとせず、誰かに任せて努力することも悪くない。トレーナーと頑張ることで、同僚やクライアントに対する接し方も変わるかもしれない。

大会に出場することを目標に毎日厳しい運動をしないと、運動の効果は得られないと言っているわけではない。それとはまったく逆だ。

回復についても真剣に考えて、大事な日のために力を蓄えることも大切だ。

クリエイティビティにも同じことが言える。毎日出勤するのはすごく偉いと思う。でも、いつも完璧じゃなくたっていい。だっていつも完璧なんて不可能だから。

全然うまくないなあと思いながら1、2行だけ文章を書く日や、落書き程度で済ませる日があってもいい。そういう日があるから、心がのびのびできるのだ。

罪悪感にさよならして、お絵描きしてほしい。それもメンテナンスだ。長期的な成長にとって、欠かせないものだ。

トップクラスのアスリートやトレーナーだけでなく他分野のプロも、練習の質は、それ以外でいかにリフレッシュできるかにかかっていると知っている。筋肉痛がひどすぎてぎこちない動きしかできなくなってしまったら、次の日の練習は台無しだ。

ジョッシュ・ウェイツキンはチェスと太極拳の大会で、それぞれ何度も優勝している。彼は著書『習得への情熱――チェスから武術へ――上達するための、ぼくの意識的学習法』（みすず書房　２０１５年）で「すべての分野の秀でた結果を出すパフォーマーに共通することは、回復期間の使い方だ」と述べる。回復の技術が高いほど、可能性の限界に近づくことができる、と。

次に紹介する、現代の〝グラディエーター〟だって同じだ。

フィラス・ザハビ

（カナダ人武闘家、コーチ、フィットネス起業家）

「激しさより一貫性。激しい運動はときどきしかできない。限界に挑む代償もともなう。毎日全速力で走る人なんていないよ」

フィラス・ザハビはそこいらのコーチとは違う。

彼は伝説のトリスター・ジムのオーナーで、伝説のファイターを輩出してきた。そのひとりが、9度の防衛に成功したことで有名な、2階級制覇王者の総合格闘家ジョルジュ・サンピエールだ。

彼のヘッドコーチを務めたザハビは、世界で成功するパフォーマーになるために必要なことを心得ていた。総合格闘技は現代のグラディエーターのようなものだ。すごく厳しいトレーニングを四六時中行っているのだろうと想像するだろう。しかし、ザハビのアプローチは少し違っている。

「痛い思いをしない方がいいと思っているんだ。練習した次の日は、気持ちよく起きられなきゃだめだ」

ジョルジュ・サンピエールのような世界王者のトレーニングで大切なのは、やりすぎないことらしい。

「回復が重要なんだ。負荷をかけることと回復が合わさってはじめて、成長がある。負荷がかかっている状態に、さらに負荷をかけても、怪我や疲労感がたまるだけだ。回復の時間を経なければ、トレーニングの効果も現れない」とザハビは述べる。

ワークアウトはそれなりに困難なものであるべきだが、耐えうるものでなければならないのだ。

でも、「耐えうる」ってどの程度だろう？

ザハビは腹筋を例に、次のように説明する。

「腹筋運動をするとする。10回が君の限度だとするね。11回はできない。じゃあ、トレーニングで僕は君に何回腹筋させると思う？　10回だと思う？　違うね、僕は君に5回の腹筋をするように指示を出す。それで次の日、また5回できる。その次の日は6回。で、6回が問題なくできるようになったら、7回だ」

ザハビ流「ほどほど」トレーニングで、継続が可能になる。そして、長い時間で見ればトータルの運動回数が増える。どんな仕事でも、コンスタントに続けることが重要だ。

いつも限界に挑戦していたら、回復に数日間をかけないと、無理して怪我をしたり、やる気をなくしたりする。

「**月曜日に10回腹筋をしたら、木曜日まで筋肉痛だ。そうしたら、月曜日から木曜日まで10回しか腹筋ができない。でも、毎日5回ずつしたら、月曜日から木曜日までに20回できる。**こっちの方が回数が多い。それを1年間続けたら、結果的にどちらの方がトレーニングしたことになる？　5回ずつした方だよね。自問すべきなのは、1週間にどれくらいの量だったら楽しんでできるだろう？　ということだ。どれくらいなら、やれそうかな？」

ワークアウトは、楽しくてまたやりたいと思えないと意味がない。頻度を増やして、コンスタントに行った方が、量も増えて健康的で安定した習慣にもなる。

ワークアウトで楽しいと思えたら、ほどほどで切り上げよう。無理して体が痛くなったり、ヘトヘトになったりするまで続ける必要はない。

「自覚的運動強度」を大事にしよう。トップアスリートたちが自主トレーニングを行い、それが持続可能であるとき、大切にしているのはこの強度なのだ。

ザハビは「自覚的運動強度」と、ミハイ・チクセントミハイの「フロー」についての研究を結びつけて、パフォーマンスにとってもっとも良い環境について説明する。「フローチャネル」という最適なゾーンは、不安と退屈のはざまにある。難しすぎると不安になり、簡単すぎると退屈だ。

そして完璧なフロー状態においては、自身のスキルと難易度が一致していると感じる。だから、喜びを感じる。どんな活動でも、フロー状態になると嬉しくて効率も上がる。


しかし、やりすぎてしまうと、それをコンスタントに感じるのが難しくなる。鍛えすぎ、という現象は多くの文化で起こる。集団でのトレーニングの場合、スキルやレベルの違いが考慮されることが少ないからだ。

フロー状態になる方法は人それぞれだ。不安を感じるまで追い込まれないとフロー状態になれないと思っている人が多いけれど、きちんとした自覚的運動強度を知るトレーニングをしていれば、そんな必要はない。

痛みを伴うトレーニングでヘトヘトにならなければならないと考えてしまったら、運動を始めようと思っている人にはハードルが高くなる。

「フロー状態まで連れていってくれるトレーニングをしっかり把握することだ」と、ザハビはアドバイスする。

なにに取り組むにしろ、フロー状態の入り口は「楽しむ」ことだ。

難しすぎず、簡単すぎないレベルの仕事やワークアウトをデザインしてみよう。そうすれば、楽しくてもう1度やりたくなる。

「フローという概念は天才的だよね。フロー状態、フローをつかむと、時間があっという間にすぎる。最悪なワークアウトは、1分が何時間にも感じるやつだ。フローに入っていると、難易度が自分に合っているからストレスは感じない。だけど退屈というわけでもない。トレーニングははまらないと意味がないからね。みんながワークアウトにはまったら、健康的でしゃきっとしている人ばかりになると思わない？　無理する必要なんてない。やりたいと思えないと意味がない。だってコンスタントにできなければ、極めるなんて無理なんだから」

ザハビは厳しいトレーニングに反対しているわけではない。しかし、厳しいトレーニングをするときはかなり周到な準備が必要だと考えている。

「ときどきは激しさも必要かもしれない。準備ができているときだけね。そして激しさは、量を増やすことで達するとして、それでもやっぱり楽しくなきゃダメだよね」

フロー状態を念頭に置いた彼のアプローチのおかげで、ジョルジュ・サンピエールはUFCで膨大なトレーニングを積み、動き回り、トップに君臨することができたのだ。

「ジョルジュの強さの秘密だよ。健康の秘密でもある。みんな列をなしてジョルジュとスパーリングしたがる。彼とすれば、フロー状態に入れるから。ジョルジュは熟知しているんだ」

ジムでのトレーニングや仕事場のフローも向上することができるのだろうか。

昨日の仕事中、退屈してなかった？

それなら、もっとワクワクするような難しいことに挑戦してみたらいいかもしれない。

昨日はきつすぎて今日はへとへと？

じゃあ質の高いタイムオフの時間だ。自分の限界や可能性について考えてみよう。フロー状態を作り、守ること。デスクでも、仕事場でも、ジムでも、情熱にあふれワクワクできるように。そうしたら、コンスタントにやり続けることが強度に変わる。

厳しいトレーニングを完璧にこなすことよりも、一貫性を大事にしてみよう。

実践

限界に気づき、限界を超えない程度に頑張ってみよう

次のワークアウトや仕事のとき、「自覚的強度」について考えてみてほしい。ただし、あまり無理しないで。できることも、そのレベルも人それぞれ。だから自分の力がどのあたりなのか、正直に考えてみよう。痛みを感じる前に、やめるんだ。10ある力のうち、7でやってみよう。その代わり、コンスタントに頻繁にしてみるといい。環境を整えたら、フロー状態になれる。スキルと難易度がぴったりのときだ。すると、あなたの7の力がやがて10を超えていく。質の高い時間を確保でき、活動自体が楽しくて、早くやりたいなあと思うようになる。やめるのが難しいほど夢中になってしまったときは、やる気と情熱を明日にとっておくのだと言い聞かせよう。

「タイムオフ」をとりましょう

読書は休憩にして……

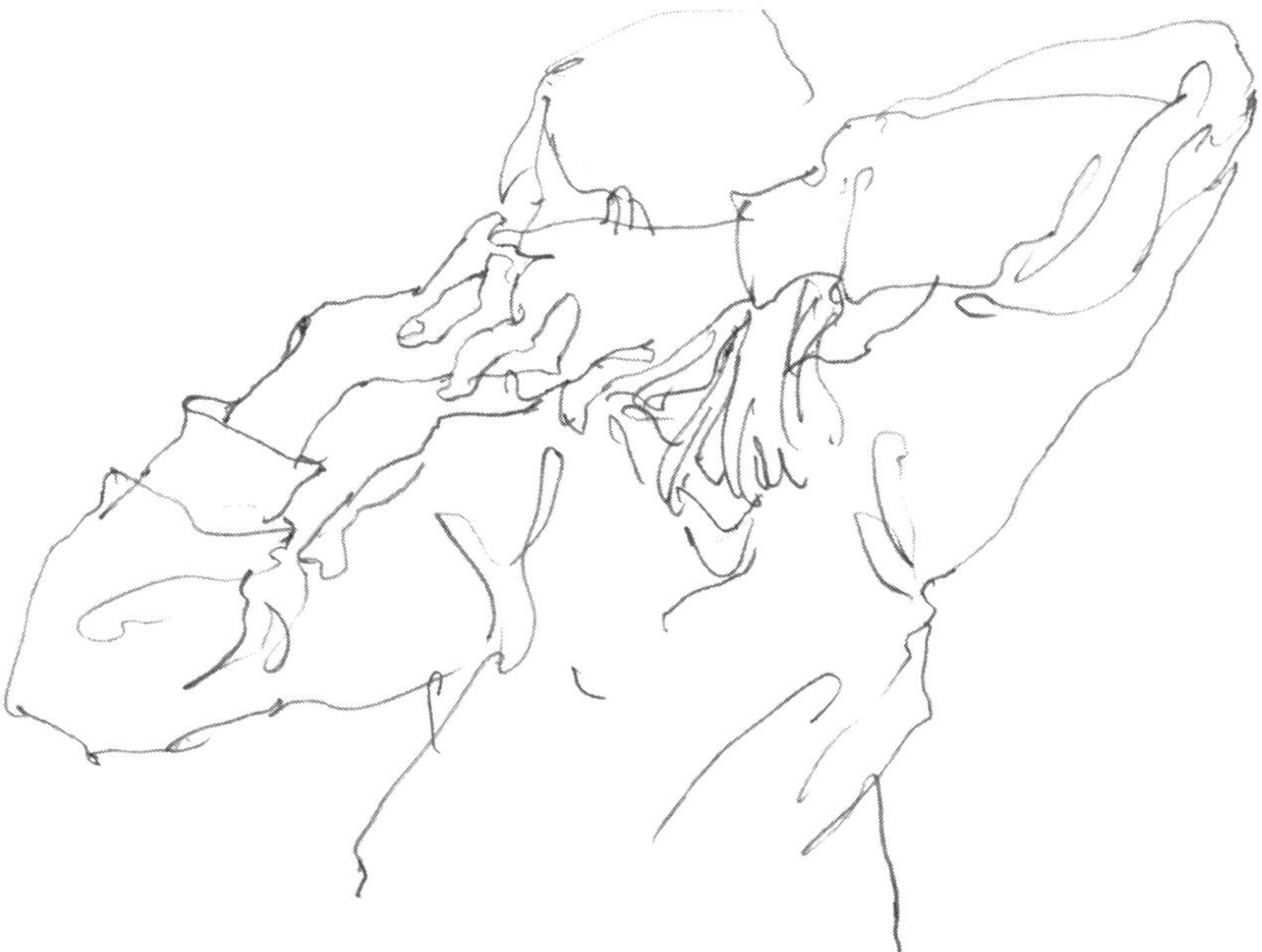

ストレッチをしよう。

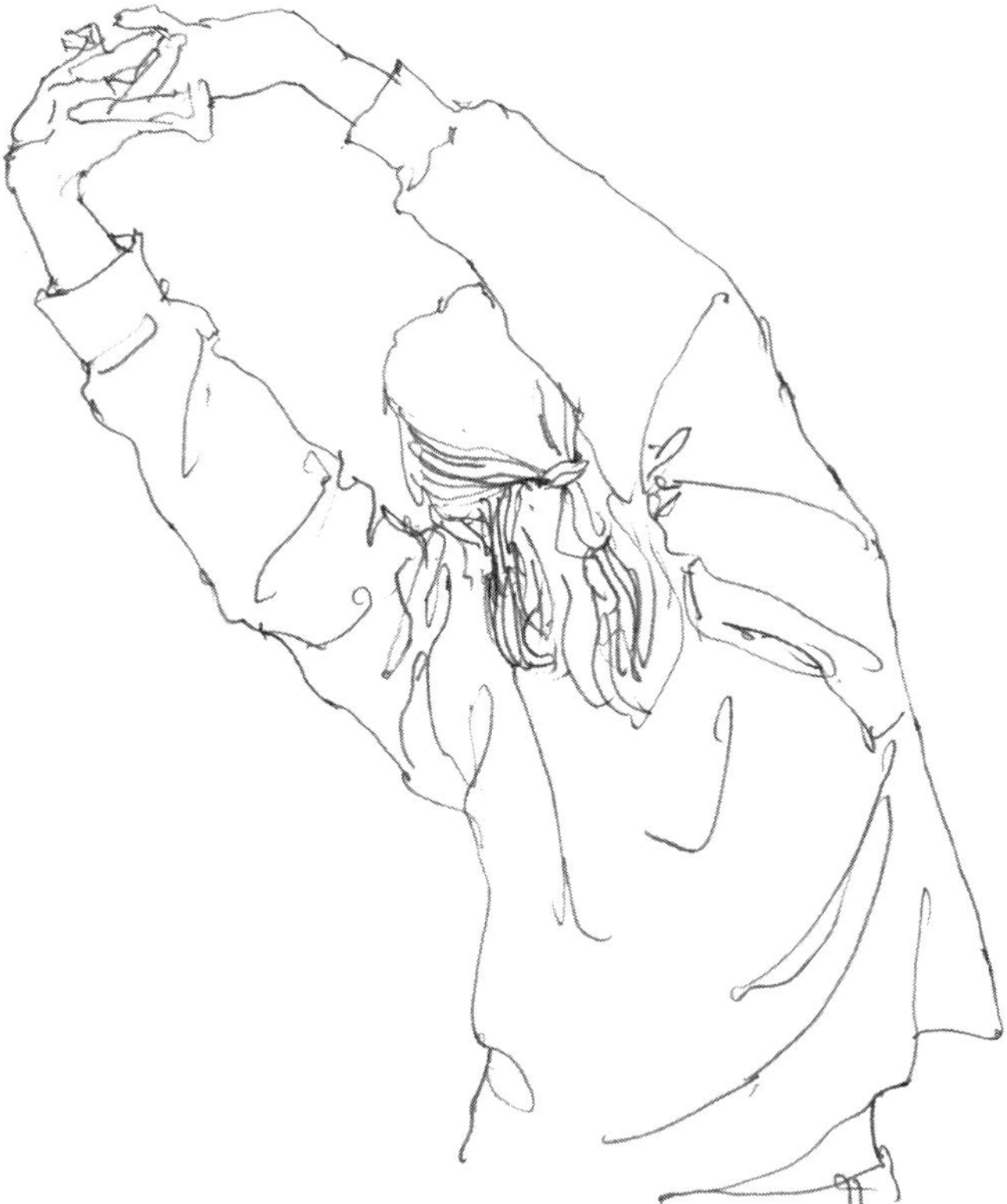

「脳」のための年金計画

「永遠に若いままでいたい」と、ボブ・ディランは歌った。

運動したからといって、ずっと学生のような容姿が保てるわけではないが、ディランの夢を叶えるいちばんの方法ではあると言えるかもしれない（少なくとも現時点では）。

体を動かすことで体がしゃきっとするだけでなく、脳も健康でいられる。つまり、年をとっても物作りや問題解決に取り組めるのだ。ＴＥＤトーク「脳に良い変化をもたらす運動の効果」でウェンディ・スズキは次のように述べている。

「運動でいちばん素晴らしいのは脳を守ってくれることでしょう。運動をすればするほど、海馬と前頭前皮質もより大きく、強くなります」

そして脳が大きく強くなることは、短期的に良いことがあるだけでなく、加齢に伴う神経変異疾患や認知能力低下に抗うときにも大きな力になる。

「認知症やアルツハイマー病を治せると言っているわけではありません。しかし、大きくて強い海馬と前頭前皮質があればそういった病の進行を遅らせることはできます。だから運動は脳にとっての年金みたいなものです。わかります？　しかも嬉しいことに、なんの積立金もいらないのですよ」と、ウェンディ・スズキは言う。これは申し込むしかない！

ソファに座ってばかりいないで、立ち上がり、ちょっと汗をかこうという気になってきただろうか。走ること、動くこと、ウェイトを持ち上げること、散歩すること、ダンスすること。ひとつひとつの動きが貯金となり、脳を豊かにしているのだ。

運動する気になれないときは、年金の掛け金を収めているのだと思ってほしい。金利がマイナスの口座にお金を入れておきたい人はいないだろう。脳の場合だって同じだ。

ウェンディ・スズキの考え方はなにも、健康な若者だけに当てはまるわけではなく、認知症の症状が出始めている高齢者も例にもれない。

「嬉しいのは、研究によると**75歳以上の人でアルツハイマー病や認知症だと診断を受けた人でも、3か月の運動プログラムで良い効果を得られる**結果が出ていることです」

運動をする患者ほど病気の進行が遅くなり、改善が見られた人までいるそうだ。

「運動を始めるのに手遅れということはないと、この研究は教えてくれています」

何歳であろうと、運動する習慣がないのなら、今始めよう。

運動するのが怖い、もしくは全然やる気が湧いてこないそこのあなた。精神的に肉体的に若くありたいのなら、動くしかない。気持ちが晴れるし、精神的な衰えを防ぎ、クリエイティブでいられる時間が長くなる。年老いても、考え続けられるのだ。運動のおかげで年齢を重ねることに余裕ができる。

だから、やる気アップに繋がるさまざまな運動を試してほしい。

テリー・ルドルフ

（オーストラリアの量子物理学者）

「仕事するときは、邪魔の入らない時間がたっぷり必要なんだ。精神的な部分が大きいと思う。そのときに邪魔がなくても、カレンダーになにか予定が書いてあるだけで、邪魔のない時間が終わってしまう気がして、ダメなんだ。それだけで台無しなんだよ」

「実際に真のタイムオフを経験したことのない人には、その重要さは理解できないだろうね」

アフリカのマラウイ共和国、高原にある小屋に集まる人たちがいた。電気も水道もない。炎の揺れる光の中で、ホワイトボードに文字を書いている人が見える。スマホの懐中電灯機能を使い、ホワイトボードの周りに集まってなにが行われているのか見ようとしている人たちもいる。

ならず者や逃亡者たちが脱出計画を練っているわけではない。集まっているのはみな、量子物理学者だ。

テリー・ルドルフが企画した「クオンタム・フィジックス・マラウイ2013年」ワークショップに世界トップレベルの学者が集まっていた。

ワークショップのウェブサイトでは「まだ完全に結果が得られていない研究計画や成果などを発表してほしい。ディスカッションのための時間をたっぷりとってほしい」と書かれていた。

そして実際に、参加者には議論の時間がたっぷり用意されていた。午前と午後に1回ずつ、1日2回の発表しか計画されず、科学者たちは他の時間を山登りや車やボートでの移動、地元の野菜などをキャンプファイヤーで焼いてみたりして過ごした。

テリーは笑いながらこう回想する。

「生きるために必要なことをしていただけだよ」と。

彼も他の参加者たちも、このワークショップでの経験を恋しそうに振り返る。
「たくさん研究もしたよ。すごい学びの時間だった！」
ある夜、ひとりの参加者がこう言ったそうだ。
「ここに座っていると、参加者の半数がノーベル賞をとるような気がしてくるよ」
「そう言ったのは地元の酒で酔いすぎていたせいかもしれない。だけど、そういう良い空気があったんだよ」とテリーは振り返る。

アフリカの大自然を冒険していないとき、テリーはインペリアル・カレッジ・ロンドンの量子物理学分野の教授として、その謎に挑んでいる。彼はマックスの博士研究の指導教官でもある。

テリーがどこにいるのか把握するのは簡単なことではない。どの国にいるのか、どの大陸にいるのかさえよくわからないときが多い。

しかもメールの返事もまばらだ。しかし、彼は生徒にも同じようにしていいと指示している（マックスもこの恩恵にあやかっていた）。

しかしテリーをつかまえられたときは、すごく熱心に正面から向き合ってくれる。ちらちらスマホを気にしたり、メールをチェックしたりしない。ソーシャルメディアも使っていない。余計な仕事を増やさないのだ。

大学の「お役所仕事」も、なぜか彼はいつもすり抜けているような気がする。

「その仕事って、書類を持ってきた人の仕事だと思うんだよね」と彼は言う。

彼の言葉から学べることがあるかもしれない。**今度誰かが書類を持ってきたら、その人が自分でやれる仕事ではないのか聞いてみよう。**

あなたがタイムオフできることでお互いに良いことがあるかもしれないし、あまり他人の気を散らさない働き方を考えられるかもしれない。


テリーがこういったことをするのは、彼の研究のためには邪魔の入らない長い時間が必要で、それがないと真に集中した状態になれないからだ。

「3時間の仕事時間があるとしても、その後で会議があると思うと仕事への集中力は落ちる。僕の仕事は長時間続き、終わりがいつかなんて気にならない。そういう仕事をしているんだ」

カレンダーになんの予定もない日と、それによって可能になる思考環境が必要なわけだ。

しかしながら、大きなリサーチチームを率い、教える役割もある今の地位では、丸1日なにも予定を入れないことはほぼ不可能に近いという。

「大学というのは惰性とお役所仕事で成り立っている大きな団体のようなものでね、予定を入れないのはすごく難しい。少しずつなにもない時間は取れるけど、時間割なんて絶対に変更できないしね」

しかしテリーはついに、この忍び寄る「お役所仕事」から脱する方法を構築した。教授職を休職し、2017年に仲間たちと量子コンピューティング「PsiQuantum（略してPsiQ）」を立ち上げたのだ。

この団体の目標は、世界初の商業用フォトニック量子コンピューターを開発することだ。ウェブサイトには大胆な宣言がある。

「これは、はじめての役立つ一般向け量子コンピューターだ」

なにがそんなにすごいのかよくわからないという読者も多いかもしれない。だけど、これはものすごいことだ。薬学、気候のシミュレーション、暗号学などのさまざまな分野に変革をもたらすだろう。

パロアルトのネットワークを基盤とした「PsiQ」は、あまり目につかない形で活動を続け、これまでマーケティングやメディアからの不要な注目を避けてきた（「ゲームをプレイするなら維持できないと意味がない。そこまでのエネルギーがもったいない」とテリーは言う）。

しかしそれでも、世界中からトップレベルの科学者やエンジニアたちが集まり、チームはもう100人規模だ。

そんな大きな団体にしてしまえば、大学と同じようにお役所仕事が増えるだろうって？

しかし、この企業はお役所仕事を最大限避けようというポリシーのもと、テリーとその同僚によってゼロから設立された。

深く集中できる時間を設け、実際に問題を解決することを優先している。火曜日の午前と木曜日の午後は、仕事に没頭するために他の予定は入れない。

「会議さえ予定しない」とテリーは言う。

そして、仕事に支障がない範囲で、休暇は何日間でも取っていい。シリコンバレーから転職してきたエンジニアたちは、休みを取ることに慣れておらず、休暇について教育し直さなければならなかったらしい。

また、国籍によっても休みの取り方に違いがあると彼は言う。

「ヨーロッパ系の人はちゃんと取れるんだよ。アメリカ人は無理にでも取らせなくちゃ、取ってくれない」

テリーはにっこり笑ってこう付け加えた。

「この方法で僕たちの会社はうまくいってる。もし最初の量子コンピューターを作ることができたら、世界中の会社が真似してくれるといいな」

テリーは生産性とかバイオハッキングという概念自体に違和感を抱いている。

「(シリコンバレーでは)みんな自らバイオハックしようとしてるよね。なにをするのにどれくらいの時間を使っているのか細かく把握して。**そんな暇あるなら、実際に手を動かして仕事しろよって僕は思うけど**」

生産性を上げたいとき、テリーは走りにいく。走り方には2種類あるらしい。

「頭をスッキリさせたいときは、ちゃんと走れるように足場のよいところを全力疾走する。僕は瞑想しない。だってなにも頭に入れないことなんて、僕には無理だから。でも全速力で走るとき、多分同じ感じになっているんだ。走ることだけに集中していて、仕事のことは考えない。自分の体と目の前にある動作に集中しているから、仕事のことを考える余裕がないんだよね」

または、走りにいく前にすべきことを書き出す場合もある。

「そういうときは、ゆっくりと走る。コンピューターやスマホ、メモ帳から距離をとるんだ。僕の仕事はほとんどが計算だから、ノートが必要なんだけど、頭の中にあることを書き出すと『よーし、書き留めたからもう覚えておかなくていいぞ。あとで見返せばいいんだ』というふうに脳の切り替えが起こってしまう。でも頭の中に入れてじっと考えた方がいいこともときどきある。数学や物理学だけに限らないけれど、走っているときに紙に書き留めることはできないよね。細かいことにとらわれてはいられない。ただ考えているのは『これってどういう流れだっけ。今はストーリーのどこにいるんだ? 目指すところはどこだ？』というふうに、より大きな視点で物事を考えられるんだ」

忙しさに追われ、時間を細切れにすることは彼にとって深い集中の邪魔でしかない。

「大学の外の人たちは、大学で働いている人たちを見て、なんて怠け者なんだとか言うけれど、それってクリエイティビティを発揮するには必要不可欠なことだよ。僕なんて考え事をするときは、机から離れてビーズクッションの上でごろごろしている。昼寝しているように見えるかもしれないけど、ただ頭の中を整理しようとしているんだ。考え事をしているんだよ。瞳を閉じてね。他に刺激がない方が、脳はちゃんと働くんだから」

僕たちにももっと、**ビーズクッションの上で瞳を閉じる時間が必要だ。**深い思考にどっぷりつかる。そのためには、ひとりきりの時間を持とう。

実践

頭を空っぽにしたいなら全力疾走する
考え事をしたいならゆっくり走る

頭をすっきりさせるためには、自分の体の動きに集中して、他のことを考える余裕がないくらい、きつめの運動をしてみよう。ワークアウト中に生産性を高めたい人は、なにを考えたいかあらかじめ決めて、軽めの運動をしてみよう。大きな視点から物事を見ると同時に、体にも良い効果がある。走るのが苦手な人は、他の活動でもかまわない。好きなことで試してみよう。

第 5 章

ひとりになる

SOLITUDE

2000年以上前のこと。アリストテレスは『政治学』(岩波書店　1961年)にこう書いた。

「人間は社会的動物である」

太古の時代から、社会的な繋がりは生存に欠かせないものだった。コミュニティを追い出されたら、トラの餌食だ。

その結果、**僕たちは水を求めるのと同じように、人との繋がりを求めるようになった。**

それなしでは生き残れなかったし、文化や科学、芸術などの発展もなかっただろう。

現代の素晴らしいもののすべてが人同士の繋がりの上に築かれたと言える。脳が発達したのも、言語使用と社会性に関係があるらしい。

だから、誰かと一緒にいる方が理にかなっていて、ひとりでいることが不自然だと感じる人もいるかもしれない。でも心理学者のアダム・ウェイツはその考え方に次のように反論する。

「社会的脳や社会的ホルモン、社会的認知などをもてはやすとき、社会的でいることの困難さにも注目するべきだ。社会的であることは簡単ではないし、自動的にできるものでも、ずっと継続できるものでもない。なぜなら、僕たちの(社会的)脳や(社会的)ホルモン、(社会的)認知といった社会的プロセスに必要なものが、きちんと発動されなければならないからだ」

僕たちが社会的動物であることに間違いはないが、そうであるためには適した環境やバランスが大切で、ひとりの時間と、人と過ごす時間を行ったり来たりするのが望ましい。「アイザック・ニュートンはひとりになることを求めた。アインシュタインだってそうだ。ヘンリー・キャベンディッシュも。ポール・ディラックはひとりにしてほしいという雰囲気をうまく醸し出していた。静けさとその友達である〝ひとりでいること〟は物理学史上でそう珍しくないんだよ」と書いたのはフェロシティ・メローナだ〈論文集『Physics World』収録「静寂の力」〈原題「The Power of Silence」未邦訳〉〉。

しかし現在の研究や学術的環境では、どっちつかずになる場合が多い。**世界の研究を牽引すべき大学や研究機関は、騒音だらけのグループ活動の温床になっている。**委員会や学外活動への参加、査読のプロセスなどが義務化され、避けようがなくなってきた。メローナはこれを問題視する。「少なくとも今の英国の研究方針を見てみると、静寂とはかけ離れている。常に繋がっていることを強制されることで、物理学に必要な創造性を発揮するために必要な条件が失われている」

その必要条件こそ、ひとりになる時間だ。**心が自由に動き回り、外部からの刺激や邪魔に妨げられない静寂が必要なのだ。**

もちろんコミュニケーションは大切だし、グループでの取り組みで科学が発展することもある。しかし、現在はやりとりの種類や方法があまりにも多い。

メローナはコミュニケーションをとるなとは言っていない。しかし、バランスを取り戻す必要があると説く。

「コミュニケーションはもちろん必要。だけどそれは個人の性質に合っていなければならないし、強制されるべきものではないはずです」

彼女は、科学者たちが自己裁量で動けなくなっているのではないかと心配している。

彼女の不安を裏付けるように、（ヒッグス粒子で有名な）ピーター・ヒッグスは「現在の研究環境ではノーベル賞を受賞した研究を続けることができない」と主張している。「1960年代はもっと平穏で静かだったのに、あの静けさはもう不可能になってしまった」

他のノーベル賞受賞者たちの多くも、同じように感じているらしい。

ひとりきりでいる時間がアイデアを発展させるために不可欠なのに、その時間になぜもっと価値が置かれないのかと、多くの研究者が嘆いている。

共同作業や重要情報の交換は、新しいアイデアを持つために大事だ。しかし没頭したり、大きなひらめきを得るのには向かないということも研究によってわかっている。

ほとんどの仕事をひとりで行ったり、ひとりでいることが、リソースなのだ。それなのに、僕たちの多くはその時間をまったく取れていない。

メローナは論文の最後でこう警告している。

「会話から沈黙を消してしまえば、ただのよくわからないおしゃべりです。科学研究から沈黙を排除すれば、ただの騒音だけが結果として残るでしょう」

僕たちもそう思う。そして同時に、この静けさへの考え方は他分野にも当てはまるはずだ。クリエイティブな活動ならとくに。

アイデアを温めるためには、ひとりで向き合う時間が必要なのだ。

「タイムオフ」をとりましょう

ひと休みして……

ひとりで
大好きなことをしてください。
日記をつけたり、散歩したり。

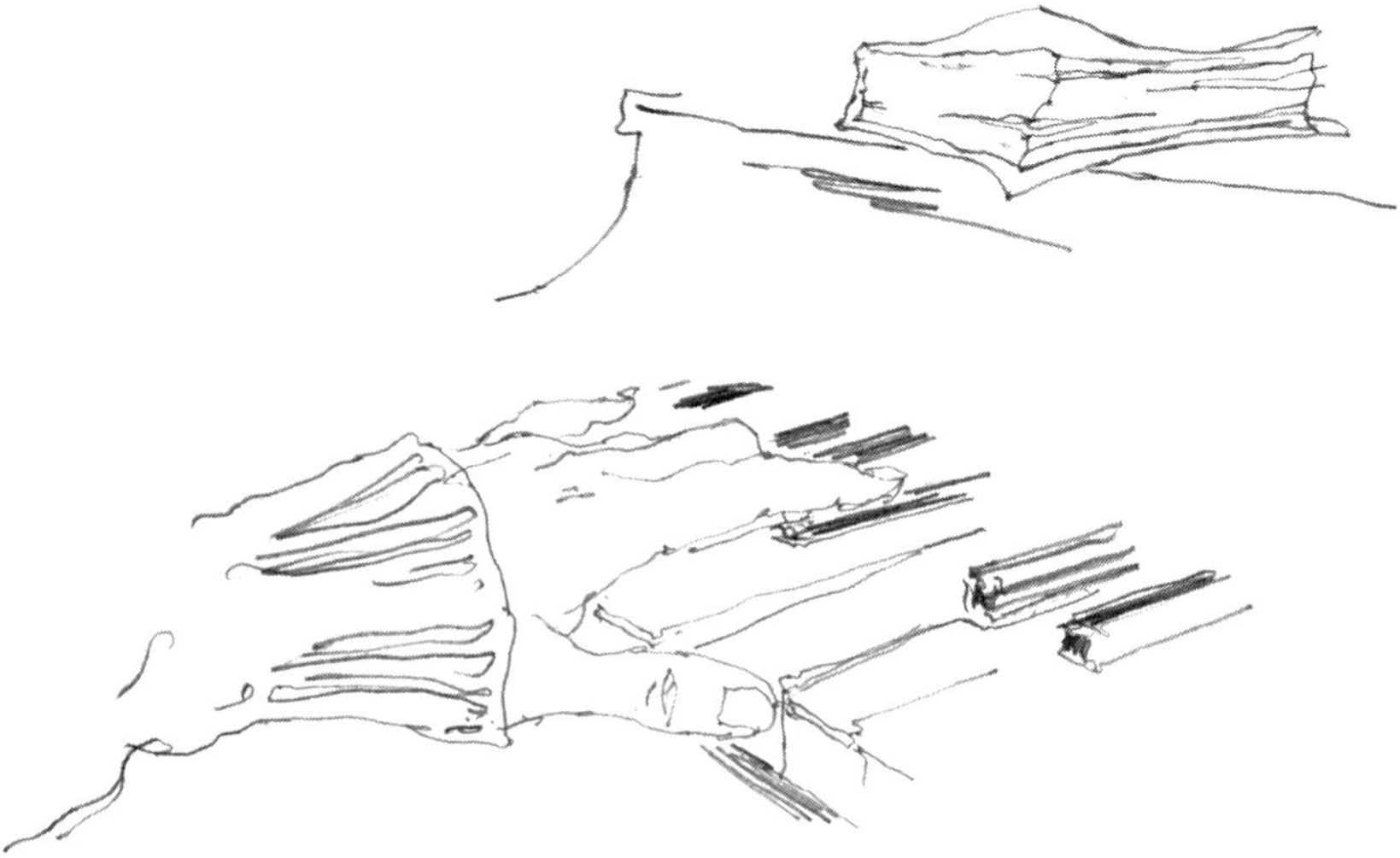

アーティストは「ひとりぼっち」で開花する

自分のことをアーティストだと思っている人はあまり多くないかもしれないが、**ナレッジワーカーにクリエイティビティは不可欠だ。**だからある意味、この世はアーティストであふれている。コーディング、経営計画、コミュニケーションのどれを取っても、クリエイティブでなきゃできない仕事だ。

アップルの共同創始者、スティーブ・ウォズニアックによると、アーティストは「ひとりのときにもっとも力を発揮する。委員会とかマーケティングのためのデザインを考えている他のデザイナーに囲まれずに、自分のオリジナルのデザインに集中できるときがいちばんだ」そうだ。

そしてイノベーター志望者には「絶対にひとりで取り組みなさい。そうすれば革命的なデザインが浮かび、素晴らしいオリジナルの製品を思いつく。**チームでやろうとしてはいけない**」とアドバイスするそうだ。

ひとりで作業すると、好き勝手に実験できる。誰にも気兼ねせず失敗できるし、おかしなアイデアを笑う人もいなければ、こうすべきだと指図する人もいない。だからひとりでいることこそ、オリジナリティに繋がる。

マイケル・ハリスは著書の『ソリチュード（孤高）――雑音にあふれる世界でしっかり生きるための本』（原題『Solitude：In Pursuit of a Singular Life in a Crowded World』未邦訳）で、外部の刺激がないからこそ独自の声が聞こえ、それを表現する方法にたどり着くと述べている。

「新しくて強力な変人の蛹《さなぎ》を作らなきゃ。自分だけが楽しめるスペースをね」

ひとりになり、自分が好きなことを見つける（そしてそれが好きなことを認めてあげる）。そしてどっぷり浸る。自分にそういう時間をゆるしてあげることで、クリエイティビティあふれる独自の表現が生まれるのだと彼は主張する。

これまで本書で見てきたクリエイティブなプロセスで、積極的に行うプロセス（準備・確認）と、受け身で生じさせるプロセス（温め・ひらめき）のバランスが必要なのは理解できた。同じように、繋がることと、ひとりでいることにもバランスが必要だ。

刺激を受けたり、インスピレーションを得たりするには繋がりも必要だ。しかし自分の心に戻って、自分だけの「変人の蛹」にこもって吸収する時間も重要だ。新しいアイデアをなんの制限もなく、自分の心で吟味する。他人からの（ときに誤った）声が届かない場所で。

悲しいことに、ひとりでいることが難しく感じる人もいるだろう。現代社会には、ひとりでいるために必要なスキルを身に付けていない、ひとりでいる経験をしていない、もしくはそのような経験を拒絶してきた人が多いのだ。

しかもなかには、ひとりでいることと孤独なことを混同する人もいる。

孤独がなにを意味するのか、知っている人は多い。しかし、**孤独なことと、ひとりになることは全然違う**。心理学者のクリストファー・R・ロングとジェイムズ・R・アベリルはこう書いている。

「ひとりでいることは、孤独の反対です。とてもポジティブなものだ。避けるべきではなく、進んで手に入れるべきだ」

ハリスはこうも言っている。

「真にひとりでいることは、孤独とは違う。孤独はひとりでいることに失敗した人が感じるものだ。本当にひとりでいることができると、たくさんのことを得ることができる。だけど、それができる人はとても少ない。繋がっていることから逃げ出し、孤独を感じることなく波打ち寄せるひとりきりの時間に浸る。それが、すごく難しくなっている。だけどこれはとても大切なことだ」

常にインプットを求め、繋がっている状態は、「たった今」だけにしがみついている状態だ。ひとりきりになると、インプットや邪魔から解放され、心がひらめきのためのスペースを作る。「もしこうだったら？」と自由に心が動くのだ。

心理学教授のカリーナ・クリストフは「さまよえる心の力とは、なんのフィルターもかかっていないことなのです。絶対に考えられなかったような繋がりを見出せるのです」と話す。

クリエイティビティを高めるためにも効果があるが、自分では考えもしなかったところのアイデア同士が繋がるというのがすごいのだ。そしてこれは、ひとりになるのが怖いと感じる人が多いことの理由のひとつかもしれない。

自分のことを考えることは、とくにそのような習慣がない人にとっては、痛みを伴う恐ろしいものかもしれない。しかし、痛い思いをする価値がある旅だ。

空っぽかもしれない。自らの人生を、なにかが欠けたもののように感じるかもしれない。なんでこんなに余暇がないのだと思うかもしれない。だけど、そう思うことで、どうやって満たせばいいのかもわかってくる。

それに、こういう心の闇にこそ創造性は眠っている（人間としての成長のチャンスもね）。ときどき、意識して探ってみるのがいいかもしれない。

ハリスは『ソリチュード（孤高）――雑音にあふれる世界でしっかり生きるための本』で

精神科医アンソニー・ストーの研究を紹介している。ストーは１９８０年代に多くのアーティストを分析し、ひとりでいることがクリエイティブなプロセスに大きな効果をもたらしたことを結論づけた。

ハリスは、著名なハンガリー系米国人心理学者のミハイ・チクセントミハイの研究にも言及している。彼は「フロー」の概念を広めたが、１９９４年の研究では、**ひとりになりきれない10代の子供のクリエイティビティが低いことを明らかにした。**

「ひとりでいることでしか発達できない創造的習慣があるようです。日記やお絵描き、ただぼーっと白昼夢を見ること。こういうことのすべてがオリジナリティに繋がります」

あるいは、ゲーテはこう言っている。

「社会で指図を受けることはできる。だが、ひらめくことができるのは、ひとりのときだけだ」

ひとりの時間にしか実現できない心の自由さが僕たちには必要だ。数分間だけでなく、もっと長い時間、ひとりで過ごしてみよう。

「忙しくて気が散っている状態も、さまよえる心の状態だと、広い意味では言えるのかもしれませんね」とハリスは認めつつ、こう続ける。

「しかし、なんにもしていない贅沢な時間をたっぷりとることで、心は新しい視点を手に入れます。長い長いリード（手綱）が必要なんです。心が自由に動き回るためには」

大自然に繰り出し、たっぷりとした長さのあるリードをつけて、心を散歩させよう。

自然はひとりきりでいるのに最適な場所だと、ずっと言われてきた。忙しい都市や、いつも繋がりっぱなしの仕事場では心はどこへも飛んでいけない。ヘンリー・デイヴィッド・ソローはウォールデンの池でこう書いた。「ひとりでいることが大好きだ。孤独こそがこの世でもっとも素晴らしい連れ合いではないだろうか」

自然も素晴らしい連れ合いで、しかも脳にも良い影響を与える。スタンフォード大学の科学者たちは**90分間ひとりで自然の中を歩くだけでも、精神疾患のリスクが大幅に下がる**という研究結果を発表した。ひとりで外を歩くだけで、心も元気になるのだ。

ひとりでいることで大事なのは、迷子になることだろう。心の中で迷うことも、実際に道に迷うことでもどちらでもかまわない。

僕たちはグーグルマップなどのテクノロジーに頼って、道を外れないように必死になる。だけどそうする過程で、いろいろな気づきとそのチャンスをどぶに捨てているのだ。

迷子になると不安になる。だけどそれも、大切な経験だ。成長と発見に繋がるし、感動や思索にも導いてくれる。それこそが、僕たちの求めているひらめきへの近道なのかもしれない。

エド・〝ウディ〟・アレン

（別名「イーサーウッド」、
英国人音楽プロデューサー、シンガーソングライター、DJ）

「スタジオにこもろうと思っていたんだ。だけどなんにも満足できるものが作れなかった。だからちょっと休憩して、またひらめいたときに戻ってこようと決めた」

「1年前にフィンランドに10日ほど滞在した。辺鄙《へんぴ》な場所にある小さな山小屋にひとりで滞在してね。すごく内省的な時間だったよ。その短期間でアルバムのほとんどを作ったんだ」

フィンランドの大自然の中、アレンはサウナに入っていた。

「本格的な木のサウナだよ。電気でも蒸気でもなくて、ちゃんとストーブを使っているやつだ」

ロンドンではクラブとスタジオを飛び回り、パフォーマンスしたり音楽を作ったりする忙しい生活だったので、サウナでゆったりと過ごしていた。音楽を作るときの彼の名前は、イーサーウッドだ。サウナでは都会のストレスや雑音は溶けて消えていった。

サウナにしばらく座ったあと、冷たい水に飛び込む。「頭がすっきりするんだ」。それから海の側の岩場に腰を下ろし、日が沈むのを見ていた。

「それまで見たどんな景色よりすごかったよ。海面に星々が輝いている。そのすべてが星の瞬きみたいだった。とても感動した！」

そしてその瞬間、ひらめきも降ってきた。頭で音が鳴り出した。完璧なメロディではないけれど、その種が落ちてきたのだ。彼は全速力で山小屋に戻り、ピアノでメロディを再現して録音し、ギターとドラムのビートも少し足した。

こうしてできたのが、「Fire Lit Sky」だ。

「空の色が絶え間なく変わって、その変化を音で表現したかった。『Fire Lit Sky』は僕のフィンランドでの旅を表している。すごく思い入れのある曲だ」

この曲だけではない。実際、3枚目のアルバム「In Stillness」のほとんどがフィンランドの小さな山小屋「モッキ（mökki）」で作られた。2016年10月、フェイスブックに次のメッセージを残して彼は姿を消した。

「フィンランドへ逃げます。ヘルシンキから1時間ほどのところにある島のモッキに2週間こもって、音楽を作るよ。ヘラジカがときどき訪ねてくるけど、他には誰もいない。10月の終わりまでに僕からなんの連絡もなかったら、これだけは覚えておいて。みんなのこと、大好きだよ。今まで楽しかった」

彼はひとりになること、そして静けさを求めた。だから完璧に繋がりを断った。

「モッキでの2週間、誰とも話さなかった。おかしくなりそうだったよ。姿を見たのはシカと白鳥だけ。しかも滞在も終わりに近づくと、動物たちに迷惑がられているような気がした」

フィンランドはサウナで有名で、彼も満喫した。アルバム制作の経験をこう回想する。

「ほとんどの作品はサウナで生まれた。お尻丸出しで湯気の立ち込める部屋で曲を作っていたなんて、すごく変だよね。室内にいて頭がすっきりしているとゾーンに入りやすくなる。そういうリラックスしたときに音楽がやってくるんだ。心地よくて安らかな気持ちになると、音楽を感じ始める。多くのプロデューサーは愛や怒りといった深い感情に突き動かされた曲を書くけど、僕は心がすっきりしているときに流れてくるんだ」

ひらめきが湧いたり、クリエイティビティが高まったりするきっかけは人それぞれだ。あなたの場合はなんだろうか？ 激しい感情が湧きたつとき？ それとも静かなとき？どちらにしろ、タイムオフを賢く使ってきっかけを引き出してほしい。

フィンランドの森で音楽を作ることは、アレンの長年の夢だった。

「若い頃からフィンランドでやりたいと思っていたことを実現させたんだ。誰もいないところで邪魔やプレッシャーなしにたくさん音楽を作って、アルバムにすることさ」

プレッシャーから逃げ出すことは最重要だった。2枚目のアルバムを出してから、彼は苦しんでいた。新しい曲を作りたかったのに、ひらめかなかったのだ。

「全然しっくりこなくてさ。特別さを感じないものを無理に押し出すのも、なにか違うような気がしたんだ」

自分を追い込み、スタジオにこもって懸命に作ろうとしたが、やはりだめだった。そんな経験があなたにもないだろうか？

フィンランドに行こうと決めたとき、彼はこれまでとは違う方法を試すことにした。**目標を決めないことにしたのだ**。アルバムを仕上げる考えなど毛頭なかった。

「もう自分を追い詰めるのはやめようと思った。他には誰もいなかったし、ひとりぼっちだった。それが魅力だったんだ。到着したら、スマホの電源を切ったまま数日間を過ごした。ただじっと座って新しい環境に慣れようとしたんだ」

彼のこうした態度が功を奏した。目標もなく、ひとりぼっちで美しい大自然に囲まれた環境に身を置いたことで、アイデアが降りてきたのだ。

「すごく自然なことに感じたよ。ピアノの前に何日も何日も座って違うアレンジを試し続けるよりもね」

アレンはタイムオフのおかげで、アルバムを2週間で完成させた。ロンドンに帰ったらあとは仕上げをするだけで良かった。2週間で15曲を仕上げるなんて、すごすぎる。忙しい毎日のなかで、無理やり集中力を高めていたわけではない（このアプローチも彼は過去に試したが、うまくいかなかった）。リラックスできたから、できたことだ。

こうして完成したアルバムは大成功を収めたわけだが、聴いてみるとそんな短時間で作られたとは思えない。このアルバムの曲は、聴く人をまるでモッキに座っているような気持ちにしてくれる。空が色を変え、海面に星々が瞬く。

フィンランドの森での音楽作りは、アレンが実現させた夢のひとつにすぎない。

2015年のインタビューで彼は、もうひとつの夢についても話していた。

「ずっと前からすごく欲しいもの、というか作りたいものがあってね。ヒッピーっぽいビンテージのフォルクスワーゲンのキャンパーを持っている友人がいて、ヨーロッパの旅とかしているんだよ。あれのうしろにミュージックスタジオを作ったら、すごくかっこいいんじゃないかと思っているんだ。自然は自分の音楽にとってとても大切なものなのに、ロンドンの月曜日午後3時半にそれを感じるのは難しい。だからキャンパーの窓を開けて自然の音を取り込み、旅自体に音楽が影響を受けるようにしたいんだ。音の日記みたいな感じになるかな。どんな仕上がりになるのかワクワクするね。だけど、実際はおそらく、ガードレールに沿ってのろのろ進んで、同じカセットを何度も繰り返し聴いて、皮の座席が汗ですごく蒸れて、孤独でみじめだと思うんだよね。ブリクストンからキャンバーウェルまでしか行けないだろうし。だけど、夢って夢であるだけで価値がある、そうじゃない？」

そして彼は、「この夢も実現させた。フィンランドから戻ってからあまり時間を置かずに。2015年のインタビューで心配していたことはよそに、自分が思っていた夢をそのまま実現させたのだ。

彼はキャンパーを改造し、必要なものだけをのせて西ヨーロッパの田舎をめぐる旅に出た。さらなるインスピレーションと自由、それから静寂を求めて。

その旅の成果は最新のEP「Lost In The Right Direction」で聴くことができる。今回も、彼のキャンパーでの経験が音楽で表現されている。聴いていると、フランスの丘をキャンパーでただのんびりと走る、夏の日の午後が目に浮かぶようだ。

僕たちも、適切な方法を見つけて、もっと迷子になろう。自然の美しい癒しと静けさに、安らぎと答えを見つけよう。アルバム「In Stillness」のタイトル曲にこんな歌詞がある。フィンランド滞在で作られた曲だ。

「静けさに身を包み真実を見つけた。取り囲む静寂が若き日々の答えをくれた」

僕たちもいざ、答えを見つけにいこう。

実践　ひとりで創造性を求める旅に出よう

逃げだそう！　クリエイティビティにあふれていなくていい。自然の中でひとり、タイムオフしてみよう。フィンランドの山小屋のような場所で。なにかを生み出そうと思わずに、自然に身を任せて。もし作りたくなったら作ればいい。お金がないからと言い訳するのはやめよう。自然に身を浸すことにお金はかからない(山小屋滞在もそこまで高くないかもしれない)。都市に滞在するよりも、田舎に滞在した方が安い。なるべく質素に過ごしてみよう。短期間でもかまわない。アレンは2週間でアルバムを仕上げた。だけど、1日でも、週末だけでもいいんだ。自然の中でリフレッシュしてまた頑張ろうと思える、そんな時間が待っているはずだ。

「繋がり」の代償

ひとりで過ごすことで成長したり、クリエイティビティが高まったりするのに、どうして僕たちはひとりでいることを嫌ったり、避けるようになってしまったのだろう？

その答えは、時をさかのぼると見えてくるかもしれない。

多くの清教徒にとって、ぼーっとしている心は、仕事をしない手と同じくらい罪深いものだった。

そこに忙しさの美徳が加わり、**ひとりでじっと考え事をすることは悪いことだと捉えられるようになった。**ひとりぼっちでいては、忙しさをアピールするための相手もいないからね。

常に繋がっている現代の僕たちは、社会的であることを可能な限り（目に見える形で）求められる。

「このメールに社員全員をCCすれば、どれほど私が忙しくしてるかわかるよね！」

そういうわけで、ひとりきりになるには代償が伴う。

しかし、ひとりきりになる時間を取らないことで、僕たちはもっと大切なものを失ってはいないだろうか。ビッグアイデアを思いついたり、重要な仕事を成し遂げたりするチャンスを。

クリエイティビティとテクノロジーでさまざまなことが可能になったけれど、ひとりの時間とバランスをとることができなければ、その利点を最大限引き出すことは難しい。

なかでも、ソーシャルメディアは曲者だ。

この新しいテクノロジーは脳にとってのファストフードのようなもので、多くの人が熱烈に求めている。栄養のないカロリーだから、食べ続けると太るだけで、健康を損なう。瞬時にやり取りができ、内容の薄い情報を腹いっぱい食らうと、鬱の原因になったり、孤独を感じたりする。

繋がりを求めているのに、孤独を感じてしまうのだ。

『デジタル・ミニマリスト――本当に大切なことに集中する』（早川書房　２０１９年）で著者のカル・ニューポートは、ひとりきりでいることに物理的な隔離は必ずしも必要でないと論じている。

「他の人からのインプットを気にしない心の主体的な在り方でもあるのだ」と。

つまり裏返せば、**もしひとりきりでいたとしても、他の人たちからのインプットを受け続ければ（デバイスを通してそれは可能だ）それはひとりでいることにはならない。**

ひとりきりになることが難しくなっただけでなく、そうすることに違和感を覚えるようになってしまったのだ。

それは**「なにかを逃しているのではないか」という恐れにとりつかれているからだ。**

ひとりきりになる時間が、こんなにも排除された時代が今までにあっただろうか？

ひとりきりになることを大事に思い、追い求める代わりに、**僕たちはひとりきりの時間を地味さや孤独と結びつけ、偏見を持つようになった。**

「ひとりでいることがタブー視されている」とハリスは述べる。

メールの返信が遅い友達や、明らかな理由がないのに飲み会に来ない人の悪口を言ったりしてしまう。

しかし、ひとりきりになる機会がここまで失われてしまったからこそ、その効能も高い。もしちゃんと実践することができれば、素晴らしい効果をもたらすはずだ。

第二次世界大戦中、ドワイト・D・アイゼンハワーはしばしば山小屋に引きこもり、ゴルフやカードゲームを楽しんだ。長い散歩に出たり、カウボーイ小説を読んだり。仕事（たとえば戦争）の話はご法度だった。

連合国遠征軍最高司令官が世界大戦中に、潜在的リスクを抱えながらもタイムオフができたなら、普通の会社員であるナレッジワーカーにもできるはずだ。

ひとりの時間をどれくらい必要とするかは、個人差がある。しかし、内向型の人たちはこの実践から多くを得ることができるだろう。

『内向型人間の時代――社会を変える静かな人の力』（講談社　2013年）で著者のスーザン・ケインは、「レストレティブ・ニッチ（回復するためのすき間）」を見つけることを提案している。日常に少しずつ、ひとりきりの時間を取り入れるのだ。

じっくり考えることも、社会的筋肉を休めることもでき、いざというときに力を発揮できるだろう。

グレン・グールドは20世紀を代表するクラシックピアノ奏者だ。彼は、成功とひとりきりになることの関係についてこう述べている。

「誰かと一緒に1時間過ごしたら、本能的にX時間はひとりで過ごしたい。1：Xだ。Xに入る数字については断言できない。2：2かもしれないし、7：8とか2：8かもしれない。でも大きな比率でひとりきりの時間が必要だ」

あなたにとってXに入る理想の数はなんだろうか？

自分好みの比率を知ることが大事だ。

そしてもし、その時間を取らなかったらどうなるかを知ることも忘れないでほしい。自分が望むものと必要とするものを区別すること。つまり、**社会から望まれていることと、自分が本当に必要としていることを区別できることが重要なのだ。**

ケインはこう書いた。

「人生で大事なのは、自分に適切な照明を探すこと。ブロードウェイのスポットライトが好きな人もいれば、ろうそくの灯りが好きな人もいるはずです」

あなたがどちらのタイプでも、ひとりきりの時間を生活に取り入れてみよう。

そのための近道は、ちゃんと「ノー」を伝えることだ。これから紹介するデレク・シヴァーズほど、それが得意な人はいないだろう。

デレク・シヴァーズ

（米国人起業家、ライター）

「ひとりきりで小説を書いてて文句言われることはないよ。だけど起業家だったりプログラマーだったり、音楽家だと共同作業を求められる。僕はごめんだね。小説家みたいに生きたい。コーディングをしていようと、曲を作っていようと、システムを構築していようとね」

「心から乗り気のしないものにはすべて、ノーと言うべきだ」

少し時間があるか聞かれて、どこかに行こうとか、本当に楽しいから一緒にやろうとか誘われた経験が何度もあるだろう。かなり押しぎみに誘ってくる人もいたはずだ。

そんなとき、**本当にしたいことかどうかわからないのに、反射的に「イエス」と返事をしてはいないだろうか。**「ノー」と言うのは気まずいし、相手をがっかりさせたくないからという理由で。

でもいざそのときが近づくと、後悔し始める。心ここにあらずで（その結果とても中途半端に）参加して、好きでもないことに、好きでもない人と精を出す。

もっと悪い場合、協力しないといけないと思うあまりに、さまざまな社会的イベントやチームプロジェクトに参加しすぎて、自分だけの静かで質の高いクリエイティブな時間がなくなってしまう。自分の仕事やしたいことへの時間も取れなくなる。

そして社会的であることに疲れてしまい、ゆっくり考えることもゆるされず、クリエイティビティが死んでいく。

オンライン音楽配信サービスの先駆け「CD Baby」の元社長で、『好きなものすべて』（原題『Anything You Want』未邦訳）の著者であるデレク・シヴァーズは、ずっとこの問題に悩んでいた。

しかし、自分の問題に気づいてからは、ひとりきりの静けさに身を置くことを重視してきた。決断を迫られたときやなにかに誘われたとき、彼はこう自問する。

「どのくらいやってみたいと感じてる?」

もし答えが10のうち8だったら、やらない。

「ほとんどのことにノーを言えるようになると、絶対にやりたいと思えることに出会ったとき、全力で取り組む余裕ができる。**イベントや新しいプロジェクトに誘われたとき、『絶対やらせて!』と思えないなら、断るべきだ。**僕たちはただでさえ忙しい。なんでも引き受けてしまえば当然だ。イエスばかり言っていたんじゃ、逃げられないよ」

シヴァーズは逃げるのがうまくなり、自分だけの時間を作るためにこのスキルを活用している。だから、ワクワクする好きなことに没頭する時間を確保できる。

「1日12時間はひとりで働きたい。働くっていう言葉を使ったけど、それはただみんなに理解されやすい言葉だから使っただけで、僕にとっては自分の時間を過ごしているだけ。書いたり、学んだり、練習したり、作ったり、好きなことをする時間だ。音楽でも本でも会社でもウェブサイトでも、なにかしら作っているんだ」

そしてシヴァーズは、自分の声を見つけるためには、ひとりきりになる必要があることもよく知っている。

「自分だけの探求だ。探求の間は、他人と一緒にいると疲れてしまう。ここだけは妥協できないっていうところが、人生にはあるだろ。人間としての探求だよ。ビジネスというより芸術みたいなものさ。自分の内面が報われるためのね」

シヴァーズのタイムオフは、はたから見れば仕事のように見えるかもしれない。しかし、それでもタイムオフの効果は失われない。タイムオフは意図するものによって、形が違うのだ。他のことをするために時間を作ることでもない。

タイムオフがなにを意味するのかは、人それぞれ。自分で決めるのだ。

多くのことを断れるようになり、シヴァーズは情熱を感じるものに深く潜り、大きな目標を追い求めるようになった。

「人生を創造と学習のために整えたんだ。人生のあらゆる面で、普通の人がやっていることをやらない決断をした。友達とつるんだりテレビを観たりね。大きな目標のために省いたんだ。君は僕のことを、仕事中毒だと呼ぶかもしれない。だけど、僕にとっては遊びみたいなもんだ。気持ちの赴くまま、興味の向くままに行動しているだけなんだよ。自分が好きなものを見つけた。そしてそれを可能な限り、やりたいと思ったんだ」

彼は何時間も考え続けて、集中できる自分だけの習慣を見つけた。可能な限り、それに沿うように暮らしている。

シヴァーズはこう見えて割と社交的だ。人と一緒にいることもできる。実際、プロの音楽家やＭＣ、サーカスの指導者として10年も働いていた。だけど、ひとりになって充電する時間が必要なことも知っている。

「2、3時間は誰かといることもできるけど、その後は疲れ果てている。ひとりきりになりたくてたまらなくなる」

自分の傾向に罪悪感はない。それどころか、このリズムをクリエイティビティの基本にして、深くしっかり集中する時間を確保している。

「ひとつのことにしか集中できないんだ。1度にひとつのことを、全集中力を注いで行う。何時間、何か月、何年かかろうとね」

ひとりぼっちでやる仕事に加えて、1日3時間くらい日記を書くそうだ。

「内省したり、妄想したり、計画を立てたりね。いくつも自分に質問して、自分で答える。学びは全部、日記の中で起こっている気がするよ」

おそらく普通の人は、1か月の合計でもこんなに長いこと反省したり学習したりすることに費やさないだろう。

しかし、ひとりきりで心をさまよわせる時間が1日数分間あるだけでも、大きなパワーの源になるかもしれない。取り組んでいる課題から少し距離をとって、全体を見たり、新しい点を繋いだりできるかもしれない。

ひとつのことに集中できる能力は、彼にとってとても大切だ。くわえて彼は、繋がることのできるテクノロジーに懐疑的だ。

「僕のスマホにはなんのアプリも入っていないんだ。アプリに生産性を向上してもらわなくていいんだよ。普段はできるだけスマホから離れるようにしている。友達との通話とGPSを使う以外は触らないね。メールもソーシャルメディアもなし。ほとんどの時間、機内モードにしてるよ。寝る1時間前には完全に電源を落とす。そして、朝起きて執筆が終わってから電源をつける。現時点での僕の学びや創造のゴールは、今ある道具で到達可能なんだ。だから新しい道具を探すために時間を無駄にしたりしない」

テクノロジーオタクのみなさんにお知らせしたいのだが、シヴァーズはVim（まったく邪魔が入らない、古き良きテキストエディティングツール）のヘビーユーザーだ。テクノロジーを使いつつ、ひとりきりになれる最高のツールだろう。

2012年、シヴァーズにはもうひとつ、繋がりを断つ理由ができた。息子が生まれたのだ。

シヴァーズは6年間の休暇を取り、育児というフルタイム労働に従事するようになった。2017年に彼はこう書いている。

「息子が生まれたのが5年前だけど、毎週少なくとも30時間は息子とふたりきりで過ごしてきた。僕のすべてで彼を見守ってきたよ」

シヴァーズは息子に、長い時間集中できるようになってほしいと考えていた。

「赤ちゃんがなにかしている。それがなんであっても、それがこの世でいちばん大事なことだ。だから、好きなだけずっとそれをしていていいよ、って言うんだ。『急いで、早く行こう!』なんて絶対に言わない。だってそんなふうに遊べる人なんてなかなかいないよ。すぐに飽きてしまう。僕は大人だからあれもできるし、これもできるのになって考えてしまうこともある。だけどそれは置いておいて、目の前のことを大切にする」

息子と過ごすうちに、シヴァーズの休息倫理も変わったという。

「息子が長時間集中できるようにすることで、自分の集中力も高まっていたんだ。彼の世界に入ることで、自分の世界はどこかに置いてきた。瞑想みたいなものだね。彼の考えを理解しようと広げていたら、自分のも広がっていたんだ」

大きな仕事をしたいと思うのは普通だ。けれど、仕事をしないことが近道になる場合もある。

「加えることで人生が豊かになる。でも、差し引くことで豊かになることもまた真実だ」とシヴァーズは言う。

「**足すことで得する人たちが、他人にも加えるよう指示をする。だけど、秘密は引き算だ。**足し算の思考方法は僕たちに沁みついているよね。なにかが足りないから欲しいと考えるのは簡単だ。だけど持っているものから取り除くものを見つけるのは難しい」

人との繋がりをせかせか作ったり、コミュニケーションを取りまくったり、不本意なチーム作業などしなくていい。

その代わり、自分でなにができるのか、どんなペースで、どんなやり方でできるのか考えてみよう。


それから、ストレスを感じる物事から身を離したり、いったんやめてしまってもいい。シヴァーズはこう言う。

「いつもと同じ仕事内容なのに、同じだけの成果をいつもの半分の労力でささっと上げられるときがある。そういうときに気づくんだ。いつもの労力の半分は労力でもなんでもなく、ただの不必要なストレスだったんだってことに。ただベストを尽くしているって思いたいがためのね」

多くの場合、**ストレスや自分に課す圧力は、仕事の結果の質を向上させたりしない。ただ忙しく見せているだけだ。**しかも燃え尽き症候群に繋がる可能性もある。

なにを取り除くか決めたら、きちんとノーを伝えるようにしよう。なるべく頻繁に。

それができたら、「絶対にやりたい！」と思えることに力を注げるようになる。

そして僕たちは、思考を深め、もっとクリエイティブになるためのひとりきりの時間を取り戻せるはずだ。

実践　ひとりきりで仕事をしてみる

常に協力してコミュニケーションをとることが成功への近道だと、僕たちは教えられてきた。しかし、シヴァーズや他の多くの人たちの話から、それは嘘だということがわかる。見せかけの忙しさの誘惑に負けるな。そんなことより、自分だけの時間を使って本当に必要なことに取り組もう。シヴァーズみたいに「小説家のように生きる」のだ。ひとりきりの時間をチャンスとして考え、カレンダーにきちんと書き込む。そして礼儀正しくノーを伝えよう。自分自身に必要なことの質を高め、深く潜るために。

みんな、「ひとりきり」になろう

多くの人にとって、ひとりきりであることは孤立と孤独を意味する。誰かを拒絶し、社会性を否定する行動のような気がする。しかし、そんなことはない。

「ひとりきりでいることの反対が、誰かと一緒にいることではありません。ひとりきりでいることの反対は孤独です」と、ハリスは書いている。

ひとりきりになれないのであれば、結局その人の行きつく場所は孤独だ。デジタルの世界や社会の騒音に身を浸してもだめなのだ。オンラインの恋人や何千人ものフレンドやフォロワーがいても、満たしてはくれない。真の繋がりのなさが強調されるだけだ。

孤独から抜け出す方法は、ひとりきりでいることを大切にすることなのだ。ハリスはこうも言う。

「方法を学び、孤独な時間をひとりきりの時間に変える。暗闇の日々を真っ白なキャンバスだと捉えるのです」

ひとりきりでいることは、人付き合いをすべて拒むことではない。むしろその逆で、ひとりきりの時間に社会的な課題について考える余裕が生まれるため、思いやりをもって人に接することができるようになる。

本を読むことも、ひとりきりになる良い方法だ。

バージニア・ウルフはイーサル・スミスへの手紙にこう書いた。**「読書しているときはエゴが完全に消え失せます」**と。

ひとりきりの時間が心の中で広がると、物語や登場人物の中に自分自身も溶けていく。他者の物語を経験し、彼らの視点から見る。ひとりきりを実践すると、人との接し方が改善され、共感力が上がるのだ。

グループや誰かから距離を置くことで、自分が普段どのようにその人たちに接しているか考えることができるし、感謝の心も湧いてくる。

ハリスは『シングルトン＝ＳＩＮＧＬＥＴＯＮ――ひとりで生きる！』（鳥影社　２０１４年）の著者エリック・クライネンバーグの言葉を紹介している。

「ひとりになることを楽しめること自体が、ちゃんとした社会的繋がりがあることの証であり、ないことの証ではありません」

長いこと会っていなかった友人たちと再会する喜びを想像してみてほしい。お互いそれほど変わっていないけれど、お互いを大事に思う気持ちは強くなっているだろう。

恋人同士でも、相手を欲するのはお互いに会えないときだ。そしてときどき距離を置くことで、複雑な感情を整理することもできる。パートナーも同じ効果を感じるはずだ。

ロマンチックな関係や、そうでない人間関係でも、新しいタイプの浅いコミュニケーションを頻繁にとるとき、僕たちはひとりきりでもなく、かといって一緒にいるわけでもない。繋がっている状態で満足せず、ちゃんと会話をしよう。お互いのことをもっと大切にしよう。

経営者たちも覚えておいてほしい。**チームで行う業務を与えすぎたら、ただのおしゃべりや無駄な情報の共有に終始するリスクがある**ことを。

しかもそれだけでなく、チーム内の繋がりが弱くなるかもしれない。強制的な協力はチーム内の空気を悪くし、それぞれの良さをつぶしかねない。

チームでの作業においても、ひとりで動く時間を設けよう。独自のアイデアと結論を持つように促し、それから成功に向けて一緒に動くようにしよう。

この本自体も、ひとりきりの時間を合わせて作ったものだ。

フランツ・カフカは「書くことは究極にひとりきりだ。内なる冷たい漆黒への滑降だ」と言った。僕たちはそこまでドラマチックな表現はしないが、この本のかなりの部分をひとりきりで書いた。それを集めて、継ぎ目の見えない1冊の本に仕上げたのだ。

協力し、繋がるためのテクノロジーも使った。ジョンはテキサスにいて、マックスは日本にいたからだ。

だけど僕たちは、きちんとしたルールを決めて、それらのテクノロジーを用いた。必要なときだけ使い、使いすぎないこと、きちんと集中して向き合うことをルールにした。【原注4】ひとりきりの時間と共同作業のバランスを保つために、テクノロジーはとても役に立つ。

クリエイティビティを高め、まわりの人との関係を向上させるためにも、自分の心と向き合う時間を作ってほしい。大自然のひとり旅でも、インターネットの電源を切ってひとりで過ごす夜でも、なんでもいい。

最初は落ち着かないかもしれないが、必ず大きなものを手に入れるだろう。

原注4　本書はチーム作業でひとりきりの時間を有効活用できること、そしてリモートワークでその効果が発揮できることの証だ。この本を作る過程で、ジョンとマックスが実際に会ったことは一度もない。ふたりの協力と友情はオンラインで育まれてきた。とても充実した経験ではあったが、近い将来、実際に会えたらいいなとも、ふたりは思っている。

第 6 章

内省する

REFLECTION

ゴードン・ラムゼイや、故アンソニー・ボーデインは著名なシェフだ。

彼らの著書や番組からもわかるように、飲食業界の労働環境はものすごい。１日15時間労働とか週に80時間勤務とかが普通の世界だ。

ラムゼイは「たぶんアクセルを踏む足を一度でも離してしまったら、僕は死んでしまう」と述べている。

身体や精神の問題が常態化すると長いキャリアを積むことは難しいし、アルコールや薬に走ってしまう場合も多い。

近年では、飲食業も少しずつ変わってきた。

デンマークにある「Ｎｏｍａ」は長年にわたり世界有数のレストランに数えられてきたが、２０１８年の再オープン後、営業日を週４日にした。

メルボルンにある「Ａｔｔｉｃａ」のオーナーシェフのベン・シュウリも、週４日しか開店しない。

提供価格を上げることになっても、質が向上すれば、人々は喜んでその対価を払う（こういったレストランはもともと、数か月先まで予約が埋まる人気店だったことも関係しているだろう）。

営業日を少なくする方法とは、異なるアプローチをするレストランもある。

スウェーデンのレストラン「Ｆäｖｉｋｅｎ」では、オーナーシェフのマグナス・ニルソンが、営業日数を減らす代わりに、スタッフの数を増やした。12〜37人だ。

これによりスタッフの週労働時間が80時間以上から、40〜45時間に減少した。そしてどんな状況でも**週50時間以上働くことは禁止され、年に5週間の休暇をとることが義務づけられた。**体を休め、リフレッシュするために必要な時間だ。

ニルソンは、従業員の考え方が変わってくれることを期待した。

「労働時間を減らすこと自体が目的ではなくて、タイムオフの大切さを知ってほしかった。それによって得ることができる自由にも気づいてほしかった」

決断を下すのは簡単なことではなかったし、経営上も業務上も大きなリスクを負った。しかし、ニルソンは熟考のうえで、先に進むにはこの方法しかないと思い至った。

そして、道は開けた。

ディナータイムに24人しか迎えられない事実は変わらない。そこで提供料金を2倍、つまり175ユーロから300ユーロに設定したのだ。

それでも、おいしくて驚くほどクリエイティブなニルソンのディナーを、どんなにお金を払ってでも食べたいという人があとを絶たなかった。

そうかと思えば、タイムオフが強制執行されるレストランもある。違法な労働時間を従業員に課したために、行政が介入する場合だ。

ニルソンと経営陣は、そうなる前に手を打たなければならないと気づいたのだ。まず経営陣が燃え尽き症候群になりかけていたし、従業員にもそのサインが見えていた。少なくとも当時、あと5年間、同じことをしていたいと思う人は誰もいなかっただろう。キッチンでも戦争のような日々が続いていたが、一度、自分自身を現場から引き剥がして、考える時間を取った。

そして気づいたのだ。経営上のリスクを負うとしても、今すぐに行動を起こさなければ近い将来、ビジネスとして成り立たなくなる日が必ず来ると。

「フェアじゃないと気づいた。大好きな場所が、失われてしまう。前任者たちが残していった役立たずのシステムのせいでね」

これは飲食業以外の職場も当てはまる。

僕たちの社会や文化にはいろいろなシステムがある。だけど、それはほんのひとにぎりの人たちによって作られたものだ。しかも、ずっと昔に。**なぜそれを疑ったり、批判的に見たりせずに、ただぼーっと従うのだろう？**

ほとんどの場合、走り回るのに忙しすぎてシステムの存在にさえ気づいていない。まず、考える時間を確保しよう。業界でもコミュニティでも、誰もが常識だと思って頼り切っているルールやシステムがないだろうか？

その中で、まったく機能しなくなったものはないだろうか？

ニルソンと彼のチームは、常識や慣例を一度捨ててみることで、大きなものを手に入れた。

「家族との時間が増えた。とてもハッピーで、仕事にももっと打ち込むようになった。レストランに出勤するのが苦しくなくなって、仕事をしたいと思って家を出る。素晴らしい変化だよ」

どんな作り手も、クリエイティブな仕事をする人(ほとんどのナレッジワーカーも含む)も、彼らの経験から学べることがあるのではないだろうか。

しかし、どんなビジネスやプロジェクトも、永遠には続かない。そういうものだ。最高のものにもいつか終わりがくる。だから、その一瞬、一瞬を楽しもう。

そして終着点についたら、手を放そう。

2019年、ニルソンは11年間の成功を収めたFävikenの閉店を決めた。

「Fävikenみたいな場所を続けるには、朝起きたときのワクワクが大事なんだ。だけどある朝起きたとき、そのワクワクがどこかに行ってしまっていた」

その瞬間、彼はFävikenが終わったのだと悟った。

続けても、偽物しか提供できないことを彼は知っていた。

10年以上、みんなの情熱を注いできた。だからこそ、良い引き際を誰もが理解していた。

「最悪の経営方針だという人もいるだろう。だけど、Fävikenはそんな理由で続けたくないんだ。やりたいからやる。情熱で突き動かされなきゃ意味がないんだよ」

情熱がなくなったら、やるべきことはひとつだけだ。

「Fävikenが永遠に続かないことくらいわかっていた。特別なことじゃない。どんなビジネスも、この世のほとんどすべてのものに終わりがあるんだから」

このことを日々思い出すことで、なんだかほっとしないだろうか。

自己を認識し、静かに勇気を蓄える。自分の知っていること、大切にしたいことを深く理解する。

つまり、自分と向き合うことが大事だ。内省（リフレクション）のためのタイムオフにしよう。

成果を上げたいなら、自分と向き合う時間を

タイム〝オン〟のときは、みんな一生懸命だ（少なくともほとんどの人がそうだろう）。だけど一生懸命になるばかりで、タイムオフがなければ全体像を見失ってしまう。だから、仕事（と、働くこと）から一歩下がって、見直す時間が大切なのだ。

これで大丈夫？　これに意味ある？　なにか見落としてない？

正直に答えることで、正しい方向に進める。立ち止まって、振り返る時間を作ろう。

著名なビジネス・コンサルタントのピーター・ドラッカーはこう言った。

「静かな内省から効果的な行動がうまれる」

準備と温めのサイクルと同じように、タイムオンとタイムオフの波にもバランスが存在する。

「戦略的に考えなければ、人に使われるだけだ。メールに返信するのに忙しく、自分の方向性がまるでわからず、会社からの指示に振り回されるだけの人間になってしまう」と、『エッセンシャル思考――最少の時間で成果を最大にする』（かんき出版　２０１４年）の著者グレッグ・マキューンは警告する。

そして彼は、日常的な内省の時間を読者に勧めている。

「数か月に1度立ち止まって、長期的視点から問いかけることが大事です。『次の３か月で３つのことしかできないとしたら、なにをしたい？』『今から5年後、なにをしていたい？』などの質問をしてみてください」

専門家のアドバイスなら読者も耳を貸すに違いない。本書で紹介しているほとんどの人は、内省の時間を活かした人たちだ。

トニー・スタブルバインは「Ｃｏａｃｈ.ｍｅ」のコーチであり、ＣＥＯだ。彼によると、

「隙間時間ジャーナル」というメソッドで、内省を習慣化するといいらしい。

「次のプロジェクトに移るとき、ジャーナルを書くんだ。成し遂げたことを数行書いて、これからなにをするのかを、もう数行書いてみる」

振り返りができるだけでなく、脳の切り替えもスムーズにできる。

ぐるぐるしている考えを書き出すと、頭がすっきりして、前の仕事にとらわれることなく次のプロジェクトに進むことができるから、気持ちの準備ができる。

スタブルバインの言葉を借りるなら、隙間時間ジャーナルは「プロクラスティネーション(訳注:やらなければならないことをぐずぐずと先延ばしにすること)を防ぎ、以前のプロジェクトのことを頭から追い出して、次のプロジェクトへ進むための戦略を練る助けになる」。

仕事で前に進むには、立ち止まるより、忙しくしている方が簡単だと思っている人もいるだろう。

考えすぎて自分の思考の中に閉じ込められることが怖い人もいるかもしれない。だが、その恐れは内省を繰り返すうちに消えてしまう。むしろ、自分を振り返る時間を心待ちにするようになるだろう。

静かに、自分の考えをノートに書き出す時間を取ろう。

作家は(僕たちもそうだが)、実行できるたくさんのアドバイスや指針をあなたに与える(本書でもそれができていることを願う）。しかし情報とアドバイスを吸収するだけで、行動に移さず結局そのままになってしまう人もいるかもしれない。

だから本書ではその予防策として、具体的な内省トレーニングを用意した。内省の素晴らしさを体感してほしい。初心者でもプロでも、一緒にやってみよう。うまくいった人の例と、内省の練習問題を用意した。ぜひ、やってみてほしい。書くと、頭の中の考えがどんどん外に出るので、考えが深まったり、新しいアイデアが浮かびやすくなったりするかもしれない。

ノートかメモ帳を用意してみよう。この本に直接書き込んでもいい。好きなようにすればいいんだ。

マルクス・アウレリウス・アントニヌス

（ローマ皇帝、哲学者　121年4月26日〜180年3月17日）

「静寂に包まれた、なににも苛まれない場所は、魂の内に求めるがいい」

「隣人の言動や思考を見なくてすむなら、どれほどの時間の節約になるだろう」

「静けさを求めるなら、動きを減らすべきだ。つまり（より正確に言うなら）絶対に必要なことのみを行うのだ。すべきことは、少なければ少ないほど、いい。不可欠なものはそんなには多くない。それ以外を排除すれば静寂が訪れる。いつの瞬間も自問するのだ。『これは真に必要か？』と」

彼は日記にこう綴った。今では『自省録』として知られる、世界一の地位に君臨したローマ皇帝マルクス・アウレリウス・アントニヌスの著書である。

忙しいことはタイムオフを取り入れない言い訳にはできないと、そろそろおわかりいただけただろうか？

マルクス・アウレリウスはローマ皇帝であっただけでなく、五賢帝最後の皇帝であり、ストア派の哲学者でもある。ストア派は、紀元前3世紀に講義を開いたキティオン出身の哲学者ゼノンまでさかのぼる。アウレリウスの貢献はその末期だった。

しかし、彼はなにかを誰かに教示しようと思っていたのではない。ただ自分で熟考し、ひとりきりで書き残したのであった。アウレリウス自身のためだけに書いたのだ。『自省録』は12巻におよび、彼が思考を重ね世界を理解しようとした記録であり、人として成長し、より良いリーダーになるために欠かせないものであった。

彼は目的を果たしたが、自分のメモが後世に多大な影響をおよぼすことなどおそらく予想もしなかっただろう。現代において、彼の熟考はとても価値のある（しかも入手しやすい）ストア派哲学の資料となっている。

ストア派の核は「黙諾（acquiescence）」であり、**自分のコントロールがおよばない事柄について心配しても意味がないという心の持ち方**である。受け入れて、先に進む。しかし、あきらめとは異なる。力のおよぶものに集中し、変えようのないものに憤ったり怖がったりしてエネルギーを分散させないようにするのだ。

嫌なことがあったとき、それが気の合わない同僚であっても、愛する人の死であっても、普通は怒りや否定、悲しみ、混乱、そして無力さの入り交じる感情を抱くだろう。他人や環境、不運のせいにしたりする。

だけど、僕たちの前に立ちはだかっているのは、自分自身の考え方と姿勢であると考える。この捉え方がストア派哲学では重要だ。

エピクテトスもストア派哲学者だが、次のような言葉を残している。

「目の前で起こる事象ではなく、それに応じる自らの態度のみをコントロールすることができる。事象自体が悲惨なのではない。恐れるから悲惨なのだ。死でさえも」

立ちはだかる壁や苦しみに立ち止まっても、成長や前進のきっかけにしよう。

自分に合った進み方、人生の哲学にたどり着こう。

そして、そのための近道こそが、静かな内省である。内なる自分と向き合ってみよう。

障壁と対話するためにはまず、**独りよがりになったり感情に身を任せたりするのをやめよう。**穏やかに、簡単には動じないことだ。

ストア派とは、無感情になることだとよく考えられる。しかし、人は誰しも感情を持っていて、それは僕たちを人間たらしめていることの一部だ。そして感情的に反応したときに問題が起こりがちだ。

やみくもに動かず、落ち着いて状況を見よう。感情は大事だが、判断や行動基準を曇らせたら意味がない。感情を熟知し、コントロールして手懐ける。感情をなくすわけではないのだ。

困難なことがあったら、まずは気持ちを落ち着けよう。さまざまな将来の(不)可能性は考えずに、目の前にある状況の中で、コントロール可能な事柄に集中してほしい。

そうすれば、なにが起こっているのかきちんと見極めることができる。思ったほど状況は悪くないと気づくかもしれない。

見ることと感知することは違う。前者は外側からの客観的視点で、後者は内側からの主観的視点だ。両者の溝を埋め、もう少し客観的に観察できないだろうか。

マルクス・アウレリウスのように、日々の生活にジャーナルをツールとして取り入れてみてはどうだろう。頭の中にある考えを紙の上に書き出して見ると、そこに距離が生まれる。良い判断、公平な問題解決方法に繋がり、穏やかなリーダーになれるだろう。

このすべてにタイムオフが関係している。ストア派哲学者のセネカは、こう言った。「善き人は物事を自分色に染める。自分にとって有益なものに変えてしまうのだ」正しい態度を学べば、どんな状況でもタイムオフできる。困難のときでも。彼が言うように。

「傷つけられないように選択しなさい。そうすれば傷ついたりしない。傷つけられたと感じなければ、傷つけられてはいない」

忙しいと感じない選択をしなさい。そうすれば忙しくならない。忙しいと感じなければ、忙しくない。ということだ。

ストア派にはこのような考え方だけでなく、他にもいろいろなアイデアがあふれている。内省のきっかけの問いとしてぴったりのものばかりだ。たとえば、タイムオフがなくてストレスに感じる実際のラインはどこ？　悩んでいるのはタイムオフが足りないから？　それとも他人があなたの時間を踏みにじっているから？

困難からは、多くの教訓を得ることができる。あなたを苦しめるものを裏返してみよう。ネガティブなことをポジティブに変えてみよう。

つまるところ、**あなたが不運をどう捉えるのか、そこに答えはある。**

頭を悩ませている問題は、思うほど悪くないかもしれない。知らぬうちに自分で大きくしているのかもしれない。

マルクス・アウレリウスが実にシンプルな解決法を教えてくれる。

「きゅうりが苦い？　捨ててしまえ。いばらの道が目の前にある？　避けて通れ。ただそれだけのことだ」

感情の中にとどまってストレスや忙しさに流されないで。落ち着いて、状況をしっかり見て、自分なりに判断しよう。本当に必要な行動だけを、大切にしよう。前に少し進んだら、あとの時間は静かに過ごそう。

「内面の砦（The Inner Citadel）」はストア派における概念だ。内なる砦は、外側からのなににによっても害されない。**この砦の有無が、リーダーと凡人の違いなのかもしれない。**

生まれつきあるものではない。多分みんな、生きながらに建築していくものだ。内省により、自分にとってコントロール可能か自問を続けることで砦は建ち、強化される。

僕たちだって、学び続けることでこの砦を建設できる。静けさとタイムオフのための砦を建てることこそ、休息倫理を作ることだ。雑音や忙しさなど、外界からの邪魔に乱されなくなる。これができれば、人生のあらゆる面を見つめることができるだろう。

ストア派哲学を、現代を生き抜く思考法として紹介しているライアン・ホリデイを引用しよう。

「なにかひとつのことに取り組む姿勢を見れば、すべてのものに取り組む姿勢がわかる。仕事への姿勢はタイムオフへの姿勢であり、タイムオフにどう向き合うかで仕事への向き合い方がわかる」

実践 コントロールできることだけに集中し静けさを見つけてみよう

苦しいときでも、静けさとタイムオフのための内面の砦の建設を続けよう。ストレスを感じる状況において、コントロールできるものとできないものをリストアップしてみよう。コントロールできないリストは、書き出したら忘れてしまおう。コントロールできるリストに集中し、エネルギーを注ごう。タイムオフと静けさがどんどん自分のものになる。マルクス・アウレリウスもこう言っている。「やることが少なければ少ないほど、いい」。大切にしたいことと、大切にする方法を知るために、立ち止まって内省してみよう。

内省のための質問

- すべてのものを失ったとき、それでも感謝したいと思えるものはありますか？
- なにもない状態から、あなたはどうやり直しますか？
- どのようなチャンスだと捉え直すことができますか？

セス・ゴーディン

（米国人作家、オンライン教育事業の先駆け）

「プロジェクトという言葉を30年前に使ったときは、すごく奇妙な感じがした。だけど、今となっては当たり前に使われる表現だ。30年前、まだ僕たちは工場を整備している途中だった。30年前はまだ流れ作業的な生産工程だった。現在のビジネスは、プロジェクト・ビジネス。みんな、なんらかのプロジェクトに関わっている。だけど、どのプロジェクトをやるべきかってことには誰も考えを巡らせないみたいだ」

セス・ゴーディンはたくさんの著書を発表し、市場でも大きな影響力を持っている。10冊を超えるベストセラー作品があり、35の言語に翻訳されている。しかも、もう10年以上、ほぼ毎日ブログを書いている。それよりもすごいのは、ほぼ毎晩、家族のために夕飯を用意していることかもしれない。

「セス・ゴーディンってスーパーマンなのかな」と思ったのは、あなたひとりではないだろう。彼のやり遂げたことを知ったら、「一体どうやって……？」と思わずにはいられないはずだ。

だって、みんな1日の時間は平等に24時間だ。それなのに彼はベストセラーを書き、毎日新しい文書を書き、オンラインラーニングプラットフォームを作って管理し、チョコレート作りといった趣味にも没頭し、その上で家族に夕飯を作っている。そんなこと、どうやってできるのだろう？

答えはすごくシンプルだ。

彼はノーというのが得意で、あまりイエスとは言わないのだ。

「Do Less」という文章（訳注：オンライン上のPDF文章）で、ゴーディンはこう述べる。

「すべてを手に入れるのは無理だ。ビジネスだってそうだ。なんでもっていうわけにはいかない。努力してもダメなものはダメだ。だけど、しがみついていたものを手放すと、利益が上がったり、人生がうまくいくようになったりする」

ゴーディンは立ち止まって考えること、そして「No thanks（結構です）」を言うことで、質の高いアイデアや考え方を変えてくれるコンテンツを生み出し、オーディエンスを虜にしている。

「イエス」しか言わない人の仕事は、薄っぺらい。締め切りに間に合わなかったり（彼は「船出が間に合わない」という言い方をする）、燃え尽き症候群で働けなくなったりすることもある。少数のプロジェクトに「イエス」と答えれば次の仕事に繋がるが、**全部を引き受ければうまくいかなくなることは目に見えている。**

ランニングマシーンと同じだ。

「ちょっとずつ走らないと長くはもたないよ」

最悪なのは、イエスばかりで予定を詰めすぎて、本当にやりたい誘いを断らなきゃいけなくなることだ。ほどほどのものばかりに囲まれすぎていたら、真に素晴らしいものも見逃してしまうかもしれない。

本書のイラストを担当しているMariyaも、イエスのプレッシャーに苦しんだ経験があるという。仕事のチャンス、つまりお金を手に入れるチャンスに、彼女はノーと言いたくなかった。作品のポートフォリオを増やしたかったし、もっと多くのクライアントを喜ばせたかった。こんなチャンスが巡ってこない人もいるのだから、断ってはいけないとさえ思っていた。忙しいことが成功の印だと。

だけど、なにかがうまくいっていないと、Mariyaは心の奥底ではわかっていた。安定した収入があって、たくさんの良いレビューをもらえたら幸せになるはずだったのに、増えたのはストレスとプレッシャーだけだった。

やがて仕事を抱えすぎて、終電で帰宅する日々が続いた。

「頭の中では、これじゃダメだってわかっていました。こんなに忙しいのはおかしいって。だけどノーと言えなかった。これじゃダメだけど抜け出せない。沼にはまっていました」

彼女はこう回想する。

「いくつか仕事を断ってもいいよと言ってくれた人もいました。働きすぎではないかと気にかけてくれて。でも私はいつも『そうですよね、でも……』という感じでした。あの当時も、自分でバカなこと言っているってわかっていたと思うんです」

やがて彼女にも、いったん停止して、1年間を振り返る時間が訪れた。そのおかげで、自分の気持ちを行動に移す決心がついた。

自分のためだけに絵を描く時間が取れていなかったこと。スケッチや、実験する時間も皆無だったこと。しかも、絵を描くこと自体が楽しくなくなっていたこと。それが、彼女はとても怖かった。だって彼女の人生の根底にずっとあったのは、絵を描くことへの愛だったから。

そして彼女は、作品の質もたいして上がっていないことに気づいた。内省をしてみると、仕事量を減らさなければ前には進めないとはっきりした。

時間も幸せも、作品の質や描くことへの愛も、彼女にとっては顧客の数をただ増やすことよりもずっと大切なことだった。

そしてゴーディンのようにMariyaも、断ることを覚えた。内省によって「閉じ込められていた部屋から一歩外に出ることができた」のだ。

仕事の依頼を断るのは簡単ではなかったが、**いつも自分の80パーセントで調整することをルールにした**（以前はどんなときも予定がパンパンだった）。そうすれば、心躍る依頼にはいつだって、イエスと言える。


ノーと言うことは簡単なことではない。でも、あきらめないでほしい。

『エッセンシャル思考――最少の時間で成果を最大にする』の著者でリーダーシップコンサルタントのグレッグ・マキューンは、次のように励ましてくれる。

「ノーを言うたびに人気は下がるけど、敬意は上がるということで、手を打とうではないか」

敬意と人気を交換するわけだ。**ノーは、タイムオフ獲得のために役立つツールだ。**たくさんのことをもたらしてくれる。だから、休息倫理の真ん中にノーを置こう。

作家ティム・フェリスとのインタビューで、ゴーディンは「忙しさの文化」を批判している。

「忙しさは罠だということにみんなも気づいているだろう。ただの神話なんだ」

そしてゴーディンは、「忙しいんですカード」を使わないように注意を促す。

Mariyaみたいに、ゴーディンのアドバイスを実践してみたらどうなるだろうか。クライアントのリストをきちんと見返し、大切にしたいものを自問する深いプロセスだ。

「対応するとすごく疲れる」クライアントを切ったら？

支払いが遅い人、常に対応してくれと文句を言う人、大胆なアイデアを嫌う人は？

その中の誰かとさよならすることができる？

そうすればビジネスが向上する？

プロジェクトをあきらめることは簡単ではない。だけど最初の坂道を登り切ったら、質の高いものを作る時間が待っている。大好きなことに取り組めるのだ。

プロジェクトの依頼が来ても、すぐに返事をせずにじっくり考えてみてほしい。

実践

「もっと」「いやだ」リストを作って、ぴったりのプロジェクトを見つけよう

1枚の紙を用意して、真ん中に縦線を引いてみてほしい。自分の強みや大事にしたいことについて考えよう。片側に、人生で手に入れたいものを書き出そう。セス・ゴーディンみたいに家族みんなで夕食を食べることでもいいし、Mariya みたいにワクワクするようなプロジェクトのことを書いてもいい。反対側に、もう要らないものを書いてみよう。夜中にメールを返信することでもいいし、嫌なクライアントのことでもいい。新しいプロジェクトが舞い込んできたとき、リストを見返してそのチャンスが表のどこに着地するか考えてみよう。「もっと」リストなのか「いやだ」リストなのか。そして、ノーと言うべきか判断してみよう。

内省のための質問

- 時間、エネルギー、集中力をもっとも費やしている活動はなんですか？
- 大切にしたいことに時間をかけていますか？
- リソースの再分配（再投資）のためにはなにができるでしょうか？

近藤麻理恵

（片付けコンサルタント、作家）

「なるべく頻繁に、自問してください。今やっていることで、人生がときめくだろうか？　この問いにじっくり向き合えば、あなたが望む人生の姿がはっきり見えてくるでしょう」

物理学は僕らの味方じゃない。熱力学第二法則によると、宇宙の熱力学的エントロピーは増大している。規則のある状態から混沌へと動き続けているのだ。

つまり、ごちゃごちゃしたものが時間をかけて集まっている。近いところでは戦うことも可能だろう。カオス状態に規律を取り戻す。だけど、これには時間とエネルギーが必要だ。それに、忙しく疲れていたら、時間とエネルギーはなるべく温存させたい。

だけど長期的に見れば、**ごちゃごちゃしたものを取り除く方が、時間とエネルギーを節約する方法なのかもしれない**（もちろん熱力学法則をくつがえせると言っているわけではないし、片付けマシーンを常に稼働させろと言っているわけでもない）。

近藤麻理恵はベストセラーをたくさん出している。もっとも有名なのは『人生がときめく片づけの魔法』（サンマーク出版　2011年）とネットフリックス番組「KonMari～人生がときめく片づけの魔法～」（2019年）だろう。

この世のカオスに立ち向かえる存在、それが彼女だ。彼女の方法論の核にあるのはひとつの問いである。それは、**「それって、ときめきますか？」**だ。

彼女の「こんまりメソッド」は、片付けに対する徹底した態度を教えている。

同時に、どのように生きていきたいのか、理想のライフスタイルはなんなのかを僕たちに問いかける。望むのはどんな人生？　大事にしたいことは？

彼女の質問に向き合えば、取り除くべきものも自然と見えてくる。カテゴリーごとに（衣服、キッチン道具、本など）、ひとつひとつ丁寧に自問するのだ。「ときめくかな？」と。イエスと答えられないものは捨ててしまおう。手を止めて、今までの感謝をしたら、心を瞬時に鬼にするのだ（「だって捨てたくないんだもん」といった心の声は無視だ）。

空間を片付けるための具体的なプロセスを、彼女は教えてくれる。では、**同じ方法でカレンダーも見てみよう。「こんまりメソッド」に沿うと、けっこう効果がある。**

まず、じっくり考えることから始める。予定表に、ただなんとなく入れてしまった行事や約束事はないか自問しよう。それはときめきやワクワクに繋がるだろうか？答え次第では心を鬼にして、予定をキャンセルしよう。そしてこれからは、そういったものは予定に入れないことを目標にしよう。

カテゴリー別に家を片付けるのと同じように、時間をカテゴリー（仕事・家族・人付き合い）別に考えてみるのもいい。クリエイティブな自分の探究の時間を奪っているものはなんだろう。それを意識できるようになることが重要だ。

なにが、なぜ、あなたにとって重要なのか、についても考えてみよう。

実践すると、おそらく予定表に余白ができる。この原則にしっかり沿えば、カレンダーのどの予定もあなたをときめかせてくれるはずだ。

もちろん、優先順位を見極める作業は一度やれば終わりではない。僕たちは常に変化し、成長している。だから自己理解もアップデートし、大切にしたいものをはっきりさせておこう。厳しくしすぎる必要はないが、内省の時間は定期的に設けよう。近藤さんもそうするらしい。

「年のはじめに大事にしたいことを考え直します。誕生日にすることもありますが、いつやると決めているわけではありません。私たちのいる地点を夫と話し合ったりはしますね。今ここにいるなら、どのくらい働く必要があるかな？　と質問するんです。家族との時間はどれくらい取れるかな？　とかね。現在私は、仕事に熱心に取り組んでいます。新しいプロジェクトも始めている。それが私の今いる場所です。だから先を見越して、実現できるように努力しています。だけどつい最近まで、私は自分の全エネルギーを家族のためだけに使っていました」

内省に時間を使うこと自体、すごく価値あることだと彼女は語る。

「考え事をするとき、1枚の紙に頭にあることを全部書き出します。もつれた感情や不安や心配の種などを書き出してから、コントロール可能かどうかの区分けをします。自分の手ではどうしようもないのだと認識することで心が落ち着くこともあります」

彼女にはもうひとつ、心を落ち着ける方法がある。

「限界を超え、スピードを落とさなければならないとき、**とりあえず全部置いておいて、床の雑巾がけをするんです**。手を忙しく動かしていると、心が穏やかになります」

実際に手を動かし、モニター上のやりとりのみに終始しないこと自体が、積極的なタイムオフになるのだ。

特別なことである必要はない。小さな儀式で日常に穴を開け、忙しい日々にも穏やかな時間を作ろう。ジョンの場合は、PCを閉じてノートを開き、絵を描いたり、大好きなペンを選んで短い詩を書くこと。マックスの場合は、コーヒーを淹れること。コーヒー豆を量り、香りに包まれ、豆を挽き、紙フィルターを湿らせ、粉を入れて、お湯をちょこっと注ぎ、そして少し多めに注いで美しい花のつぼみを作り、ゆっくりと数分間かけて残りのお湯を加える。そのお湯がまるで魔法みたいに、おいしい黒い液体に変わるのをじっと観察する。近藤さんも、お茶を飲むのが好きらしい。

「毎日、数杯のお茶を飲みます。それが私の休憩時間です。いくつかやるべきことが終わったり、ちょっと疲れたなと思ったら、立ち上がってお茶を淹れにいきます」

こういった小さな儀式は、かかってもせいぜい10分程度だ。短い時間でも、心がリセットされ、力が注入される（もちろんカフェインも）。そのおかげで、心をときめかせる予定に集中して取り組むことができる。

頭をすっきりさせたい、気分転換したい、そんなときは小さな儀式を試してみよう。

実践

カレンダーの中身を片付け、タイムオフの時間を見つけよう

惰性で入れている予定があるはずだ。手を打たなければずっとそのままで、タイムオフの時間は永遠に来ない。繰り返し予定に入っているもののリストを作り、たとえば仕事、家族、人づきあいといったカテゴリーごとに分類してほしい。そして自問しよう。「この予定、ときめく？」。生活の質を理想に近づけるため、もっとクリエイティブになるため、もしくは、自分なりの成功のために、その予定は役立つのか自問してほしい。答えがノーなら、予定から外す努力をしてみよう。

内省のための質問

- ここ3か月の過ごし方を振り返ってみましょう。誇れるような時間でしたか？
- ときめかない誘いになぜイエスと言ってしまうのでしょう？
- 望まないことなのに、どうしてイエスと言ってしまったのでしょう？

トマス・アクィナス

（イタリア人カトリック教会博士、哲学者　1225年〜1274年3月7日）

「困難のなかに美徳はない。美徳は善のなかに存在する……困難であればあるほど、得られる利益が大きいなどということはないのだ」

「人間社会の完成のためには、思索に身を捧げなければならない」

ヨーロッパのキリスト教世界では何世紀もの間、知識と信仰は切り離せないものだった。トマス・アクィナスが生まれた13世紀初頭、多くのキリスト教徒は、信仰を持たなければ正しい振る舞いができず、良い判断ができないと信じていた。古代からの知恵は無視され、信用に足らないものだとされたのだ。

それを変えたのが、トマス・アクィナスだ。

イタリアの裕福な家庭に生まれたアクィナスは、創設されたばかりのナポリ大学に進学する。当時珍しかった普通教育の大学だ。

その大学でアクィナスは、古代ギリシャの本を読み、思想にのめり込む。彼はのちに牧師になるほど信心深かったが、それでもギリシャ人の思想に価値と真実を見出さずにはいられなかった。

キリスト教徒ではない書き手や思想家たちに突き動かされて、彼は西洋の哲学や現代思想に偉大な貢献をすることになる。

膨大な量を書き綴って『神学大全』の完成を目指し、同世代の人々とは違うことを唱えた。理性こそが神から人間への贈り物であり、キリスト教徒であろうとなかろうと、この贈り物による恩恵で人間は正しい行いができるのだと。

「ザ・スクール・オブ・ライフ」という教育団体のホームページによると、アクィナスは「知性を普遍化させ、キリスト教徒に、年齢や出自に関係なく素晴らしいものは素晴らしいのだと気づかせた。現代においてバックグラウンドや人種に関係なく良いアイデアが出るのだと考えられること自体、アクィナスの功績によるところが大きい」そうだ。

アクィナスにとくに感銘を与えたのは、アリストテレスだ。アリストテレスのように、アクィナスの思考の中心にも幸福という概念があった。

幸福と喜びに突き動かされたアクィナスは、人間の感情の根底にあるのは愛であり、愛によって(誰かのためや、なにかのために)行動を起こすのだと考えた。

この愛を満たせば、喜びを感じる(その他のポジティブな感情にもなれる)。そしてもし満たされなければ、欲や失望といったネガティブな感情を覚える。

アクィナスにとって愛することは、快楽を与えたり役立ったりするからではなく、ただ愛するがために行うことなのである。

地上での幸せを探すことを否定はしなかったが、彼の言う幸せとは信仰と神に強く結びついたものだった。究極の愛、そして究極の喜びはそこでしか見つけられないと彼は強く信じていた。

現代社会(世俗的な場合もあると思うのだが)を生きる僕たちも、彼の言葉から愛を考えるヒントを探してみよう。愛の源泉を見つけ、枯らさないように。

おそらく多くの人は、愛するものがなにかを立ち止まって考えることもせずに、偽りの目標に向かって走り続け、忙しさという名の不満足で溺れかけている。**溺れている方が、真剣に考えるよりもずっと楽だからだ**（あなたが愛しているのは人、グループ、活動、職業、場所だったりするかもしれない）。

欲しいものはなにか（みじめな自分を欺くためでなく、心から欲しているものがないだろうか）。答えが出たら、動き出そう。

今取り組んでいるプロジェクトについて、考えてみてほしい。なぜ、そのプロジェクトなのか？　人間関係はどうか？　情熱を感じるか？　それとも、なんとなくやっているだけ？

現代の神学者でトマス・アクィナスに影響を受けたのが、ヨゼフ・ピーパー教授だ。序章でも登場してもらったが、彼の著書『余暇――文化の基盤』（エンデルレ書店　１９６１年）にトマス・アクィナスの言葉の引用がある。

「『余暇』の状態になることができる能力こそ人間の魂の基本の能力だ」

仕事の休憩などの実用的な目的のある余暇は、あまり有益ではない。深い喜びは期待できない。外的な目的に執着すると、心は穏やかにはならないからだ。

世俗的に「ひらめきの瞬間」と呼ばれる瞬間は、真の喜びと余暇に身を浸しているときに起こりやすい。穏やかで静かなときにしか、受け止められないからだ。神だって７日目には休み、熟考し、お祝いもした。

アクィナスもピーパー教授も、喜びに耳を傾け、深掘りし、楽しむよう助言しているのだ。余暇はあなたの人生を導く光だ。

どんなに小さくても、大きくても、どんな喜びでもいい。あなたにとって、モチベーションや幸せ、クリエイティビティを運んできてくれる喜びの光はなんだろう？

それを、ちゃんと感じられているだろうか。

実践 あなたの原動力となる「愛」と「情熱」を引き出そう

行動を起こすとき、あなたを突き動かす情熱や憧れはどこから来るのだろう？　アクィナスは、愛する人や物事のために時間とエネルギーを使うことほど良いことはないと言った。好きなことに打ち込めているだろうか。それとも中途半端な気持ちのまま、なんとなく参加しているだろうか。好きなことを見つけたら、他のことはとりあえず忘れて、愛の方へと手を伸ばしてみよう。喜びもインスピレーションもクリエイティビティも、あなたを待っているはずだ。

内省のための質問

- 「これはだるいなあ」と思うときが1日のうちでありますか?
- それはなにをしているとき?
- それをしない方法や、楽しくする方法はありますか?

この章で紹介した例と質問のリストを、内省や思考の時間の役に立ててほしい。

仕事に内省の時間を取り入れると、それが質の良い休憩になる。考えることで心がリセットされ、気づかなかったアイデアに出会ったり、タイムオフの質が向上し、ストレスフリーな成功が可能になったりする。

内省と聞くと、すごくまじめな感じがするかもしれない。もちろん、深刻に取り組んでもらってもかまわない。

だけど、どんなことに取り組むときも、バランスがいちばん大事だ。

ときどきでいいので、人生について正直に考える時間を作ろう。考えすぎは禁物。さらっと取り掛かろう！

まじめに考える時間と、軽やかに遊ぶ時間のバランスも大切だ。

第 7 章

遊ぶ

PLAY

あなたの半径30キロメートル内で、イノベーションが起きる場所はどこだと思う？という質問を、今度の飲み会でしてみてほしい。その土地ならではのアイデアが出るかもしれないが、ある程度想定される答えもある。大学とか、地域の企業支援事業所、自分の会社のイノベーション・ラボなどだ。

しかしどんなに先進的な団体でも、イノベーションは資金調達や習慣化した官僚主義、あるいは想像力の欠如によって、自由な発想が妨げられてしまう場合もある。

一方で、自然の法則を曲げたり、超えたりして、本当に無限の革新が行われている場所がある。

あなたの近くに校庭や公園などの遊び場はないだろうか。雲梯《うんてい》があって、子供たちが歓声を上げながら走り回る場所だ。

おもしろくてワクワクする、なんでもありのアイデアを作りだす心がそこにはある。自由、発明、深い喜び、そして冒険への終わりなき可能性を思い出してほしい。

かけっこするときのあの感覚を覚えているだろうか。声を上げ、応援し合い、遊びに夢中になる感覚を。もし忘れているなら、すぐに取り戻そう。

深い知恵は、遊び場で見つけられる。

「遊び場」でしか生まれないもの

テキサス州オースティンを、我らがジョンは歩いていた。お気に入りのカフェに向かう途中だったのだが、突然「ねえおじさん！」と呼び止められた。その声の主は、左手のフェンスの向こうにいるようだ。「ねえ、おじさん！」と、また声がする。

「ぼくたち、聞きたいことがあるの！」。ジョンは自分をじっと見つめる4人の子供たちの姿に思わず頬をゆるめた。みんな7歳くらいで、校庭で休み時間を楽しんでいる。

彼はにっこりして、面白い質問が飛んでくるぞと思った。自分が小さいとき、どんなことを知りたかったか思い出していたのだ。おならについての質問じゃないといいけどと、ジョンは思った。

「世界全体のための温度自動調節機を作るのって、いいアイデアだ思いますか？」と、子供たちは聞いた。ジョンは心の中で笑っていたが、子供たちの考えをもっと知りたくて「どうして？　学校を改造して世界中の温度を自動調節できる機械を作る実験場にするつもり？」と尋ね返した。

けれど子供たちはもっとしっかりした考えを持っていた。テキサスの夏をもっと涼しくしてアボカドを育て、年中、春の生物が生きられるようにしたいのだと言った。

ジョンはさらに質問をしようとしたが、教師がやってきて、休み時間は終わりだから「学習に戻りなさい」と言った。会話は終わってしまった。

しばらくしてコーヒーを飲みながら、ジョンは子供たちの想像力に感心していた。世界全自動温度調節機を作るのは現実的なアイデアではない（熱力学法則のせいだ！）。しかし、子供たちの発言は大気環境保全技術についての大きな洞察をジョンに与えた。熱意と好奇心にあふれていた。そしてなにより、**子供たちのアイデアには、多くのプロたちが忘れてしまう遊び心があった。**

ジョンのコーチングビジネスでは、チームが遊び心を取り戻すために、大人の心を静かにさせることが重要だ。彼は「子供心ワークショップ」を主宰していて、ワークショップの始まりには、先ほどの全自動温度調節機の話をする。

そしてクライアントに遊び心を発揮するよう声をかける。意地、見栄、政治的成功や結果のためでなく、ただ楽しむために考えたり作ったりしてほしいと促す。

それができれば、アイデアやクリエイティビティが広がり、目の前にあることに集中して取り組むことができる。なんだってできると、心が燃え立つのだ。

ワークショップの最後には、遊びながら、7歳に戻ったつもりで考えた新しいアイデアを発表してもらう。大きなバイオドームを作って森林学校を開きたいというエンジニアや、山登りとコース料理の提供を組み合わせた食体験を思いつくシェフなどもいる。

凝り固まった味気のないビジネスの考え方を、遊び場での遊び心とイノベーションの方向にぐっと引き寄せるワークショップなのだ。

遊び心とイノベーションは切っても切れない関係だと、参加者は学ぶことができる。

僕たちは、ジョンのワークショップが成功を収めていることについてじっくりと考えた。そのなかで、なにが遊び場の雰囲気を作るのか、なぜ子供たちは瞬時にどんな場所も遊び場に変えてしまうのか、ということを考え始めた。

子供たちを広場で自由にさせたら、ほんの数分で、そこはレストラン、実験室、化石発掘現場、宇宙ステーションに早変わりだ。遊び場はクリエイティビティと冒険心には欠かせない環境であり、どこにでも出現可能だ。ジャングルジムは必要条件じゃない。

もし環境を遊びやすいように変えてみたら、ポジティブなことが起こるだろうか？

大人の心は時間や場所にしがみついてしまうけれど、子供の心のような**限界を決めない自由なクリエイティビティが、仕事には必要だ。**会議室（オンラインでも会社でも）にいる人たちみんなが、子供心をそれぞれに持ちよれたら、どんなに素晴らしいだろう。他人にバカにされることなど恐れずに、あれこれ言い合って探求して、たくさんアイデアを出せる。

クリエイティビティを最大限に発揮するために、遊び心を解き放とう。

毎日の心配事や過去の後悔、将来への不安など全部忘れて、この瞬間に没頭しよう。

アラン・ワッツ

（英国人・米国人哲学者　1915年1月6日～1973年11月15日）

「タイミングって確かにある。リズムをマスターしなきゃ。だけど、良いタイミングと忙しさって、絶対的に相性が悪い」

「ひとつのことをすごく楽しみにして、そこへ向かって急ぐことに喜びを見出してしまう僕たちは、目的地に到達したとたん冷めてしまう。だから僕たちの文明は『慢性的残念病』なのかも。甘やかされた子供たちの大群が、片っ端からおもちゃを投げ捨てているみたいなイメージさ」

欧米社会で東方の哲学（とくに禅）を広めることに一役買ったのが、アラン・ワッツだ。ワッツは神学の修士号を有し、主教として５年間勤めた。世界中の異なる宗教的慣習や解釈に共通点を見出し、彼ほどわかりやすく解説できる人はそういないだろう。謎めいた要素を省き、心理セラピーのパワフルな道具として宗教の習慣を捉えたのだ。

彼は数多くの講義を（とてもイギリスらしい英語で）行い（録音し）、著書も刊行し、たくさんの人の心を動かした。

ワッツのメッセージに共通しているのは、**今という瞬間に集中することの大切さ**だ。そして彼は、僕たちがその能力を失うことを心配している。

僕たちは未来ばかりに気をとられ、今この瞬間に幸せでいることができない。先ばかり見て、目の前が見えていないのだ。

「将来は抽象的要素と論理的要素が入り混じっている。推定や憶測は、味見したり、感じたり、匂いを嗅いだり見たりすることができない。もちろん、楽しむこともできない。これを追いかけるということは、常に後ずさりする亡霊を追うことと同じ。速く走るほど、むこうは速く逃げる」とワッツは言う。

ドッグパークの中でグレイハウンドが「ひゅん！」と駆け抜けていく。追いかけているのは機械仕掛けのウサギ。決して捕まらないようにできている。あなたが追いかけているものはなんだろう？

過去の後悔や将来の不安を忘れるいちばんの方法は、遊ぶことだとワッツは言う。彼の著書『心理療法 東と西――道の遊び』（誠信書房 1985年）にはこうある。

「ためらわずただ遊びたいから、遊ぶことに罪悪感を感じてしまう」

だからその結果を正当化しようとあれこれ考える。

「仕事のためにリラックスしたんだ。神を信じるのは道徳心を高めるためだ。心配を抑えるためにお酒を飲む」なんてね。

しかし、遊びや余暇は人生に必要不可欠なものなのだから楽しんで当然であり、罪の意識は必要ないとワッツは説く。

「西洋の精神分析と東洋の解放の方法に照らし合わせると、エロス（喜びの核）に訴えかけることがもっとも有効なのだとわからせてくれる。エロスにロゴス（義務や論理）は入り込めない」

つまり、**効率よく仕事がしたい、もしくは意味を見つけたいなら、喜びを感じ、遊ぶ時間が不可欠なのだ。**これから機械化や自動化がどんどん進めば、人間らしさを発揮するところはそれくらいしか残らないかもしれないのだから。

時代に先駆けてワッツは、人工知能（ＡＩ）がさかんに使用され、単純作業は人間よりも効率よく処理できるようになるだろうと予見していた。

「現代都市の労働者の日常的業務はつまるところ、数えることと測ることだ」と、彼は述べた。単純作業であれば、機械は人間よりもはるかに効率的に処理できるため、人間の脳はもう用なしになるのではないかと。

「もし人間が将来ばかりに固執するのをやめ、計算や予測ばかりを求める心を変えなければ、巨大な時計に寄生するただの付属物になり下がるだろう」

僕たちのなかには、危険水域に足を踏み入れている人もいるのではないか。行動するなら今しかない。

「スピードや効率で勝る電子コンピューター」が跋扈《ばっこ》する世界で役立たずになりたくないなら、**将来ばかり考えてしまう心理傾向から脱し、「今」に集中する本能を使わなければならない**と、ワッツは唱える。

「ちゃんと取り組めば脳は『本能による知恵』の最たるものになる」

脳が効率よく機能するのは「意識がやるべきことをやっているときで、目の前にあることから抜け出そうとしているときではない。目の前にあることが自然に認識できているときだ」とも、彼は言う。

この話題については本書の最後でまた戻ってくるが、ワッツは単純作業を人工知能が行うようになるのは恐れるべきことでなく、喜ぶべきことなのだと説く。クリエイティビティやエンパシーといった、人間らしいことに集中できるように僕たちを自由にしてくれるからだ。

だから、**機械と忙しさで競争するのをやめよう。**その代わり、バランスを重視した休息倫理を持とう。

時間に執着するのをやめて、現在に身を置き、世界をもっと感じるようにワッツは促す。クロノスではなく、カイロスともっと長い時間を過ごそう。

『それは本当に重要なのか——人類と物質主義の関係』(原題『Does It Matter?:Essays on Man's Relation to Materiality』未邦訳)でワッツは、「『時計の時間』は私たちの地図に縦線と横線を引くけれど、地球にそんな線は引かれていない。文明化された社会での、ただの共通の測りにすぎない」と述べる。

クロノスの言うことばかり聞いて、時間厳守にとらわれていると、逆に「今」という瞬間を逃してしまうのかもしれない。

「時間にとりつかれると、今という地点は未来から見た過去でしかなくなる」

時計時間に抗うためには、今に集中するのがいちばんだと彼は考える。

「世界を物質的に感じることができれば、過去も未来もそして現在も、『今』という瞬間しか存在していないことに気づくだろう」

一瞬一瞬を大事にするという考え方は、注目され、とくに自己啓発のコミュニティから支持されている。しかし、ワッツ自身は**「自己改善」という考え方はバカげている**と考えている。

「そんなの、理想に向かってまじめに生きることくらいしか考えられないな。だってもし自分を改善しようと思ったら、自分を真っ二つに割らなきゃいけない。良い方の僕が悪い方の僕を正してくれるだろう」

そういった二項対立が、彼は好きではない。そのように切り離して自分を捉えてしまえば、問題は大きくなるだけで小さくなりはしないだろう。

彼の意見に賛成か反対かは別にして、僕たちの多くが自分を向上させたいと思っているのは確かだ。たくさんの本を読んだり、いくつものセミナーに参加したりしている人もいるだろう。

それなのに、**僕たちはなぜか自分自身のことをちゃんと見ようとしない**。自己啓発に投資するのは「成長」したいからではなくて、予防線を引くためなんだ。

これまで僕たちは、この本からもタイムオフして、人生や自分自身のためにどのように応用できるか考えるようにお願いしてきた。本当に変わりたかったら、「自己啓発」という意味でも、タイムオフで自分自身とがっつり向き合ってほしい。

実践　今を生きるために人生を可視化しよう

なにかに没頭したのはいつだろう？　子供のように夢中になったのは？　考えるんじゃなく、ただ感じる、そんな経験を最後にしたのはいつだろう？　去年、そういう思い出を作ったなら、書き出してみてほしい。なにをしていた？　いつ？　どこで？　遊びのエッセンスが入っていた？　どうしてそれが可能だったのだろう？　ベビーシッターを雇ったから？　長い連休がとれたから？　書き出した内容に、傾向やパターンはないだろうか？

じっくり考えたら、「今」に集中するための遊びがどういったものなのか、まとめてみよう。

あなたが発しているのは、どんな光？

ニューヨーク近代美術館（MoMA）のキュレーターで、『子供の世紀――デザインで育つ1900―2000』（原題『Century of the Child : Growing by Design 1900-2000』未邦訳）の共著者であるジュリエット・キンチンは次のように述べる。

「理想と現実のはざまについて思いを巡らせるよう、子供たちは促してくれます」

遊び場は、子供たちが物理的な場所を想像力で変身させて出現させる空間であり、どんな場所でも意図さえあれば遊びにあふれたスペースになる。

遊んでいるとき、僕たちの意識は、ランタンの灯りみたいだ。

一方で、大人の仕事場、オフィスや工場、店などでの僕たちの意識はスポットライトみたいだ。

スポットライトだのランタンだの、なんの話をしているんだと思った人もいるだろう。

アリソン・ゴプニックはカリフォルニア大学バークレー校の心理学教授で、発達心理学の権威ある研究者で、TEDスピーカーでもありベストセラーの著者でもある。

そして子供の学習に興味があり、子供の認知発達の起こり方を探求している。

著書『哲学する赤ちゃん』（亜紀書房　2010年）で、子供たちは「ランタンのような意識」で、身の回りの世界を探検してモデルを作っていくのだと述べている。**ランタンの光がやさしく全方位を照らすように、まわりをぼおっと認識するのだ。**

焦点を合わせない光は、喜びと可能性を包み込む。

子供たちは社会的なやり取りや歩き方など、すべてをこの光の中で理解する。まわりにあるものをまんべんなく照らす心の在り方だ。繋がりを作り、新しい曲がり角まで連れていってくれる。

一方、ほとんどの大人たちはランタンのような意識を持っていないとゴプニックは言う。目の前にあるタスクをレーザービームで照らすのだ。

それにより、光の当たらない場所の楽しいことには気づかない。**スポットライトのように、ただ自分が決めた方向のものしか照らさない。**

こういった意識の向け方は、僕たちを制限する。イノベーションやクリエイティビティにはあまり良くない光だ。

クリエイティビティとは、点と点を繋ぐことであり、遊び心は面白いパターンを見つけたり、新しい繋がりをひらめいたりさせてくれる。

点繋ぎとクリエイティブな遊びはどちらも、本質的な問題解決だ。子供にとっても、大人にとっても。そして同時に、可能性も広げてくれる。

ゴプニックはこう書いている。

「子供の脳はすごく柔らかいんです。学ぶのにピッタリ。だけど、なにかを終わらせることには向いていない」

平均的な大人の脳は効率的な決断マシーンで、幅広い経験をもとに、一律的にパターン化された動きを処理することに長けている。その一方で、楽しんだり、少し離れたところの点を繋げたり、新しいアイデアをブレーキをかけずに思いついたりすることが苦手だ。

クリエイティビティの章を思い出してほしい。大人の心は、４つのプロセスのうち、意識的な準備と確認の段階に適しているようだ。

一方で子供の脳は、無意識下での「温め」と「ひらめき」に向いている。

しかし幸運にも、大人だからといってスポットライトしか使えないわけではない。ときどき、新しいことや奇妙なアイデアに触れたり、まったく別の視点（あまり意見の合わない人の視点など）から世界を見たりするときは、ランタンを手に握っているかもしれない。

また、ランタンは薬物（幻覚剤）などの影響で、大人にも現れる場合があるという。

ゴプニックが幻覚剤使用者の脳波研究結果を見たとき、**成人の脳にＬＳＤがおよぼす影**

響と子供の脳の働きがとても似ていることに衝撃を受けた。

「赤ちゃんと子供たちは常にハイってことですよね」

興味深いことに、僕たちは身をもって証言するわけだけど、科学者、とりわけ物理学者というのは幻覚剤を試し、意図的に自分の心の状態を変えて問題解決方法や無意識に隠されたアイデアを探ろうとすることもある。

マックスの（量子スケールでは時間概念がぼやけることに関する）博士論文の論旨は、彼の心がちょっと変わったときに降りてきたとか、こなかったとか……。

僕たちの日常は（役には立つけど）常に偏見に満ちた「普通」の大人のレンズを通して解釈されている。

それがただひとつの見方であり、他にもたくさんの見方があると認識することは、基礎物理学のような「普通」の世界の常識や経験の外側にある概念を理解するときにすごく効果的だ。【原注5】

さまざまな形のタイムオフで、僕たちの心はランタンのようになる。

もし意識しないでいたら、スケジュールにばかり気を取られ、締め切りに追われ、自ら選択した迷路を必死で走りまわることになる。悲観主義者になって、クソまじめに頑張るしかない。

その上、チームメイトにまで眩しいスポットライトを当ててしまう。ランタンに持ち替えたら、良いアイデアが浮かぶかもしれないのに。

考え方を広げるどころか縮めてしまい、他人にもそれを押し付けてしまうのだ。

子供がどんなふうに遊んでいるのか、知恵を盗もう。

ゴプニックはこう言う。

「広がった意識がどんなものか知りたいときは、４歳児とティータイムにすればいいんですよ」

原注５　幻覚剤の創造的、医学的、治癒的可能性に僕たちはすごくワクワクしているけれど、使い方や環境をきちんと整え合法で行えない限り、絶対に使ってはならないと思う。

アリス・ウォーターズ

（米国人シェフ、レストラン支配人、活動家、作家）

「日曜日に私がなにするか知ってる？　友達を招く。ファーマーズマーケットで食材を買って、なにを作るのか決めず、成り行きに任せる。みんなで用意して、みんなで片付ける。週でいちばん楽しみにしている時間です」

アリス・ウォーターズからはふたつのことが学べる。

ひとつは、激務が当然視される産業でも、タイムオフはイノベーションや情熱を育むのに役立つこと（Fävikenのストーリーでも明白だ）。ふたつめは、**タイムオフとして料理をして、ゆっくりと味わうことで遊び心と人間らしさを取り戻すことができる**ことだ。

ウォーターズはカリフォルニア州バークレーの「シェ・パニース（Chez Panisse）」という有名レストランのオーナーだ。朝起きてすぐに彼女がすることは、メールチェックやニュース番組を観ることではない。その代わり、食卓の横にある炉火をじっと見ている。トーストを焼き、フムスを塗って食べる。時間をかけて淹れた紅茶と一緒に、朝ごはんを楽しむ。ゆっくりした食が彼女の仕事の中心だ。

彼女にとって、食べ物は仕事であり、遊びでもある。料理とは、その瞬間に生きることであり、自由にクリエイティビティを発揮することなのだ。

ウォーターズは1971年にシェ・パニースを開店。カリフォルニア料理の概念を作る料理人だ。開店から数十年が過ぎ（そして多くの称賛を受け）、彼女はパイオニアとしてアメリカの食事を、地産地消で有機栽培を基本とする持続可能な方向へと転換させようとしている。

口に入れるものについて考えるように促し、スローフードを広めただけでなく、学校給食の栄養価を高めるよう提案したり、レストランではクロマグロを出さない方針にしたりと、活動は多岐にわたった。どんな活動をしても、シャタック・アベニューにある彼女のレストランは温かな雰囲気で、米国で権威あるレストランとして君臨し続けた。

アリスは革新的であると同時に、その哲学をレストラン経営にも浸透させていた。燃え尽き症候群とひらめきの間を綱渡りするのではなく、バランスよく仕事を分配し、持続可能な形で運営した。「今」に集中し、遊ぶ時間を大切にしたのだ。

「レストランやカフェ、ケーキ店なども同じですが、私たちはシェフふたり体制を取っています。それがいかに価値あることか、言葉で表すのも難しいくらいです。緊急事態に代わってくれる人がいるだけでなく、タイムオフもできる。そうすると、家族との時間も取れるし、食べ物についてもっと調べたり研究したりするようになります。夜働くのではなく、昼だけで仕事が終わり、夕飯時に家にいる日だってできる。このシステムにしてから、料理の質もぐんと上がりました。健やかな競争と協力が実現したのです。イマジネーションがとめどなくあふれてきました」

そして才能あるシェフたちが、心から楽しんで食べ物に向き合う自由と遊び心を手にすると、魔法がきらめく。シェ・パニースの光り輝く革新と遊び心あふれた料理は、偶然の産物ではないのだ。

クリエイティビティは無理強いできない。遊びの強制も無理だ。だけどその文化を育むことはできる。その点で、シェ・パニースとアリス・ウォーターズから学べることはたくさんあるはずだ。ペースを落として、新しさと幸せに満ちた、クリエイティブで人間らしい空間を作ってみよう。心躍る遊びのために、食べ物に力を貸してもらおう。

実践　友達や家族と一緒に料理を作ろう

みんなでファーマーズマーケットに行って、気の向くままに食材を選ぼう。レシピに頼るのではなく、まずは自由に、これから作る料理について話し合おう。どんな料理なのか、どんなふうに作るのか。協力して、楽しみ、味見しながら料理してみよう。アンドリュー・ドーネンバーグとカレン・ページの共著『味のバイブル』（原題『The Flavor Bible』未邦訳）は、レシピ本ではないけれど、すごくいいインスピレーションになると思う。実践するあなたに、アリス・ウォーターズのこの言葉を贈りたい。「ただテーブルに座ってるだけでは物足りません。火の匂いがする場所で、もっと積極的に食べ物と関わりたい。自然が私たちの先生になってくれると、私は信じています。文明が始まったときから、人類と自然はともにありました。今も私たちの中にあります。繋がろうとしてみてください」

バカげたアイデアも抱きしめよう

僕たちから遊びを奪ったら、どうなるだろう？

きっと最悪だ。遊ぶことは、バランスの取れた食事や適切な睡眠と同じくらい大事なものだからだ。

スチュワート・L・ブラウン博士は、人間のライフサイクルでの遊びの役割、そして人間と動物の進化にとって遊びがおよぼす影響に興味を持ち、多くの時間を研究に費やしてきた。

ブラウン博士は「ナショナル・インスティテュート・フォー・プレイ（遊びのための国立施設）」という非営利団体を立ち上げ、遊びについての知られざる知識や実践、効果などを広く紹介している。

ブラウン博士によると、大人は遊ぶ時間が少ないと「積極的な人生の取り組みが欠落し、楽観的でなくなり、どん詰まりだと感じやすくなり、その状況を抜け出すための冒険心あふれた想像や好奇心も湧きづらい。そしてその場しのぎの解決法で逃避してしまう」そうだ。

遊ばないことの大きな弊害は**「人生の犠牲者だと感じるようになり、克服しようと思え**

なくなる」ことだという。

周りを見て気がつくのは、遊びの欠落によるこの症状は大人の世界ではけっして珍しくないことだ。

未熟なことの印として遊びを捉える人もいるし、遊び心にあふれた行動をバカげているとか、生産的に過ごせるはずの時間を無駄にしているとか考える人もいる。

映画『夢のチョコレート工場』で、ウィリー・ウォンカが卵の選別機「エッグディケーター」がいかに素晴らしいか披露したところ、ソルトさんがそれを批判する場面がある。

「こんなのバカげている」というソルトさんに対し、ウィリー・ウォンカはこう返す。

「賢い人ほど、ときどきバカげたことを楽しむものさ」

このセリフには、誰かにとってはバカげた遊びでも生産的なことだってある、縛りがなくイマジネーションにあふれた考えは突破口に導いてくれるといった、多くの知恵が詰まっている。

脳科学専門精神科医であるエドワード・M・ハロウェルが言うには、**多くの著名なクリエイターたちは遊んでいるときにたくさんの発見をしたらしい。**

「コロンブスは遊んでいる途中で地球は丸いのだと気づき、ニュートンは心を遊ばせていたときにリンゴの木を見て重力の法則を思いついた。ワトソンとクリックはＤＮＡ分子の形にはどういうのがあるかなあと遊んでいたときに、二重らせんにたどり着いた。シェイクスピアは弱強五歩格のリズムを生涯、楽しんだ。モーツァルトは起きている時間はほとんど遊んでいた」

イノベーションが起こるとき、僕たちは理想と現実を探検している。

子供たちが柔軟性、包括力、想像力を遊び場で育てるということはすでに話した。まさにユートピアにいるかのような心がまえだ。

そんな子供たちを見ていると、より良い、違う未来を作らなければならない、と思える。世界全自動温度調節機について校庭でジョンに話してくれた子供たちはバカげてなんかいない。素晴らしいのだ。

厳密さや分析するスキルはまだないかもしれないが、そういうアイデアを持てるだけでも、ほとんどの大人より偉い。

バカげたアイデアも、不可能なことでも、取り組み方さえ間違えなければ、ひらめきへのスタート地点になるのだから。

思考実験とは、物理法則を破ったり、現実の世界を劇的に単純化したりする仮想シナリオのことだ。

たとえばアインシュタインが、光線の上に自分が座っているところを想像したように、思考実験は科学に多くの飛躍をもたらした。

これは、科学には遊び心が欠かせない例のひとつである。優れた科学者こそ、バカげたアイデアを賞賛し、大切にしているのだ。

先ほど紹介した発達心理学者のアリソン・ゴプニックはこう述べる。

「子供たちが小さな科学者、というわけではありません。**科学者が大きな子供なのです。**実際、科学者というのは大人になって遊んでいても怒られない数少ない存在です。世界について考えるために探検し、遊ぶための時間が確保されるのですから」

科学者と実際に話したら（とくに著名な科学者と話せばわかると思うのだが）、ある種の洗練された遊びにたくさんの時間を費やしているとわかるはずだ。

どんな仕事をしていようと、大きな子供になることはできる。子供の遊び心から学ぼう。環境や社会経済の問題に直面する現代社会では、とくに遊びが不可欠だ。現状のさまざまなギャップを狭めるために、そしてより良い世界を築くために、遊ぶ場所と時間を確保しよう。

旅行ライターのロルフ・ポッツは著書『旅に出ろ！――ヴァガボンディング・ガイド』（ヴィレッジブックス　2007年）で次のように述べる。

「小学6年生のときよりも時計が速く動いていると感じるのは、大人の休み時間にだけ解き放たれるパワーを、ちゃんと使えていないからだ」

遊ぶとき、時間はゆっくりと流れる。遊ぶとき、予期せぬことが起きる。

人生のすべてを遊び場と捉えろと言っているわけではない。だけどオフィスやリビングルームなどの働く場所で、遊び心をちょっと発揮してみよう。

大人の仕事の時間を中断して遊ぶことに、罪悪感をもたないでほしい。遊びは仕事の役に立つ。**革新と幸福に投資しているのだ。**

チームとどこかに一緒に出掛けてはどうだろう？

冒険心あふれる10歳児たちに、新しいビジネスアイデアを聞いてもらうのは？

友達と一緒に遊びに行ったら、なにが起きる？

嬉しくて楽しいのはもちろん、日常とは違う発見ができるはずだ。

日常から離れることは、スポットライトからランタンに持ち替える最適な方法だ。驚きや感動の心が戻ってくる。

沁みついた習慣やパターンから抜け出すのは容易ではないが、場所が変わるだけで自然とそうなることもある。

新しい文化を旅し、疑いもしなかった考え方を捨てて学び直す経験は、新しい視点を与えてくれる。

次の章では、旅について話したい。

でもそのまえに、遊び心マスターを紹介したい。

「タイムオフ」をとりましょう

この本を置いて……

お気に入りの

小さなことをしてみよう。

ヘルマン・ヘッセ

（ドイツ人詩人、小説家　1877年7月2日〜1962年8月9日）

「わずかな時間について気に病み、忙殺されることに人生の意味を見出すことは、言うまでもなく、喜びにとってのいちばんの敵だ」

「小さな花を摘み、仕事中に眺めたいからと仕事場に持っていくその人は、人生の喜びに1歩近づいた」

「エンターテイメント」という言葉を聞くと、壮大なハリウッド映画や、友達と繰り出す夜のパーティーがぱっと頭に浮かぶ。もしくは、見知らぬ土地で過ごす冒険にあふれたホリデイを思い浮かべる人もいるかもしれない。

なんにしろ、連想するのはくらくらするような刺激的な経験だろう。大きい方がいいし、多い方がいいし、速い方がいい。こういう活動が楽しいのは確かだが、持続可能な楽しさではない。エンターテイメントは、持続可能性の反対にあるものなのかもしれない。

ヘルマン・ヘッセは南ドイツの小さな町で生まれ育った。敬虔なクリスチャンの家庭で、神の教えを実践する家族だった。多くの親戚が伝道師だったが、とくに祖父母はインドで宣教師として長い時間を過ごした。

このアジアとの繋がりが、ヘッセが仏教に目覚めるきっかけになる。彼の後期の作品には仏教の影響が見て取れる。

1911年、ヘッセはインドに旅した。彼は旅で心を病んでしまい（貧困を目の当たりにしたのだ）、その影響は長く続いた。時計職人の見習いになろうと生半可な気持ちで挑戦したあと、それはあきらめて本屋になった。そして作家として名をはせた。

代表作は『荒野のおおかみ』、『ガラス玉演戯』、そしてマックスのお気に入りの『シッダールタ』だ。1946年にノーベル賞を受賞し、「勇敢さ、鋭さに磨きをかけながら、人としての古典的理想を格式高いスタイルで描き上げた」と称された。
20世紀になろうというとき、次世紀がもたらすさまざまなことを知らないヘッセはすでに、ペースの速いエンターテイメントの存在を憂慮し、問題だと思っていた。同世代の人たちが仕事や忙しくすることにばかり終始し、その結果「愛なきつまらない無感覚状態」に陥っていると嘆いたのだ。

しかし彼が問題としたのは、人々の仕事に対する態度だけではなかった。エンターテイメントまでもその精神に侵されていると彼は感じていた。「楽しい時間さえも、仕事と同じようにイライラして神経をすりへらすことばかりだ。『多いほどいい、速いほどいい』をモットーにしているから、エンターテイメントの量は増えても、喜びは減るばかりなのだ」と述べている。

ヘッセはＪＯＭＯの最初の提唱者なのかもしれない。**ＪＯＭＯとは「Joy of Missing Out（置いてけぼりの喜び）」という意味だ。**

人びとは常に置いていかれることを恐れている。仕事で新しいなにかがあったとか、友達がクールなパーティーを企画しているとか、そういうものを常に知りたがる。だけど、ヘッセはこういうものに乗らないことで、生活の質が向上するのだと説く。

仕事も同様だ。新しいニュース記事を常に追いかける必要もないし、新しい映画を全部見る必要もない。メッセージを受けとったからといって、すぐに返信する必要もない。自分の業界の動向を常に追う必要もない。

こういうことをしていると、手っ取り早く、働いている気分になるのかもしれない。喜びさえ感じるかもしれない。

だけど、乗り遅れたらどうしようと怖がる代わりに、精神的なスペースと時間のゆとりを持ち、楽しんではどうだろうか。そして勇気を出し、それで間違っていないと宣言しよう。

これから紹介する言葉は、例としては少し特異かもしれないが、現代の僕たちにも響くところがある（「舞台」を「ネットフリックス」、「書籍」を「最新のミーム」に置き換えて読んでほしい）。

「(舞台の) 初夜の上演を逃そうものなら後ろ指をさされるようなグループに、あなたは属しているかもしれない。もしくは書籍を刊行日から数週間後に読むなどもってのほかだという集団もあるだろう。朝刊を読んでいない人をバカにする風潮がある大きな団体のことも耳にしたことがある。しかし、勇敢にも敢えてそうする人を私は知っている。毎週の観劇プログラムを購入した人が、隔週しか参加しないとき、なにも失ってはいない。むしろ彼は手に入れているのだ。何枚もの絵をいっぺんに見ようとする人は、1度でいいから、

1枚の名画の前で1日じゅう過ごしてみてほしい。多くのものが得られるだろう。多読家にも同じことを薦めたい。ある本についての会話に入れなくて悲しいこともあるかもしれないし、笑われるかもしれない。だけど、自分が笑っていればそれがいちばんなのだ。そして、そんなの辛抱できないという人は、週1回、夜10時に寝てみてほしい。ほんの少しの時間を犠牲にしてみたら、喜びがたっぷり手に入るのだから」

過剰な楽しさから身を引き、タイムオフすれば、もっと喜びを感じられることが多々ある。**楽しいこと（そしてその他のこと）にずっと身を浸していたら、感覚が麻痺してしまう。**遊び心を忘れてしまう。

「小さな喜びを大切にすることこそ、節度を保つことに繋がるのです」とヘッセは言う。「この能力は人間に自然に備わっているものです。この能力が前提とされるものは、現代ではほとんど忘れ去られてしまっています。たとえば爽やかさや、愛、詩といったものです。これらの小さな喜びは、ひっそりと私たちの日常の中にちりばめられている。だけど現代のぼんやりとした労働者はそれに気づきもしないのです」

肩の力を抜いてみよう。忙しさに吸い取られるのをやめにして、まわりのさまざまな物を受け止めよう。

「少しずつ、意識しなくても小さな喜びを見つけられるようになります。自然や街の中で考え事をしているときなどにね。日常に隠れている大きな喜びに気づくのです」

幸福はシンプルだ。時間をかけて探してみよう。そして喜びをもたらすものは、好奇心や新しいアイデア、想像力をきらめかせてくれる。仕事だって、輝きだすかもしれない。

タイムオフとはつまるところ、時間の使い方を意識することだ。小さな喜びで満たされる瞬間に注意を払うことでもある。

ヘッセが提示しているのは、ちりばめられたタイムオフだ。

「広がる空、緑が光る庭の壁、力強い馬、きりっとした犬、そして子供たち。美しい顔。なぜそれらをすべて失う必要があるのだろう?」

タイムオフしたくても長い休暇が取れる人ばかりではないことは、僕たちもわかっている。だけど、ヘッセ流のタイムオフだったら、誰だって手にできる。そして、長いタイムオフが取れるとしても、こういう小さな瞬間の方が大事なのかもしれない。

「時間がなかったり、やる気が出なくて苦しんだりしている人へのアドバイス」に、ヘッセは次のように書いている。

「毎日、小さな喜びをできるだけ多く見つけ、エネルギーを要する大きな喜びは、ホリデイやしかるべきときが来るまで大事にとっておくのだ。毎日胸をなでおろしたり、休んだりするのに必要なのは、遊びに満ちた小さな喜びなのだから」

実践　タイムオフをちりばめる

あなたを笑顔にしてくれるものはなんだろう？　そして、夢中になりすぎて小さな喜びなど無視したくなるようなエンターテイメントはなんだろう？　どちらも書き出してみてほしい。今日1日で、自分を笑顔にしたものを最低でも3つ書き出そう。公園で遊ぶ子供や花を見たとき？　誰かが笑いかけてくれたり、風に揺れる枝葉の音を聞いたとき？　手紙を書いたとき？　明日も、同じことを自問し、書き留めてほしい。タイムオフがちりばめられ、習慣になるまで続けてほしい。「日常で疲れをとってくれるもの」にいつでもアクセスできるようになるかもしれない。

第 8 章

旅をする

TRAVEL

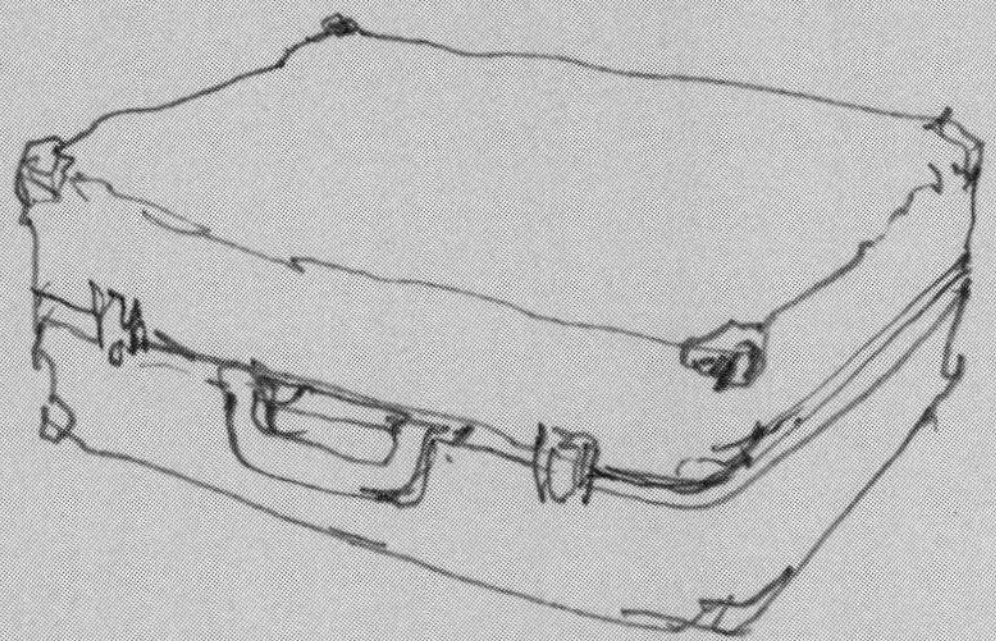

博士号をとった人のほとんどが、博士論文を書くのは苦痛だったと話すだろう。締め切りのことばかり考えてストレスを感じながら、数単語をひねり出す日々が数か月続くつらく険しい道のりだったと。

だけど、マックスの場合は違う。彼にとって論文執筆は楽しいもので、彼は6週間で書き上げた。人生のなかであんなにリラックスできて、生産的だと感じ、ストレスがなかった日々はないのではないかと感じるほど、楽しめたのだという。論文執筆の時間は休暇中のようだったらしい。そしてある意味、それは間違っていない。

多くの人は、博士論文に普段の環境のままで取り組み始める。図書館や大学のオフィスなどに閉じこもって執筆する。でもマックスは、景色を変えることにした。ロンドンの忙しい毎日からできるだけ離れた環境に身を置きたかったのだ。

彼が最終的に選んだ執筆場所は、ギリシャだった。西洋文化の誕生の場所だ。これまでの学術的功績をまとめ上げるには格好の場所のような気がした（マックスは自分の研究が文化発展に大きく寄与しているとは思っていなかった。抽象的な数式ばかりですぐに実用化できる類の研究ではないからだ）。

マックスはシロス島の主要な港町であるエルムポリを見下ろす山に、小さな家を借りた。日用品の買い出しに困らず（インターネット接続があり）、人里から離れた自然豊かな場所。理想的なバランスだ。

2016年8月中旬のある暖かな夜、それまでの研究で書き溜めたノートでぱんぱんのスーツケースを引いて、フェリーでアテネを経由してシロス島に到着した。港に着くと、小屋の管理人のベティとヤニスが迎えてくれた。シロス島でくつろげるように整えてくれただけでなく、地元の文化にも親しませてくれた（ラク酒にもね）。

島に到着してからの数日間はただ散策した。そして瞑想に適したひとりの時間と、計画的な休息、そして短時間で没入して執筆する時間を設け、リズムを定着させた。

起床時間は、午前9時から10時。当時の彼にとっては、かなりの早起きだ（学生の特権である）。瞑想とストレッチで1日を始め、山の中を軽く走ったり、レンタルしたスクーターに乗って島を回ったり、美しいビーチに行ってひと泳ぎしたりする。それから、ゆっくりと時間をかけて栄養たっぷりの朝食を作り、1時間くらい本を読む。

午後になってから60～90分の執筆時間を取る。だいたい、地元のカフェで書いたそうだ。朝の過ごし方で心が穏やかになったマックスからは、言葉があふれてきて、短時間でもかなりの量を書くことができた。この期間、スランプに苦しむことはなかった。

執筆時間の後は、カフェで軽い昼食をとり、小屋で昼寝した。寝ている間に、書いたことが頭の中で整理される。目が覚めたら島を散策して、買い物をして、泳いで、ビーチを散歩し、本を読んだ。とにかく「仕事」のことを意識しない時間を過ごした。

当時、マックスはヘンリー・デイヴィッド・ソローの『森の生活』を再読しており、感銘を受けて午後はパンを焼く日が多かった。おいしいパンが食べたかったからではなく、パン作りが瞑想のようで心が落ち着き、好きだった（今でも好きだ）。

その後、もう1度執筆し、終わるとなにもせずにぼーっとして過ごした。この時間に、AIとディープラーニングについて勉強したりといった、別のプロジェクトに着手することもあった。当時はただ興味があっただけだったが、今ではこちらが本業だ。成果を上げようとしていたのでなく、余暇の活動として自分の探求心に正直になり、学びを進めた。だから、典型的な「学習」とは違っていた。

それが終わるとワイングラスを片手に、もう1度執筆した。ワインの効果はクリエイティビティとしてははじめは現れたが、しだいに集中力を削ぐ力に変わる。その時点で仕事を切り上げ、映画を観るか、小説を読むなどして心を落ち着け（それからワインをもう1、2杯）、ベッドに向かう。

マックスの1日の過ごし方を聞いて、生産性が高いと思う人はいないかもしれない。結局のところ、マックスがきちんと「仕事」に取り組んだのは1日4時間にも満たない。だけど、新しい環境でインスピレーションにあふれた生活を送ることで、マックスは他の人たちよりも早く論文を仕上げることができた。しかも、リラックスしながら、ずっと気になっていた分野の勉強をしながらだ。

マックスはいつにもまして自分の頭が冴えていると感じた。シロス島での数週間はマックスにとって、人生でもっとも生産的で余暇的な時間になったのである。

余暇としての「旅」

観光地を訪れる価値や楽しさはもちろんある。美しいビーチでカクテルを片手にくつろいだり、できるだけ多くの名所を回ろうと車を走らせたり。しかし、こういう旅では、くつろげるペースよりもずっと速く動かなければならないことが多い。

旅では日常生活から逃げるのではなく、日常の一部としてその場所を探求したり、新しい環境で自分自身の新しい面が見えたりして、内面も探検できることが大切だ。

できるだけ多くの人にそんな旅をしてもらいたい。もちろん、状況によってできることは異なるだろう。長期のタイムオフが可能な人ばかりではない。

だけど、こういう旅の体験のために、ギリシャに行く必要はない。**遠くの見知らぬ場所に行くのが難しいなら、近隣の行ったことがない場所に行くのでもいい。**

ジョンはある晴れた土曜日の午後、スマホを家に置いて外出することにした。テキサス州オースティンの、まだ訪れたことのなかった場所を散策した。

南米文化が色濃い東部を1時間歩き回っただけで、まるでメキシコにいるような気持ちになった。焼きたてのメキシコの菓子パンの匂い、建物の壁に描かれたカラフルな渦巻きのグラフィティ、店の軒先にきらきら光るスズ製のおまもり。ここはグアダラハラに違いない、とジョンは思った。そこに住む人たちとスペイン語で簡単な挨拶を交わし、酒場《カンティーナ》でメスカル酒を飲んだ。

メキシコ旅行をしたかのような午後だった。ただ近場で行ったことのない場所に足を向けただけなのに、遠くに出かけたときより、不思議と満足感があるような気さえした。ホテルや飛行機に気を煩わす必要もない、自宅から1時間くらいのところで、すべて体験できたのだ。

遠くまで飛んでいくのは楽しい。だけど、異国の地でリラックスしようと思ったら数週間はかかる。スケジュール的に難しい場合は、近場でまだ行ったことがない場所に、足をのばしてみよう。新しい文化に出会えるかもしれないし、町の新しい顔を知ることができるかもしれない。美しい多様性に気づけるかもしれない。

町外れのファーマーズマーケットまで買い物に行こう。歩いてどこまで行けるかやってみよう。海外旅行に行ったときにすることを、自分の住環境でやってみるんだ。

『白鯨』でメルビルはこう書いた。

「地図には載っていない。実際の場所は決して地図では見つからないのだ」と。

残念ながら、旅行を多忙な日々の解毒剤として捉えている人は少なくない。**短距離走みたいな旅を計画し、結局、日常と同じくらい忙しく詰め込む。**観光客たちは名所を回ることに必死で、本当にその場所を経験してはいない。

長期旅行でさえ、同じように日程をぎゅうぎゅう詰めにする人もいる。逆に、まったく予定を入れない極端な場合もある。とてつもない金持ちになって、南の島に逃げることを夢見る人もいるかもしれない。だけど、そこでいったいなにをするんだろう？

『旅に出ろ！――ヴァガボンディング・ガイド』（ヴィレッジブックス　２００７年）でロルフ・ポッツは、「ココアバターを塗りたくってただぼーっと座っていられる時間なんて、そう長くは続かない。お金がなくなる前に座り続けることに対する情熱が消えてしまう」と書いている。

「南の島でリラックス」というのは、日常生活でのストレスの真逆にあるものだ。ストレスがゼロのとき、南の島でぼーっとすることはあまり魅力的に感じないかもしれない。旅というのは、そんなんじゃない。お金もいらないし、予定も詰め込まなくていい。リラックスしようとしすぎて退屈する必要もない（ときどきそんな時間があってもいいが）。

ポッツは長期旅行について、次のように書いている。

「旅に出たばかりでワクワクしているときに思い出してほしいことがひとつある。速度を落とせ！」

これは小さな旅にも当てはまる。旅は服や家具を購入するような「ついでのお手軽体験」ではない。ゆっくり、じっくり、旅の経験を深めてほしい。**範囲を広げるのではなく、深く潜るのだ。**

「観光客」と「旅人」を差別化したいわけではない。そんなことを考え始めたら、「旅人にならなくちゃ」と気を取られて旅自体に集中できなくなってしまう。

「自分が観光客か旅人なのか心配する前に、そこにあるものをありのままで見ることに集中する。それが秘訣だよ」とポッツは言う。遊んでいる子供のように、目をしっかり開いて、ランタンの灯りで世界を見てみよう。驚きとインスピレーションが待っているはずだ。

旅では、食材を買うことやバスに乗るといった日常のとるに足らないことが、楽しくなる。その場所を感じさせてくれるはじめての景色、音、匂い。スピードを出して進むと、見逃してしまうものばかりだ。そんな決まりきったことを、と思うかもしれない。だけど、真実であり、旅すること自体が喜びなのだ。

ここで、老子の言葉を紹介したい。

「優れた旅人はなにも決めないいし、目的地を持たない」

ポッツの旅についての核心は「日々の生活から学ぶこと」なのだ。旅先でレストランに行く代わりに、地元のスーパーやファーマーズマーケットで食材を探し、自分で料理してみる。

もうおわかりだろう。スパイスの匂い、味わったことのない野菜や果物、面白い姿の魚やさまざまな精肉商品。こういった地元の人にとってはなんでもないことが、旅人にとっては強い好奇心とクリエイティビティの源になるのだ。

この余暇旅を実践すると、「旅人の心」を日常生活でも発揮できるようになる。世界の見え方が急に変わるのだ。旅で見たものとの対比でそう思えるときもあるし、旅が終わってからも長い間その効果が持続する場合もある。

旅人の心で日常生活を送れば、オースティンでのジョンの経験のように、故郷でさえも異国のように感じる。ゆっくり、旅人のように観察してみよう。

遊びに夢中の子供たちの心とも似ているかもしれない。通勤時間や家の庭を歩くのだって、「旅」だ。ずっと目の前にあったのに気づかなかったクリエイティブな場所にも、出会えるかもしれない。

忙しすぎるあなたが、見落としていたものに気づくことができるかもしれない。

ステファン・サグマイスター

（米国人グラフィックデザイナー）

「人生の最初の25年を学びに費やす。次の40年を働くことに使う。そして最後の15年は老後だ。それなら、老後を5年削って、その5年を仕事の時間に加えたらいいんじゃないのかな。そっちの方が僕は楽しい。だけどそこで大事なのは、この数年の仕事の成果は会社や社会のためでなければならないこと。孫をひとり、ふたり養うとかそういうことではないんだよ」

ステファン・サグマイスターは突拍子もないアイデアの持ち主だ。

ニューヨークでデザイン事務所「Sagmeister & Walsh Inc.」を共同設立した。ニューヨークで彼は、グラフィックデザインやストーリーテリング、タイポグラフィへの独自のアプローチで名を馳せた。

成功まで時間はかからなかった。会社の設立以来、彼はデザインと音楽への愛を合体させ、多くのミュージシャンたちと共に活動を続けている。ルー・リード、ローリング・ストーンズ、OK Go、ジェイ・Z、エアロスミスといったアーティストのアルバムのカバーデザインも手掛けた。

しかし、彼のアイデアでもっとも突き抜けていたのは、**事務所を1年間休業し、休職したことだろう。創業から7年で、会社を一時停止させたのだ。**もちろん、簡単なことではなかった。

「デザイン事務所は当時、開業から7年が経っていた。インターネットビジネスが盛んなときで、みんな金を稼いでいた。いろいろ試したいからという理由で1年間も休業するなんて、ありえないことのように思えた」とサグマイスターは回想する。

彼の事務所は数々の賞を受賞し、インターネットのおかげで景気は上向き。次から次へとチャンスが舞い込んだ。なぜそんなときに、休業に踏み切ったのだろうか？

答えはいたってシンプルだ。同じことを繰り返す仕事に、嫌気がさしたのだ。

ふたつのできごとが、この重大な決断に繋がった。ひとつめは、彼が「クランブルック・アカデミー・オブ・アート」のワークショップで教えていたときのことだ。生徒を見ながら、彼は変化が必要だと痛感した。生徒は1日中、実験をして過ごしている。それこそ彼自身が求めている時間なのに、自分にはもうそれが許されないことに気がついたのだ。

ふたつめは、現代の描き文字タイポグラフィックデザインの巨匠といわれるエドワード・フェラが事務所を訪れたときのことだった。彼はサグマイスターに、レタリング実験ノートを何冊も見せた。

「あれが最後の一撃だったね。カレンダーに印をつけてクライアントに電話した」

そして彼は1年間の休業に入り、実験をして過ごした。それ以来、7年毎に1年間休業することに決めている。最初の休業期間は成功だったのだろうか？　サグマイスターはTEDトークで次のように述べている。

「デザインとの距離がぐっと近づいた気がした。楽しかった。金銭的にも長期で見れば成功だったと言える。質の高い仕事をすることで、料金を上げられたからね。そしてもっとも大事なことは、休業後の7年間のベースになったのが、休業期間の1年だったということだ」

読者の中には経営者もいるだろう。きっと1年間休業することを考えると、冷や汗が出るに違いない。サグマイスターも心配はしていた。

「いろいろなことが怖かったけれど、いちばん心配していたのは、全部のクライアントを失うかもしれないことだった。忘れ去られてしまったらどうしよう。この7年間で築き上げてきたものが無駄になってしまう。また振り出しに戻るかもしれないって思った。だけど、それは杞憂だった。クライアントはうらやましそうだったよ。そして、心配していたことは現実にはならなかった。ルー・リードはアルバムの発売日をずらして、カバーデザインに関われるようにしてくれた。悪いことなど起こらず、良いことばかりだったよ。**いちばん奇妙なのは、長期的に見ると売り上げもアップしていることだ**」

彼はこれまでに3回の休業を取り、そのたびに休業システムを進化させてきた。

「最初の休業はかなり徹底的で、ほんとうに全部閉めた。事務所に電話をかけると1年後にまた電話くださいとメッセージが流れた。2回目は少し変えて、少なくともデザイナーひとりは残り、長期的なプロジェクトを担当できるようにした。3回目は事務所の共同創設者であるジェシカが休業はしたくないと言ったので、事務所は開けたままだった。僕だけがいない状態だった。だけど、この3通りのやり方すべてで、ビジネスは大丈夫だった。最初はすごく怖かったけどね」

読者にも会社経営者や、クリエイティブな仕事をしている人がいると思うが、もし長期休職したらどうなるか考えたことはあるだろうか。どのくらいの期間、一時停止できるだろう？　なにができるだろう？　どんな実験をする？　どんなアートを作る？

サグマイスターは、休職をするからオリジナリティあふれるものが作れると言う。

「休業してから、他のデザイン事務所がしないことをやるようになった。だから料金で他の会社と競争しなくていい。他の事務所と同じようなものを作れば、クライアントが選ぶのは料金が安い方だ。僕たちはそのゲームには参加しなかった。だから売り上げも良くなったんだ。だけど、そのために休業したわけではない。休業したのは、デザインが天職であると感じ続けられるようにだ。ただの仕事じゃなくてね。これってとても大事なことだよ。だって、**多くのプロは自分の仕事に退屈してしまっているのだから**」


燃え尽きて、大好きなものへの愛を失うことはよくある。1年間の休業は実現不可能かもしれないが、自分なりの休業によって大好きな気持ちを取り戻せるかもしれない。

サグマイスターは、休業は仕事への情熱をなくしてしまったときも効果的だと言う。

「ミルトン・グレイザーは、50年間を越える彼のキャリアでいちばん誇れるのは、湧き上がる興味と、夢中になれることだそうだ。私もそう思う。それに必要な薬が休業だ」

サグマイスターは2019年、事務所から退いた。今度はなにをするんだろう?

その答えはわからないが、この休息倫理はずっと彼とともにあるはずだ。

実践　休職への3ステップを試す

①実行を決断する　②他の人に宣言する　③計画を立てる

休職プランを立てることは必ずしも簡単ではない。サグマイスターの3つのステップを見てみよう。まず、タイムオフの時期を決める。たくさんやるべきことがあるのはわかっている。だけど実現させたいなら、カレンダーにきちんと書き込もう。カレンダーに印をつけたら、大事な人に伝えよう。他の人にタイムオフの計画を伝えると、自分にとって良いプレッシャーになる。「なるべくたくさんの人に伝えて逃げられないようにしたんだ」とサグマイスターは回想する。そして、計画を立てずにタイムオフしてもあまり意味がない。サグマイスターの最初の休業は失敗だらけだったと彼は言う。タイムオフ中の計画を立ててはいけないと思い込んでいたのだ。「計画がないと、全然動けなくなってしまい、まるでインターン生みたいな気持ちだったよ」。だから休業中にやってみたいことのリストを作ることを、彼は勧める。優先順位を決め、それに沿って休業期間を組み立ててみよう。

自分について学び、発見する旅

『旅に出ろ！――ヴァガボンディング・ガイド』でロルフ・ポッツはこう書いている。

「道中では臨機応変に日々を過ごし、目に映るすべてのものに注意を払う。スケジュールなんて気にしない」

普段の環境から抜け出し、すっかり身についている思考の癖をリセットするのだ。

「(旅は) それまでの癖や長年の恐れに向き合い、押さえつけていた自分を自由にするのに最適なのだ」

遊び場と同じように、旅も自分自身を再定義し再構築するうえで役に立つのだとポッツは説く。

「目をしっかり開いて好奇心の赴くままにさまよえば、絶対に見つけることができる。どちらを向いても湧き上がってくる希望に満ちた気持ちを」

これは内的な可能性だ。旅で自分自身について学ぼう。

旅すること、そして見知らぬ土地に身を置くことは、僕たちに自分らしさを教えてくれて、内省にぴったりの状況を与えてくれる。僕たちふたりも、旅の時間にタイムオフ実現のための重要な考察と経験を得て、その結果、この本を執筆することにしたのだ。

学ぶこと、そして趣味に（回帰し）没頭することだけでも、素晴らしい旅の過ごし方だ。「そんなこと、どこでもできるのに」という罪悪感はいらない。ビーチで日焼けしないともったいないと思う必要もない。違う環境でやれば、心向きも違ってくる。

そこでの経験はクリエイティビティの新たな泉になるだろう。日常とは違う環境では、目を光らせる必要があるからだ。うっかりバスにひかれたくないし、思いもしなかったところから新しいアイデアが姿を現すかもしれないのだから。

「ただ、その場所での経験を豊かにしよう。新しいことに挑戦したり学び続けたりしよう」とポッツは続ける。

道すがら働くことも、面白くて学びの多い経験になるかもしれない（旅の費用も稼ぐことができる）。ジャーナリストのチャールズ・クラルトは「ある国について学びたいなら、その土地で働くのがいちばんだ」と言った。

ポッツは「反休職」というアイデアを提案する。つまり、**旅の途中で短期間働いて、お金を稼ぎながら旅を続ける方法だ。**長期旅行にしろ、短期旅行にしろ、良い考えだと思う。「ヴァガボンド（放浪者）の最初の一歩は、遠回りしないためにも自分の興味に合うプランにすること。信じられないかもしれないけれど、多くの人は仕事と余暇は真逆のものだと考えている」

ヴァガボンドに限らず、僕たちはすべてのものに対してそういう態度をとっていないだろうか。

シロス島でマックスが読んだ本の中で、気に入ったものがある。ニコス・カザンザキス著『その男ゾルバ』だ。表題にもなっている登場人物アレクシス・ゾルバが生への情熱を体現する物語だ。

ゾルバは欠点や失敗だらけの人物だが、それにもかかわらず、というよりもそのおかげで素晴らしい教師なのだ。ゾルバはこんな発言をする。

「中途半端に物事を行い、中途半端な発言を繰り返し、それだから世界はめちゃくちゃなんだ。神の思し召しの通りにことを行え！　釘はきちんと打て！　神がもっとも嫌うのは中途半端な悪魔だ。完璧な悪魔より質《たち》が悪い」

ゾルバの言葉を肝に銘じよう。中途半端な休日はやめよう。**せっかくの休日を、仕事のメールを常にチェックして過ごすのをやめるのだ**。すべて忘れて、長い間やってみたいと思っていたことを始めてみよう。そしてたっぷりと、リラックスしたり充電したりする時間をつくろう。

そしてときどき、そういうのも全部手放して完璧なタイムオフに浸るのもいいだろう。罪悪感を覚えてもいいじゃないか。人生を豊かにするために、そうやって過ごした時間を無駄だとか非生産的だとか考えるのはやめよう。意識して仕事をしているときと同じくらい、クリエイティビティに必要なものなのだから。

最高のタイムオフが実践できれば、仕事時間を減らしても、仕事の質や量が上がる。内面から湧きでるクリエイティビティとやる気に驚くはずだ。旅が終わって、日常生活に戻っても、その効果は持続するだろう。

作家のピコ・アイヤーは次のように観察する。

「僕たちは旅をする。若くて愚かだった頃の自分に戻るためだ。時間の進み方を遅くして、じっくり吸収する。そしてまた恋に落ちるんだ」

「外に出て世界を体験しよう。近くでも、遠くでも。旅人の瞳で、自分自身を再発見し再発明しよう。速度を落とし、人生に恋をしよう！」

ルピタ・ニョンゴ

（ケニアとメキシコにルーツをもつ俳優）

「すごく集中的なプロジェクトが終わったあとは、まるで二日酔いみたいです。極限の状態でいることに慣れ切っていたのに、突然、なにもなくなる。だから自分のための時間をとるようにしています。そうじゃなきゃ、生きていけない」

ルピタ・ニョンゴはマーベル・シネマティック・ユニバースのスーパーヒーローシリーズ映画『ブラックパンサー――ワカンダ・フォーエバー』（2018年）でナキアを演じた。彼女は東アフリカの架空の国、ワカンダを守る勇敢なスパイだ。映画は130億ドルを世界中で売り上げ、いくつもの記録を更新した。黒人監督による作品の中で興行収入がもっとも高く、全映画作品の中で9位、アメリカとカナダでは3位、そして2018年にリリースされた映画では2位の興行収入をあげた。

この作品は彼女のキャリアの金字塔となり、ニョンゴはスターダムを駆けあがった。撮影が終わったあとの彼女は、インタビューやパーティー、トーク番組への出演が目白押しだったにちがいない。もしくは、次の役をゲットするために動きまくっていたとあなたは想像するかもしれない。

しかし、ニョンゴは旅に出ていた。映画を作るために全身全霊で取り組んだからこそ、意図的にその興奮状態から身を離し、リセットする時間が必要だったのだ。

彼女が向かったのは贅沢なリゾート地ではなかった。『ブラックパンサー』が封切られるとすぐに彼女は、テキサス州の「メディテーション・リトリート（瞑想療養プログラム）」に参加した。10日間のプログラムだ。メディテーションは怖そうだなと彼女は感じていたが、友達に説得されたのだ。

「贈り物だったのです。誕生日のお祝いだと思って参加しました。本当にやってみて良かった。私の仕事にはふたつの顔があります。ひとつは演技することであり、もうひとつは有名人であることです。有名人であることには、たくさんの犠牲が伴います。たくさん話さなきゃいけないし、自分を薄く伸ばされるような気分です。だからその後、静かに耳をすます時間がありがたかった。気の散るものが多い世界です。そして私たちは節操なく目移りばかりしてしまう」

メディテーションのプログラムに参加することで、さまざまな雑音から身を守ることができたが、繋がりをデトックスするのはニョンゴにとって容易ではなかった。

このプログラムでは、スマホも車も禁止で、プログラムの期間内は施設を離れることも禁じられていた。

「もう早くここを出たいと思っていました。だけど、あと1時間、もう1時間って自分に言い聞かせたんです。すると、なんだか信じられないのですが、とても美しいことが起こりました。10日目、話すことを恋しく思わなくなりました。プログラムの核心にあったのは、好きなものや嫌いなものに対する執着を捨てることだったのです。そういったものに、私たちが勝手に付加しているマインドを取り除くことだったのです。アイデンティティは、こういったものについての自分のストーリーを書くことで形成されます。だけど、それをコントロールせずに手放すことで、生きること、存在することがもっと楽になるのです」最近、友達から「休みを取った方がいいよ」と助言されていないだろうか？耳を貸すべきかもしれない。自分自身よりも近くにいる人の方が、あなたのことがよく見えているときもある。

ニョンゴにこのプログラムを勧めた友人は、彼女が「有名人」になったことを認識し、重圧や、有名になることで歪む彼女のアイデンティティが少しでもほどける機会を作りたかったのだ。

10日間のリトリートが終わったら、どうやって普通の生活に戻ればいいのだろう？ここでも彼女の友人は、とても賢く、そしてシンプルなことを勧めた。リトリートを出たらまずは、大好きな音楽のアルバムを聴くように言ったのだ。

「ケンドリック・ラマーのアルバム『Ｄａｍｎ.』を聴きました。普段私は、音楽をＢＧＭとして流すだけなのですが、プログラム後は音楽そのものに集中しました。その瞬間の私を音楽で満たせるように。ニューヨーク行きの飛行機で聴いたんです。音楽はもともと好きでしたが、ラップは速すぎてときどきなにを言っているのか聴きとれないこともあります。でもこのときは、すべての単語を聴きとることができました。そして音楽も聴きとることができた。以前は気づかなかった楽器の音も聴こえ、とてもはっきりとしていました。

なんだかすごく感動しました。ドラッグをするとこんな感じなのかなと思いました。自分自身とひとりきりになる感覚がとても心地よかったんです」

旅は、誰かと一緒にするものだと考えがちだ。

友人や家族と観光して、思い出を作ろうとするし、それは悪いことではない（夕飯のメニューでケンカすることをのぞいては）。

しかし、あまりしゃべらないひとり旅を考えたことはあるだろうか？

国内旅行であっても、ひとり旅をするとなんだか別世界に来たような気持ちになる。

大事なのは目的地ではない。日常を離れようとする気持ちが大事なのだ。

お気に入りのアルバムのプレイリストを作り、新しい町や、田舎町を訪れたらどうだろう？

今のプロジェクトが終わったら、そのお祝いとして出かけてみるのも悪くないかもしれない。

実践

BGMとしてではなく、集中して音楽を聴いてみる

ニョンゴの「サイレント・リトリート」は海外旅行くらいの効果があった。質の高いリセットをするために、遠くに行く必要はない。次の大きなプロジェクトが終わったらやってみるのもいいし、なんなら今日、「ミニ・サイレント・リトリート」をやってみよう。ひとりきりで、ただ音楽に集中できる環境を作り、音楽を聴いてみよう。音楽を聴きながら作業をしたい気持ちは我慢して。瞳を閉じるか、もしくは木を見上げ、ただ耳をすましてみよう。航空券ではけっしてたどり着けない場所に、音楽が連れていってくれる。

「タイムオフ」をとりましょう

本を読むのをちょっと休憩して……

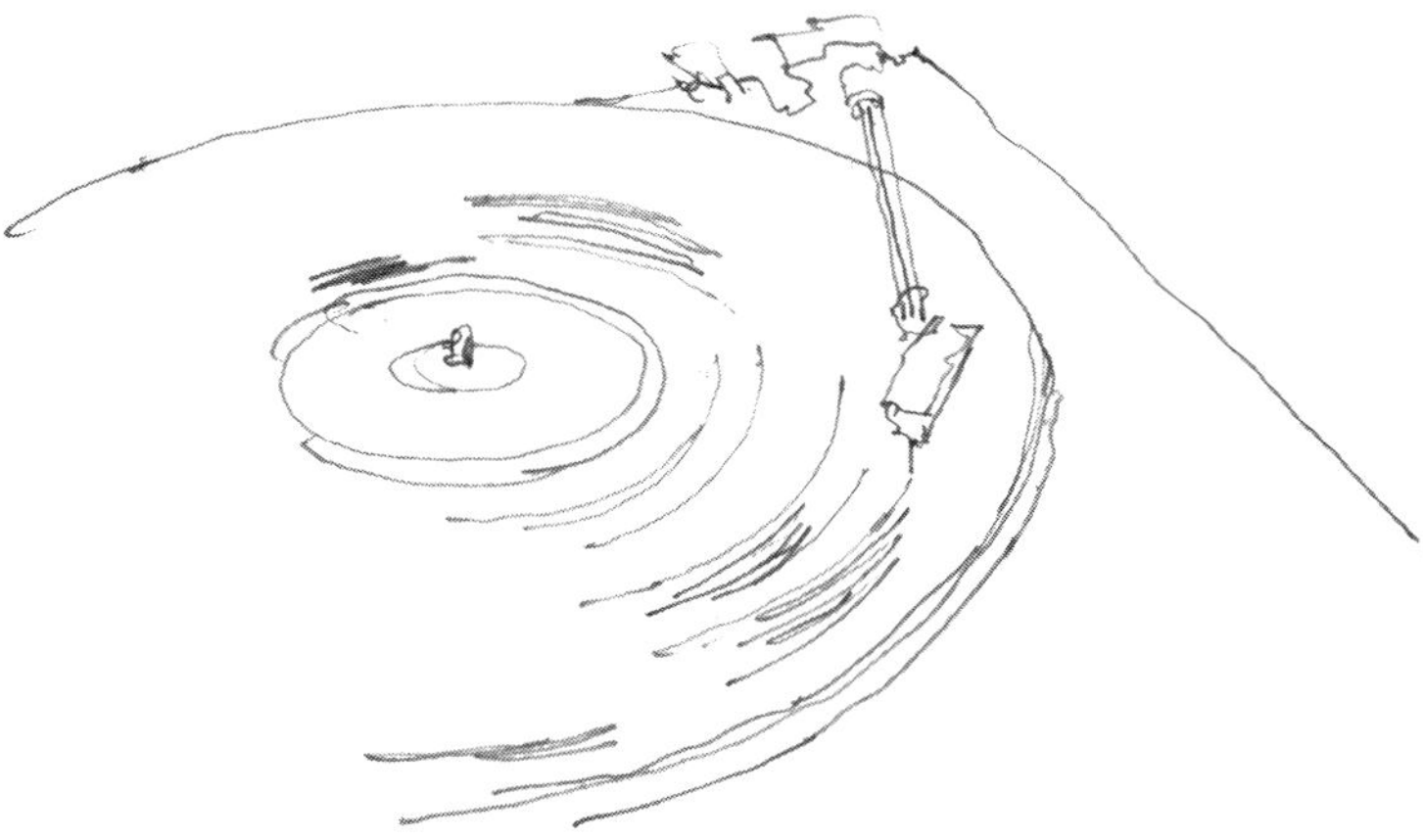

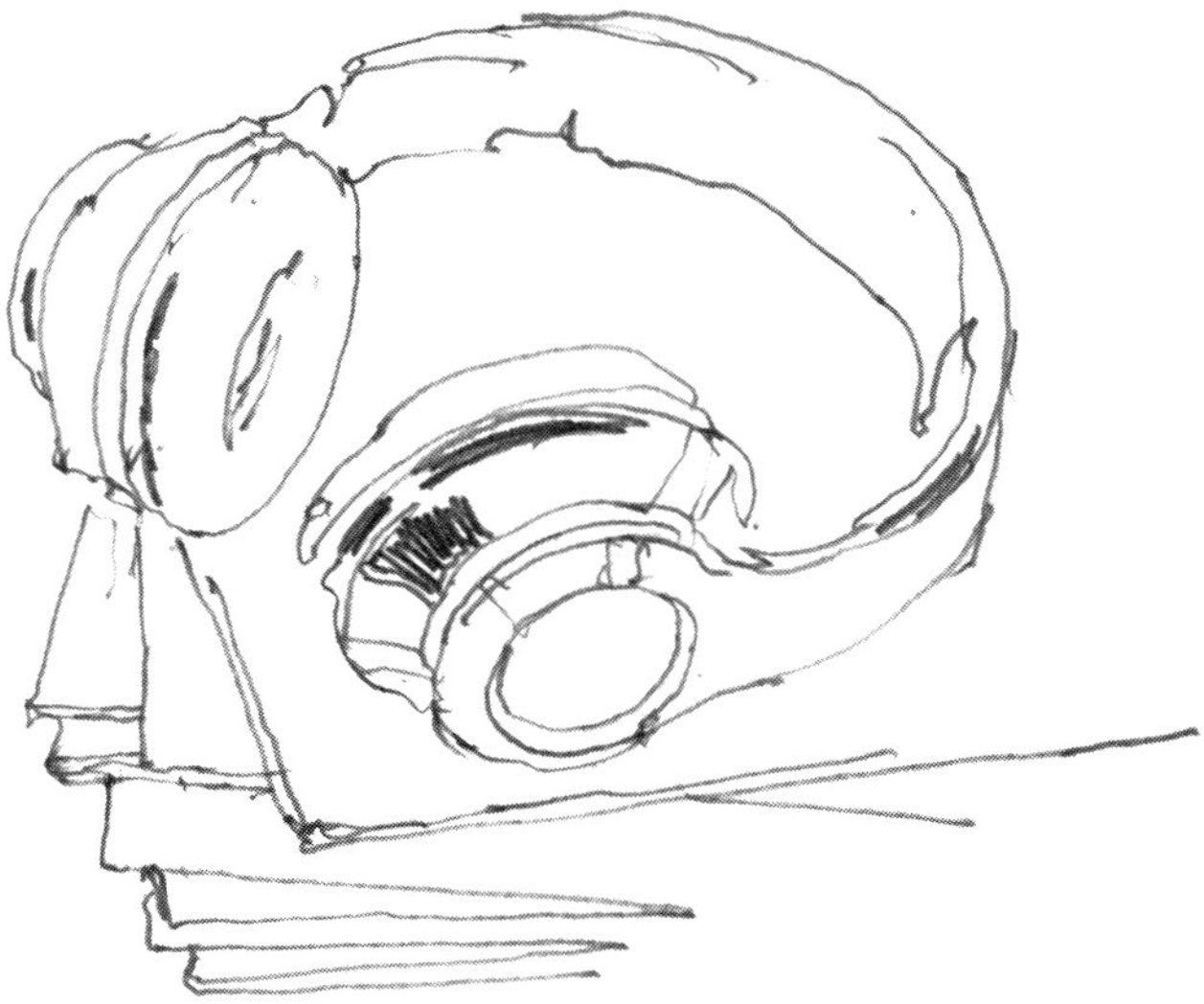

聴こう。耳をすませよう。

あなたのお気に入りのあの曲に。

第 9 章

繋がりを断つ

TECHNOLOGY

スーパーのレジ待ちの列やカフェで、まだ数秒しか経っていないのに手持ちぶさたで、何気なくスマホを触っていることがないだろうか。もうすでに確認したことや、たいして気にも留めていないことをわざわざチェックしていないだろうか。

なにかワクワクすることが起きたかもしれない！　コメントされたとか、@（メンション）がついたとか？　新着メールや新しい記事の通知？　なんだってかまわない。

「脳はそこにただ浮いているわけでなく、飢えているのだと気づきました。メールをチェックしたい、リンクをクリックしたい、検索したい。繋がることを切望しているのです」と、ニコラス・G・カーは、ピュリッツァー賞候補にもなった彼の著書『ネット・バカ――インターネットがわたしたちの脳にしていること』（青土社　２０１０年）のイントロダクションに書いている。

身に覚えがある読者がほとんどだろう。近年では、この傾向が強くなってきている気がする。**じっと座っていることがほんの数秒間でもつらい。ひとつのことに長時間集中することができない。**小サイズの情報でないと処理することができないのだ。

なぜ身の回りの雑音に、こんなにも気をそがれてしまうのだろうか。この問題の解決方法はとてもシンプルだが、実行するのが難しいかもしれない。

それは、電源を消して、繋がりを断つこと、つまり、**テクノロジーからのタイムオフだ。**

集中力が続かないことをテクノロジーのせいにするのは簡単だし、間違っているとは言わないが、もっとさまざまなことを加味した視点で問題の根を探ってみよう。テクノロジーだけを責めてはいけない。僕たちの使い方はどうだろう？

僕たち（ジョンとマックス）のキャリアは、新しいテクノロジーを作ることに関わりがあり、ポジティブにテクノロジーを捉えている。テクノロジーが与えてくれる大きな可能性と進歩に期待しているし、テクノロジーなしの世界なんて考えたくもない。

大事なのは、自分たちの目的のためにテクノロジーを使うことだ。注意深く、テクノロジーの取捨選択をするのだ。しかし、行うは難し、だ。なぜなら、**人間の脳は現代のテクノロジーが常に繰り出す情報量を想定してデザインされていない**からだ。

あなたの精神とテクノロジー

まだ単一細胞生物だった僕たちの先祖の、最初の「脳」は、感知を動作に変える機械だった。良い環境にいるのか悪い環境にいるのか、シグナルが感知されて処理されると、それに対する反応が始まる。計画も目標もなく、単に反応しているだけだ。

しかし、脳は進化し洗練され、感知と行動が複雑化しただけでなく、先のことを考える能力も備わった。感知と行動のサイクルを一時停止し、司令塔的役割を果たすことができることを、人間の特徴としてあげる人もいる。これにより、ただの反応や衝動だけでなく（そういうときもあるが）、価値判断と決断をもとに行動するのだ。質の高いものやクリエイティビティは、反応的行動からは生まれない。一時停止して大きな絵を考えるところから始まるのだ。

古代から脳が行っている下から上（環境から感知）への処理と、より最近発達した上から下（感知から行動）への処理が合わさると、とても複雑だ。そして残念ながら、これこそが近年の注意力と集中にまつわる問題の根底にある。

神経科学者のアダム・ガザリーと心理学者のラリー・D・ローゼンは著書『集中できない心――ハイ・テクな世界と太古の脳』（原題『The Distracted Mind: Ancient Brains in a High-Tech World』未邦訳）で次のように指摘する。

問題は現代テクノロジーにより引き起こされたのではなく、「脳の根本的な脆弱性」によるものであり、現代テクノロジーはその弱みをつく。つまり、**新しい問題を作り出したのではなく、すでにあった問題を悪化させたのだ**、と。

ガザリーとローゼンはこの問題を「インターファランス（干渉）」と呼び、その背後にはふたつのプロセスがあると指摘する。「無関係な情報によって注意力散漫になることと、多数の目的を追求することで努力の過程自体が阻害されること」だ。

注意を散らすものと、努力過程を阻害する物は同一である場合もあるが、対応の仕方はまったく違う。当然、脳の働きも異なる。しかし、どちらの場合もそれによって引き起こされる結果は、人生のあらゆる面に影響を与える。ムードや感情、クリエイティビティや精神的な余裕といった面にまで影響を与え、しかも悪影響であることが多い。

僕たちが持つ最強の兵器は、「選択的注意」だ。知覚と行動のサイクルに直接影響を与えることができ、意図的に目標を設定してそれにむかって行動することができる。選択的に注意を向けるためには、高い認知制御能力が必要だ。目標設定の複雑な能力と比べ、僕たちが「注意を分配し、持続させる」認知制御は原始的な力である。

認知制御を司る前頭前野を人類はどんどん発達させてきたが、ガザリーとローゼンが言うように「さまざまな意味で私たちは、未だにハイテク世界に生きる太古の脳なのだ」。

そしてこの太古の脳が苦手とするものがマルチタスクだ。**僕たちに可能なのは、並列処理（パラレル・プロセッシング）ではなく、ネットワークスイッチ（訳注：受け取った複数のデータを解析して、関連する相手への転送の是非を判断すること）なのだから！**

「このスイッチ（切り替え）動作は、自己判断で行われるかどうかにかかわらず、タスクパフォーマンスの質を低下させる」と、ガザリーとローゼンは言う。

気を散らすものが増え続けるこの世界で、僕たちがそれを望もうが望むまいが、タスクスイッチの頻度は上がっているのだ。

しかも悪いことに、タスクの切り替えは選択的注意の最大の敵だ。

なにかに集中するためには、ふたつのプロセスが求められる。ひとつのことに集中するプロセスと、他のことを無視するプロセスだ。このふたつは同じことを言っているようだが、じつは違う。

どちらも積極的なプロセスであり、脳のリソースを使うことは同じだ。しかし驚くべきことに、**情報に集中するよりも、情報を無視する方が脳にとっては重労働だ**という研究結果が出た。

集中して取り組みたい活動に無関係の情報を目にしたとき、それを情報として処理すべきか、衝動や反応として無視すべきかを決める脳の部分が働きすぎて、僕たちは疲れ果て、ぎりぎりの状態だという。

昔の人は、1日に1回ジャガーに出くわしたかもしれない。100年前の人は、道に出たら数時間に1度くらいクラクションを鳴らされたかもしれない。だけど、現代のテクノロジーは僕たちに常時「警報」のような情報を送り続けている。

邪魔が多ければ多いほど、選択的注意は分散され、効果は薄れる（そうなると本当に選択できているのかさえ怪しくなる）。自分の注意力をしっかりコントロールし、気を散らすものから意識的にタイムオフしなければならない。

漫画家で教育者のリンダ・ベリーは「スマホはたくさんのものを与えてくれる。だけど、3つの発見の要素を失ってしまう。ひとりになること、不確かさ、そして退屈することの3つをね。クリエイティビティの源が奪われる」と指摘している。

もしあなたが、なにかを作り出し、解決し、変化を起こしたい、目標を達成したいと思うならば、邪魔な存在から距離をとろう。自分ひとりの時間だけでも、バランスよくテクノロジーから離れられないか考えてみよう。心がさまよう時間は、クリエイティビティに欠かせないひとりきりの時間だ。僕たちにはそういうゆっくりとした静かな時間が必要だ。

常にタスクを切り替えることは邪魔が入ることと同じで、せっかく心が自由になろうとしても、どこかへ連れていかれてしまうのだ。ふりだしに戻ってしまう。心の襟元をつかまえて、あっちからこっちへと常に引っ張り回すのではなく、自由に走り回らせる時間をたっぷり持とう。

だけどそのためには、認知制御が必要だ。この能力は、ストレスや睡眠、アルコールや年齢などの数えきれないくらいたくさんの要素によって常に変化する。もうすでに話した通り、睡眠不足は悪影響をおよぼす。

そして、認知制御能力も筋肉と同じで、エネルギーを使うし疲れもする。タスクを変えるほど、マルチタスキングすればするほど、邪魔が入れば入るほど、注意力散漫の沼にずぶずぶはまっていくのだ。

最近のテクノロジーは人間のあらゆる感覚に訴えかけてくるため、惹きつける力も強い。つまり、僕たちの集中力をとりまく環境は悪化する一方だ。「(現代の人たちは) ひとつの活動に取り組む能力を失っているようだ」と、ガザリーとローゼンは憂慮する。「なにが必要かを考える能力を失い、常に先の尖った棒でつつかれているかのように飛び上がって反応している」

そして現代のハイテク世界が繰り出す棒の先端は、古代の脳を突き刺すほど尖っている。

「気を散らす」ためのテクノロジー

この状況は偶然の産物ではない。**テクノロジーの中には、まさにこの状況を作り出すことを目的に仕込まれたものもある。**

「センター・フォー・ヒューメイン・テクノロジー」のセンター長であり創設者のトリスタン・ハリスが言うように、大きなＩＴ企業は「脳幹の果てへの競争」を繰り広げている。

そういった企業は、心理学者をたくさん雇い、すご腕のプロダクトデザイナーたちに他企業よりも顧客の注意を引けるようデザインさせ、アプリの使用頻度、ウェブサイト訪問頻度を上げようとあれこれ策を講じている。僕たちの注意力を担保に広告を打っているのだ。僕たちに太古から備わっている本能に訴えかけ、心をつかもうと画策する。そして大成功を収めている。

この章を読み始めてからあなたはもう何回、FacebookやらInstagramやらをチェックしただろうか？　この章の最後まで、いっさいスマホを触らずに読み切れるだろうか？　誘惑に打ち克てるだろうか？

21世紀になるまで、物質以外に中毒になる可能性があることは知られていなかった。しかしここ10、20年間で、一定の行動にも中毒性があるのだと明らかになった。テクノロジーになぜ中毒性があるかというと、その秘密は断続的な「正の強化」にある。つまり、**予期せぬときに、そしてランダムにご褒美を与えるのだ。**

研究によると（カジノ経営者やギャンブル依存の人も証言できると思うが）予期せぬご褒美をもらえると、予期していた場合よりも多くドーパミンが放出される。ということは、**オンラインに投稿するたびに、くじ引きしているようなものなのだ。**

一体いくつの「いいね」やコメントがもらえるだろうか。何人フォロワーが増えるかな。この予測不可能さがあるから、僕たちは少しでも手が空くとスマホをチェックしてしまう。なにか楽しいことがあるかも。どうかな。チェックしてみるまでわからないじゃん！　という具合にね。

ニール・ポストマンは著書『技術ｖｓ人間――ハイテク社会の危険』（新樹社　１９９４年）

で「テクノポリ」という言葉を定義する。テクノポリとは、新しいテクノロジーの欠点がまったく議論されない社会だ。新しければ自動的にもてはやされ、使ってみたくなる。テクノロジーが「インターネット・カルト」により神格化されたのだと彼は言う。

そして、テクノロジーがまたその傾向をさらに強化する。

Slackというメッセージサービスがある。多くの団体で使用され、「仕事ができる場所」というキャッチコピーがついている。だけどそうだろうか？　そこで行われる仕事はどんな仕事だろう？　ただ忙しくするためだけの仕事？

『大事なことに集中する――気が散るものだらけの世界で生産性を最大化する科学的方法』でカル・ニューポートは、多くの人が自分の専門とする技術や得意なことをするためでなく、**ただの「情報の運び屋」として使われている場合が多い**と指摘する。

ある意味、Slackやそれと同じようなサービスは、オンライン上でいかに忙しく働いているか見せられるから、人気があるのかもしれない。

こういったサービスの開発者が味方につけているのは、目新しいサービスだということと、明らかに忙しくしているところを見せたいという僕たちの願望だ。

テクノポリでは、新しいことを疑おうものなら異端者呼ばわりされる。ニューポートの言葉を借りるなら、インターネット中心世界で「繋がらないこと」を提唱するなど、国旗を燃やすのと同罪らしい。「冒涜と見なされ議題にさえならない」、と。

「Yahoo!」前CEOのマリッサ・メイヤーは、家で仕事をすることを禁止したことで悪名高い。家で仕事のメールを確認できないということは、ログインすることで忙しさアピールができないということだ。一体どうやってちゃんと働いているって証明すればいい？

おそらく、**この中毒症状を加速させているのは社会的承認欲求だろう。**喉から手が出るほど、僕たちはそれを欲する。

小さくて結びつきの強い地域共同体で暮らしていたとき、社会的承認を得ることは生存において不可欠であった。そして今では「いいね」の数によって、僕たちは社会的承認をいつでも手にすることができる。

この欲求こそが、メッセージやメールが届いたそばからすぐに返信しないと気が済まなくなる理由だ。社会の欲求に答えなければトラの餌にされると、今でもおびえているのだ。とても残念なことに、本当にこういう体質の企業もある（あなたが「007」シリーズの悪役みたいな上司の元で働いていない限り、単なる比喩ではあるが）。

僕たちが切望するものがなにか、なにを恐れているのか、そういった科学的根拠に基づいてテクノロジーを作り、僕たちの中毒性を利用して金儲けをしている輩がいることは確かだ。

トリスタン・ハリス

（米国人コンピューター・サイエンティスト、デザイン哲学者）

「自分の人生や時間をどうせ使うなら、私たちの役に立つために作られたテクノロジーを選びたい。スクリーンに私たちを釘付けにしようと、気の散るものや邪魔ばかりまき散らすテクノロジーではなくてね」

「究極の自由は、自由な精神だ。だからテクノロジーを味方につけて、自由に生き、感じ、考え、行動するのだ」

トリスタン・ハリスは次のように回想する。

「私が5歳のとき、母がMacintosh LC IIをくれて、夢中になった。いろいろ作り始めたよ。絵を描いたり、HyperCardでインタラクティブなゲームを作ったりね。ちょっとしたツールやゲームをプログラミングし始めた」

スマホの登場前にテクノロジーと出会うチャンスがあった世代は、常に繋がれることに対して似たような良い思い出があるかもしれない。しかし、ハリスの次の言葉に共感する人も少なくないはずだ。

「気が散るようになった。メールばかりに時間を取られたり、ウェブサイトをずっと見たりね。メールが来るたびにスケジュールをあっちにこっちにずらしたり、深夜1時とかになぜかよくわからないウェブサイトを見たりしている」

なにが起こったんだろう?

「なぜインターネットとの関係性はそういう方向に進んでいるのだろう? ただ邪魔なだけで、エンパワメントではない」

ハリスはその答えを出した。

「その答えは、私たちがアテンション・エコノミーに生きているからだ」

いろいろな意見がある人もいるかもしれないが、ハリスほどこのトピックに詳しい人はいないだろう。彼は「スタンフォード・パースエイシブ・テクノロジー・ラボ」で研究し、その後、デザイナーとしてグーグルで手腕を発揮した（彼の会社「アパーチャー（Aperture）」がグーグルに買収されてからの話だが）。

しかしすぐに彼は、デザイナーが利用者の注意力を盗もうとしていることについて思い悩むようになった。ＩＴ産業がどこに進んでいるのか憂慮していた。

「ＩＴ企業の目的がなんであれ、アテンション・エコノミーが意味するのは、**人々に時間をいちばん使わせた企業が勝つということです**。人々の役に立つものを作りたいとはじめは思っていても、次第に脳幹の限界にでも挑んでいるような、利用時間を増やさせるだけの競争に陥ってしまいます」

ハリスは懸念を隠さず、最初から正直に口に出した。それが評価され、デザイン倫理の担当になった。倫理的、そして人道的にデザインについての指示をする役割だ。

その役職を去るとき、彼はセンター・フォー・ヒューメイン・テクノロジーのセンター長、共同創設者になっていて、「タイム・ウェル・スペント・ムーブメント（上手に時間を過ごそう運動）」の共同発起人も務めていた。

彼は今も、テクノロジーがより建設的なデザインになるように戦いを続けている。アトランティック誌はハリスを「シリコンバレーの良心にもっとも近い人」と評する。

フェイスブックやグーグルといった大企業を悪者にするのは簡単だ。しかし、それらの企業が、現在のアテンション・エコノミーを作ったわけではない。

「何百万もの人がいっせいにメールチェックしたところで、得する人なんていません」とハリスが言う。

「アップルやグーグルの開発者だって、スロットマシーンを作ろうとしていたわけではありません。でもこうなってしまったのです」

しかしこれらの企業は、人々の注意力をひくことで利益を生みだしている。意図的に僕たちの脳の弱みをつこうとしているのだ。

ハリスは、**食料品に「オーガニック」表示をするのと同様に、「質の良い時間を約束します」というラベルをソフトウェアにもつけるべきではないかと提案している。**注意力を奪おうと競争するのでなく、時間をより良く過ごす手伝いをしてくれるサービスを受けられるように。

「自分の人生や時間をどうせ使うなら、私たちの役に立つために作られたテクノロジーを選びたい。私たちをスクリーンに釘付けにするためだけに、気の散るものや邪魔ばかりまき散らすテクノロジーではなくてね」

つまり、僕たちを削りとるのではなく、質の高い余暇と休息倫理を支えてくれるテクノロジーが必要なのだ。

タイム・ウェル・スペント・ムーブメントはテクノロジー自体に反対しているのではないとハリスは強調する。

「時間をどう過ごすべきかというのは、みんな一緒ではないし、一律にどうすべきというものでもありません。スクリーンを見て過ごす時間が悪いと言っているわけでもないし、使うべきではないと言いたいわけでもありません。特定のアプリ（ソーシャルメディアやゲームなど）が悪いと言っているわけでもない。このムーブメントはただ、開発者がデザインするとき、そして消費者が選ぶときに意識的であることを促しているのです」

このことについて尋ねられると、しらばっくれる開発者もいる、サービスを提供しているだけで、ユーザーが使用時間を（気を散らすものや誘惑がどれだけ投げ込まれていようと）コントロールできないのはその個人の問題だと。

しかし、そんな答えでごまかされてはいけない。現実はそんなにシンプルではないからだ。人々の心をつかむアプリを開発すれば、開発者は部分的にでもその結果に責任を負う。これをしっかり認め、人々に勇気と元気を与えられるサービスやアプリを作っていくべきではないだろうか。利用者が自分の時間を有意義に過ごせるように努力すべきではないだろうか。

そして消費者として、ただ受け身でいるのではなく、尊敬に値すると思うアプリにだけ、あなたの大切な時間と注意力を積極的に与えよう。もう少しも、あなたの大切なものを無駄にしないでいいように。

実践

身近なサービスやアプリを見直してみる

あなたが使っているテクノロジーに「質の良い時間を約束します」シールが貼れるかどうか考えてみよう。ハリスが指摘するように、(少なくとも現状では)僕たちは苦戦を強いられている。ひっきりなしに送られてくる通知に気を取られてしまうのは(少なくとも全部)僕たちのせいというわけではない。だからといって、責任がまったくないわけではない。開発者にプレッシャーをかけることだってできる。だから、自分が使っているサービスやアプリを見直してみよう。「質の良い時間を約束します」シールが貼れないものは、削除しよう。あなたの時間を大切にしてくれる代わりのものを探すこともできるし、もともと必要なかったのだと手放すこともできる。

情報の「採餌行動」

動物の採餌行動はもう何世紀も研究され、数学的なモデルや仮説で最適な採餌行動が解明されてきた。

もっとも知られているのが１９７６年に進化生態学者のエリック・チャーノフによって展開された「最適餌パッチ利用モデル」だ。

餌場が次第に痩せてリソースが少なくなると、動物たちは他の環境に移動すると想定される。さらに、採餌者は環境を変えるコストよりも現状で得られるリターンが低くなる場合、移動すると考えられている。

ガザリーとローゼンは、人間の情報消費もある種の「採餌行動」だと論じ、チャーノフの展開したモデルと同じように考えられるのではないかと提唱した。

僕たちは、情報を捜す生物だ。空腹になると食べ物を求めるように、常に新しい情報に向かう欲求が備わっている。新しいものに出会うと、脳の報酬システムが作動するのだ。

進化するうえで、新しい環境を探求する欲求は役立った。そして長い間、食べ物を探すようにして、情報も求められた。

つまり、**割と最近まで、情報源に出くわすことは稀で、情報を得ることには環境を変えるというコストが伴った**のだ。

新聞は1日に1度届き、ラジオは1時間に1度で、チャンネル数も多くなかった。近所の人のところまで出向いて会話しない限りは、情報源に直接出会うことはない。だから僕たちは、ひとつひとつの情報源に最大の注意を払った。移動して情報を得ることのコストがあまりにも高かったからだ。

しかし今や、10個以上のアプリとインターネットの底なし沼が、指先にある。**新しい情報へと移動するためのコストはほとんどゼロだ。**使用しているアプリと異なるアプリを立ち上げるのに数秒もかからず、追いつけないくらい速い。

それだけではない。採餌モデルでは、ひとつの環境に滞在する最適時間は外部要因が関わってくる。いくつのリソースが現環境にあるか、次の環境にたどり着くまでどのくらいかかるか、などが影響するのだ。

しかし、情報を得る場合は内的要因に左右される。不安や退屈などの感情は無視するのがとても難しく、それにより、ひとつの情報源に留まる時間が短くなる。

ガザリーとローゼンは「あまりにも多くの重要な情報が机に置きっぱなしになっている」

ことを心配している。

テクノロジーによって、僕たちの採餌行動は「適切」とはかけ離れ、逆説的な状況に陥っている。

今までになく情報過多なのに、情報処理能力は低下の一途をたどっている。

増え続けるドングリの上に座っている小さなリスのように、僕たちは記事を集め、ブラウザーのタブを増やし、終わりのないグループチャットに参加する。けれど、それでも満腹にはならない。**だってそんなにたくさんのドングリを消化する能力は、備わっていないのだから。**

僕たちは、情報を欲しがり、アクセスする方法を最適化した結果、自らの処理能力を超えてしまったのだ。

ドングリの山は崩壊寸前。情報ドングリにこのまま埋もれてしまえば、わずかに残るクリエイティビティや仕事をやり切る能力までなくしてしまうかもしれない。

現代は「注意欠陥」社会である

タスクを常に切り替えることのリスクと、それがクリエイティビティと選択的注意に与える影響についてはすでに説明した。しかし、問題はそこで終わらない。

タスクを切り替えると、注意力が次のタスクへと瞬時に向かうわけではない。注意力を前のタスクに残したまま、次に進むことになるのだ。

「どうして仕事をするのがこんなに難しいのか」（原題「Why Is It So Hard to Do My Work？」未邦訳）という秀逸なタイトルの論文で、ソフィ・レロイはこの**前タスクに残存する注意力こそ、生産性を損なう原因**なのだと説く。

とくに、気を散らすタスクが終わらなかった場合が好ましくないそうだ。メールをチェックしたり、すぐに返事をしなければならないチャット、対応すべき問題が急に浮上したときなどが、彼女の言う「好ましくない」状況だ。

常に心をどこかに置いてきた状態になってしまい、その度合いが強いほど、他の作業に集中できなくなる。こういった前タスクから次のタスクに切り替えるとき、両方のタスクを完了する速度と結果の質が低下してしまうのだ。

作業を開始したときは気が散っていると感じていなくても、単調で「退屈」な仕事の場合、集中力の持続が難しい。**そして人々の「退屈基準」はとても低くなっている。**「なにもせずに退屈する能力をなくしてしまったようです。内省も思考を深めることもなく、ただランダムな思考に身を任せているだけ。意識的に思考するときにはたどり着けない世界に行こうとはしないのです」とガザリーとローゼンは言う。クリエイティビティにも、アイデアを思いつくためにもとても重要なプロセスであるのにもかかわらず、手綱を長くして、ひとりきりで心を自由に旅させることを放棄してしまったのだ。

現代の、メディアとアプリの素早いご褒美サイクルで、人々の「退屈プログラム」は書き換えられた。**退屈を感じやすくなり、それが不安感とともに現れるようになった。**孤独になることの恐れとともに押し寄せるのだ。

一般的に、運動をしていて、食生活に問題がなくても、**メディアやテクノロジーの過剰消費と過剰使用は健康を損ねることに繋がると言われている。**身体的にも、精神的にも不調をきたすのだ。

子供や若者だけでなく、大人だって同じだ。マルチタスクは若年層の方が向いているとされ、その頻度も高いが、認知的影響は同様に良くない。成長と学習段階の真っただ中にいると考えると、子供たちへの影響の方が大きいのかもしれない。

どんな新しいスキルを学ぶにも、複雑なコンセプトを理解するのにも、集中力が長時間持続することは不可欠だ。集中して訓練を続けると神経回路が強化されるが、集中力散漫の状態では複数の神経回路が同時に活発になるだけで、同じレベルでの強化が見込めない。

マルチタスクがうまくいくと、スパーヒーローになれたような気がするかもしれない。しかし、長期的に見ると逆効果だ（ただし、ティム・ハーフォードのスローモーション・マルチタスキングやキルケゴールの輪作を試そうというなら話は別だ）。

常に集中する対象を切り替えると、脳に長期にわたる悪い影響を与える。集中したり、深く思考したりすることができなくなるのだ。

繋がりを断ち、デジタル・ミニマリストになろう

ニューポートが述べるように、注意力を取り戻そうとすることは「ダビデとゴリアテの戦いで、際限のない富でダビデの勝利を阻止しようとする団体に挑む」ようなものだ。

しかしダビデのように、ゴリアテ（グーグルやフェイスブックなど）を出し抜くこともできる。

勝利のために僕たちができる、互いに補い合うふたつのアプローチがある。

認知コントロールを高めるための脳へのアプローチと、気を散らすものを少なくするた

めの行動や環境に対するアプローチだ。

長い間、大人の脳はもう成長することがないと信じられてきたが、それは正しくない。人間の脳は、その柔軟性（神経可塑性）を生涯にわたって保持することがわかっている。だから脳に刺激を与えて認知のコントロール力を向上させるのに、遅すぎるということはないのだ。そのための道具はたくさんあるし、日々、どんどん増えている。

胸躍るような新テクノロジーも登場している。ニューロフィードバックや経頭蓋磁気刺激法（TMS）などは、直接（だが乱暴ではないやり方で）脳の神経細胞を刺激し、睡眠や感情の起伏、認知のコントロールなどを高めてくれる。

しかし、最新のテクノロジーにばかり頼る必要もない。昔ながらの方法で、アナログに脳を向上させる方法もあるのだ。その多くはもうすでに本書で説明した。

たとえば、なじみのない新しい環境に身を置くことだ。旅行したり遊んだりしていると、脳の可塑性が高まる刺激を受けることができる。

瞑想や内省などのマインドフルネスのための活動を日常的に行うことも認知コントロールを高める。自然の中で過ごすことも効果的だ。

そして忘れてはいけないのが運動だ。運動すると、認知的コントロールだけでなく、精神的、身体的なコンディションも高められる。

これらのタイムオフは認知コントロールを高め、注意力が散漫になるのを防ぐ。高尚な余暇は、精神的にしゃきっとするために最高のツールなのだ。

このようなタイムオフを実践しながら行動も変えられたら、かなり高い確率で邪魔をはねのけられるだろう。

まず、メタ認知を向上させ、問題を意識することから始めよう。つまり、自分が苦しんでいる原因を把握し、タスクを常に切り替えることの弊害に気づいてほしい。

ここまで読んでくれた読者なら、おそらくこの段階はクリアしているだろう。

そして、ニューポートの「テクノロジー使用の哲学」のような、生活に取り入れる（もしくは排除する）テクノロジーのルールを決めた方がいい。**どのデジタル機器を実際に使いたいのか意識的に選び、だらだら使用しないようにしよう。**

『大事なことに集中する――気が散るものだらけの世界で生産性を最大化する科学的方法』でニューポートは「オンラインの時間は、真に価値があると思える少数のことに限るべきだ。その他は、自ら進んで見逃してほしい」とアドバイスしている。

タイムオフと同じように、意識的に時間を過ごし、集中することが大事なのだ。

新しいテクノロジーやツールは、使用する前に真剣に吟味しよう。どのような価値観で判断するかは、人それぞれ違うだろう。

「いろいろ応用できるもの」を生産的だと考えがちだが、**なにかに特化された物の方が集中力を高め、その結果、生産性の向上にも繋がる**。今のようなテクノロジーが登場する前にすでに、ヘンリー・デイヴィッド・ソローは『森の生活』で次のように述べている。

「なにかを得るためには、私が人生と呼ぶもののそれ相応の一部をその場で差し出すか、長い時間かけて引き渡すかしなければならない」

便利に感じるテクノロジーでも、使用するとき僕たちは「人生」の一部を引き渡している。さっきアプリストアで見かけたできたてほやほやの新しいアプリのために、自分の人生をどれくらい差し出せるだろうか？

もう1歩踏み込むと、どんなテクノロジーを使用したいかは考えていても、どのように使用するのかはあまり考えていないような気がする。

ソーシャルメディアは賢く使えば便利だけど、一歩間違えれば集中力散漫になり、惨めさしか残らない。だから、スマートフォンからソーシャルメディアを削除する方法はおすすめだ。パソコンを使用するときだけ、チェックすればいい。

そうすれば常にチェックしなくていいし、集中力がそがれることもない。スマホに特化した中毒性の高い機能も避けることができる。

集中する対象が変わらないように工夫すると、うまくいくことが多い。

ニューポートはコンピューターサイエンスの教授でもあるのだが、「コンピューターは大きく言えばなんでもできるけれど、とくに、ひとつずつ仕事をするのに向いている」と述べている。

コンピューターを多目的（で正しく使えば最高に便利な）ツールにしている最大の要因はインターネットだ。「Freedom」のようなアプリを使用して（この本もこのアプリの助けを借りて書いたが）インターネット使用を制限すると効率が上がる。

慣れるまではとても不便に感じるけれど、どれだけインターネット中毒になっているか実感できる。

どのような中毒治療も、最初から使用を完璧にゼロにしてしまうと気分が悪くなり、長期的には失敗してしまうことが多い。だから、テクノロジー使用時間のタイムオフを少しずつ取り入れ、自由を取り戻す戦略を立てるべきだ。

つらいかもしれないし、期待されている行動ができずに文句を言われるかもしれない。だけど、繋がりを断とう。通知機能を切ろう。メールアカウントからログアウトしよう。SlackもFacebookもログアウトするんだ。

インターネット接続を切り、スマートフォンを機内モードにする。あるいは電源自体を切ってしまってもいいかもしれない。

「タイムオフ」をとりましょう

スマホを機内モードにして
数時間過ごしてみよう……

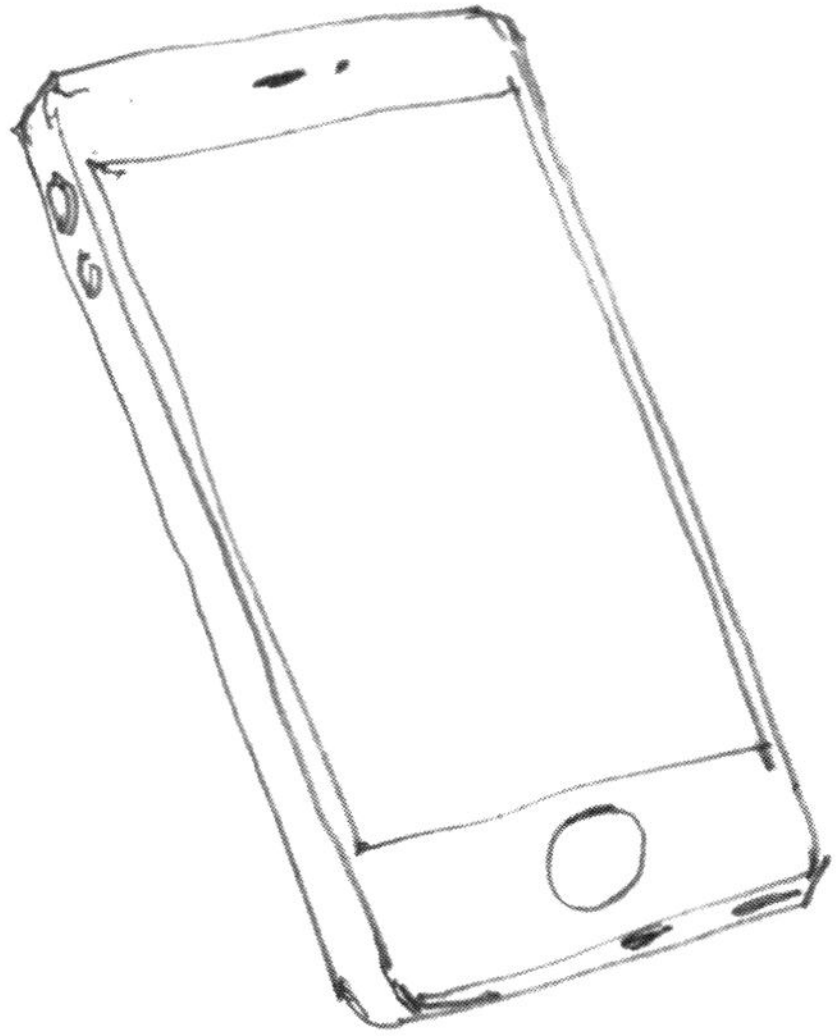

そして、数日間見ていない

タブを閉じよう。

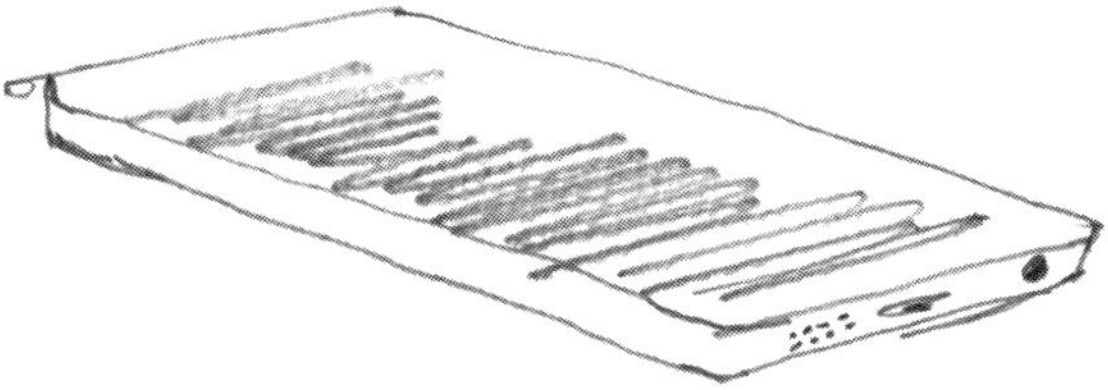

ティファニー・シュライン

（米国人起業家、映画監督）

「週1日、テクノロジーの電源を全部切る日をつくる。すると人生が変わる。心がリセットされたように感じ、モニターの前に座っていては全然やろうと思えなかったあれこれができてしまう」

紙の地図や手書きの道順メモを手にして街歩きをしたのは、いつが最後だろう？

24時間、モニターを見ずに過ごしたのはいつだろう？

ティファニー・シュラインなら、「この前の週末だ」と答えるだろう。

もう何年間も、シュラインと彼女の家族は週1回、**テクノロジーの電源を全部落として24時間電源を入れない日**を設けることを決めている。

彼女はそれを「テク・シャバット（テクノロジーの安息日）」と呼び、金曜日の夜に開始する。デジタル機器を使わないことで、家族や自分自身との時間をしっかり過ごせる。そして、テクノロジーを当たり前と思わずに過ごすことができるのだ。

仕事やさまざまな責任から休む日を作ること自体は、新しいアイデアではない。「シャバット」という言葉は、サバト（安息日）やサバティカル（休職）と関係がある。サバトは宗教で定められた安息日で、その日は仕事をしてはならない。ユダヤ教では金曜日の夜から土曜日の夜、キリスト教では日曜日に定められている場合が多い。

常に繋がっているこの世界で、たまには宗教的習慣からヒントを得て、テクノロジーとの関係を考え直すのもいいかもしれない。

でもどうして、シュラインと彼女の家族はテク・シャバットを始めたのだろう？

ケン・ゴールドバーグと付き合いだしたとき、彼はシャバットをきちんと行いたいとシュラインに伝えた。つまり、土曜日には仕事をしないということだ。

シャバットと、その日に働かないことがとても重要なのだと語るゴールドバーグに、シュラインは衝撃を受けた。著名なロボット工学の教授で、いつも大忙しの彼が、働かないってどういうこと？

シュライン自身も「ウェビー賞」の創設者で、インターネット上で傑出したコンテンツを作ってきたし、起業家でありテクノロジーが大好きだったので、繋がり続けることが当たり前の生活を送っていた。だから、ゴールドバーグの取り組みは、彼女にとってもすごく魅力的に思えた。

やがてふたりは結婚し、子供が生まれた。スマートフォンを使うようになり、ポケットの中のスーパーコンピューターから、情報と邪魔がとめどなく供給されるようになった。

２００９年、シュラインの父親が亡くなり、その数日後に娘を出産した。人生の大事なときに、彼女はテクノロジーによって「今」にいることを邪魔されていると感じた。人生でもっとも重要な瞬間を台無しにされていると感じたのだ。

彼女が喪に服している間、彼女が働いていた「リブート」という会社は「ナショナル・デイ・オブ・アンプラギング（電源を切る日）」に参加した。テクノロジーなしで24時間を過ごすことを、会社が奨励したのだ。

そのときすでに、彼女はデジタル機器なしで生活する方法を探っていた。

「この世でいちばん強く結びついていた父を失って、私はどう感じればいいのかわからないほど途方にくれていました。愛する人たちを見つめながら、このままではいけないと思ったんです。後悔しないように生きたいと思いました。今ここに、ちゃんといなければって。ナショナル・デイ・オブ・アンプラギングに参加したら、気持ちが落ち着き、なだらかで、ちゃんとここに存在しているという気持ちになれました。だから、毎週やろうと決めたのです」

24時間、デジタル機器なしで、モニターを見ずに過ごすことを想像してみてほしい。いつもの街並みが、まるで外国に来たみたいに、きっとまったく違って見えるだろう。GPSがなければ、自分の探検心を頼りにするしかない。まわりに注意を払い、目印を見つけるだろう。

グーグル検索できなければ、道行く人やバリスタにおすすめを尋ねるだろう。**自分の周りにいる人が、テクノロジーよりもっとすごい存在だと気づけるかもしれない。**

インターネットを使わないためには、少し準備が必要だ。

シュラインはまず友達や家族に、24時間繋がれなくなることを伝えた。そしてスケジュールや連絡先の電話番号をリストアップして印刷しておく。

準備が完了したら、家族みんなで電源を落とす。決めた時間にいっせいにするときもあるし、金曜日の夕方に電源を落とすように決めている日もある。

24時間スクリーンなしでなにができるというのだろう？

シュラインのおすすめは、読書や庭いじり、時間をかけてご飯を作ったり、近所の人の家に行ったり、子供みたいに遊びを作ってみたりすることだ。

インターネットで答えを確かめずに、あれこれ思いを巡らせるのもおもしろい。

最初のテク・シャバットでは、ふたりはとても長いデートに出かけた。

シュラインと僕たちがPodcastインタビューで話したとき、ジョンはテク・シャバットを試してみたくなった。だから恋人と一緒にやってみたそうだ。

ふたりがいちばん驚いたのは、時間の流れ方がゆっくりになることだった。一瞬一瞬をゆっくりと過ごすことで、人間関係が改善されるのではないかとふたりは感じた。

気を散らす機器を一定期間触らないようにすることこそが、質の高いタイムオフの秘訣だ。

実践　小さな「テク・シャバット」をやってみよう

モニターなしでは仕事ができない人がほとんどだろう。だけど、ピクセルの世界から抜け出して、他の世界を探検したのはいつが最後だろうか。オンラインにもひらめきは転がっているけれど、オンライン世界で話されていることは、オンライン世界外の出来事のはずだ。だったら、情報源へ飛び出そう。新しい経験とひらめきの世界へ深く潜るんだ。24時間もスマホを触れないのは絶対無理？　じゃあ最初はよちよち歩きでも大丈夫。朝だけとか、午後だけ、というふうに時間を決めてテク・シャバットをしてみよう。金曜夜から土曜夜の24時間を目指さずに、昼食や朝食のあとの少しの時間だけでも十分だ。モニターなしのタイムオフのあとは、モニターを使用する時間にもひらめきが湧いてくるはずだから。

なぜ退屈を、埋めたくなるのか？

認知コンロールを向上させることと、テクノロジーを賢く使う習慣を身に付けることはどちらも重要だ。それができたら、隠れていた問題が見えてくるだろう。テクノロジーへの執着は、別の問題にふたをするためだったのだと、あなたも思い至るかもしれない。ニューポートは次のように述べる。

「多くの人がスマホにしがみついているのは、余暇を充実させてこなかったせいでぽっかり空いた穴にふたをするためだ。多くの人たちは余暇の質をないがしろにしすぎて、その空洞に耐えられない。しかし、デジタル機器の助けさえあればその空っぽさを感じずに済む」

「退屈すること」にまた戻ってきた。タイムオフを実践しなくなったから、退屈が問題になってしまったのだ。

社会心理学者のエーリッヒ・フロムによると**「退屈するというのは、その人の活動や状況に意味が欠落していることからくる不安感」**なのだそうだ。新しく手に入れた自由な時間を意義で満たさなければ、ポジティブな変化が台無しになるかもしれない。だから空っぽを感じないように、だらだらとテクノロジー漬けになるのだ。

今こそ、アリストテレスの「高尚な余暇」に戻る必要がある。ぽっかりと空いた穴を埋め、意義のある強い力でバランスを取らなければ、すぐに誘惑に引き戻されてしまう。よし、ここでテクノロジーに力を貸してもらおう。

「インターネットは、余暇のルネッサンスの立役者だ。以前では普通の人には考えられないほどの、余暇活動の選択肢を用意してくれる」とニューポートは観察する。

デジタル機器の使用を一切やめるように、というのはニューポートのアドバイスではない。その代わり、受け身で過ごしていた時間をより質の高い余暇活動に切り替えることを提案する。身体を動かす活動や、現実世界でスキルを学んだり、直接人と会うことなどを奨励している。YouTubeを見るなら猫の動画を見るのではなく、なにか現実世界で応用できることを説明しているビデオがいいだろう。

新しい趣味や技術習得に夢中になるほど、退屈したり見逃したりしてしまうのではないかという恐怖心が消える。すると、集中力は高まり、マルチタスクをすることなく、ひとつのことに没頭できる。休息倫理をしっかり持ち余暇を充実させれば、テクノロジーとの関わり方も自ずと改善されるだろう。

テクノロジーを適切に使い、タイムオフと高尚な余暇でバランスをとれれば、将来のビジネス、キャリア、創造性を飛躍させることに繋がるのだ。

ブルネロ・クチネリ

（イタリア人ファッション起業家）

「朝起きてからの5時間と、寝る前の5時間が同じだって本当に思ってる？　そんなわけない。寝る前は疲れてるでしょ。疲れていたら、聞く耳が働かなくなる。そんなときに下す決断はとても危険だ」

イタリアのソロメオの昼食どき。エメラルド色に輝くアンブリアの丘を見下ろし、たくさんの家族がくつろいだ様子で昼食を楽しんでいる。焼きたてのパンをちぎり、栄養たっぷりのおいしいコース料理に舌鼓をうち、ワインを飲んでいる。

ギターの生演奏と笑い声、話し声が入り交じる。

まるで夢に描いたようなヨーロッパ旅行のワンシーンのようだが、このランチを毎日楽しんでいる人たちがいる。「ブルネロクチネリ」のスタッフたちだ。年商４億５０００万ドルを超える高級カシミアセーターのブランドである。

この企業は、社員の精神を枯渇させるのではなく、大切に育てることに重点を置いている。そして社員たちも、そんな企業文化を楽しんでいる。

スマホを握りしめている典型的な取締役とは違い、社長のクチネリはメールボックスを常にチェックしたりしない。

どんな従業員も、時間に追われるような仕事の仕方はしてはいけないと、彼は信じている。

彼はメールをチームメンバーに転送するために時間を使うのではなく、社員が新しいスキルを身に付けるためにはどうしたらいいのか考えることに知恵をしぼっているのだ。

彼がいちばん大事にしているのは、穏やかでクリエイティビティあふれる職場文化であり、それがあってこそ美しい製品が生まれている。

会社の倫理は「総合的な品質」を核にし、それは個々人の内面の質に比例すると彼は信じている。

「社員それぞれの人生の質と心の質は、守らなければならない価値である」「私のせいで過労させてしまうのは、私が魂を奪ったということです」と、クチネリは言う。

もっと多くのリーダーたちが彼のように考えたら、世界はどうなるだろう？ クチネリの事業方針は、数字第一で効率のみを追求する多くのリーダーたちとは対極にある。それでも彼のビジネスは安定して成長している。きっと学ぶことがたくさんあるはずだ。

「オティウム！」というラテン語は、おおまかに訳すと、食べたり内省したり休んだりといった余暇的活動を楽しむためのタイムオフ、もしくはなにもしないことという意味である。これこそ、ブルネロクチネリのモットーだ。

「冬の日曜日の午後は、焚火の前で6時間過ごします。じっと炎を見つめてただ考えるのです。夜にはたくさんの思考でほろ酔い気分です」と彼は説明する。

クチネリにとって、仕事から離れる時間は仕事に不可欠なのだ。

「私の会社では午後5時半をすぎたらメール送信が禁止されています。終業時間なので、それでおしまいです。すると翌朝、とてもクリエイティブな状態で始められます」

彼にとって良いリーダーであることとは、人を敬うことだ。

美しい文化を作ることこそが、美しい製品を作ることと同じくらい、彼の会社にとっては必要なのだ。

クチネリはこう述べる。

「仕事は、その性質や種類にかかわらず、人生や休息、心と体のバランスを保つ時間を枯渇させるものであってはならないのです」

グラッツェ！　ブルネロ!!

実践　仕事の文化を見直して質を上げよう

質と量、どちらが大事だろうか？　仕事や職場の質を上げたいと思うだろう。そして正直に言えば、それなしに成功はない。クチネリのリーダーシップから学ぼう。人の尊厳を敬うリーダーシップだ。終業時間になったとき、ちゃんと自分や同僚を労っているだろうか。同僚を機械のように思うのではなく、みんなが面白いことをしよう、なにか作ってみようと思えるような工夫ができないだろうか？　チームメンバーたちの人生の質を尊ぶことで、チーム全体の質が上がる。そんなに大きなことに感じないかもしれないけれど、自分の働き方に気づくことで、よりよい文化を築くことができるのだ。

第 10 章

これからの働き方

THE FUTURE OF WORK

２０１６年3月、コンピューターサイエンス界に衝撃が走った。「ディープマインド・テクノロジーズ」が開発したコンピューター囲碁プログラム「AlphaGo」が、韓国のグランドマスターの李世《イセ》ドルを4勝1敗で打ち負かしたのだ。伝統的なゲームでのＡＩの勝利は、人々を驚かせた。

そんなに大した話ではないと思う人もいるかもしれない。

この囲碁対決の20年前には、すでにＩＢＭが開発したチェス専用コンピューター「ディープ・ブルー」がガルリ・カスパロフに勝利したことを考えれば、囲碁での勝利も当然だと思うかもしれない。

だけど、ふたつの勝利が意味することは大きく異なっている。

チェスの1手ごとの選択肢は囲碁ほど多くない。容量を満たすコンピューターでくまなく可能な手を捜し、最適なものを選ぶことが可能だ。ディープ・ブルーは別にスマートなわけではなく、「力まかせ探索」に長けていたのだ。

囲碁は違う。盤はより大きく、ルールはシンプルだ。しかし、ゲーム自体は難しい。シンプルであるからこそ複雑に局面が進行していく。

制限が少ないので、１手の可能性がより多様だ。**2手動かしただけで、12万９９６０通りの石の配置が考えられる。**対してチェスの場合は４００だ。そしてこの多様さは、１手打つごとに倍数的に増加する。

囲碁盤で考えられる石の配置は171桁にものぼる。宇宙全体に存在すると考えられる原子の数よりも膨大だ（こちらは最高でも80桁ほどだろうと考えられている）。

どんなに強力なコンピューターをもってしても、力まかせ探索では歯が立たない。李世ドルに勝つためには、本当にコンピューターが彼よりも「スマート」でなければならなかったのだ。

囲碁においては人間の棋士のように、どの手を追求すべきか、捨てるべきかを「頭」で考える必要があり、コンピューターがただ決められたルールに従って動く見せかけの知能ではなく、真の意味での人工知能が必要なのである。

だからこそディープマインド・テクノロジーズがこのような知能をシステム上に作り上げ、しかも期待されたよりも早く成し遂げたことに、コンピューターサイエンス界が（囲碁コミュニティも）震撼したのである。

この革新的な成功の立役者のひとりが、デイビッド・シルバーだ。

彼はディープマインド・テクノロジーズの主要研究者であり、AlphaGoのチームリーダーである。

李世ドルに勝利したあと、チームはそこで満足せず、改善できるところはないか研究に戻った。そうしてできたのが、「AlphaZero」だ。

よりパワフルで汎用性が高く、チェスなどの他のゲームをプレイすることもできる。

僕たちに大切なことを教えてくれると思うので、このテクノロジーの誕生秘話を紹介したい。


レックス・フリッドマンとのインタビューで、シルバーは「AlphaZero のアイデアが浮かんだ瞬間のことをすごくはっきりと覚えている」と答えている。その瞬間はタイムオフのときに訪れたらしい。

「ハネムーンのときだった。リラックスしていて、安らかな気持ちだった。そしたらピコンって AlphaZero のアルゴリズムが突然浮かんだんだよ！」

休んでいるときにひらめいたのは、偶然ではないとシルバーは考える。

「寝る間も惜しんで、常に頭をフル稼働させてアイデアをひらめこうとしている研究者は、ちょっと休んでみるといいかもしれない」と言うシルバーに、僕たちも賛成だ。


そしてこのアドバイスが必要なのは、研究者だけではないだろう。

どんな分野においてもビッグアイデアを求めるならば、仕事から離れる時間がときどき必要だ。

将来、ＡＩがボードゲームだけでなく仕事でも、僕たちより優れた能力を発揮するようになる。

そんな未来でも活躍し、競争に負けないためには、ちゃんとタイムオフができなければならない。

カイフー・リー

（台湾生まれの米国人AI専門家、ベンチャー投資家、ライター）

「日課をこなすために存在しているわけではない。創造するために生きている。愛するために存在しているのだ」

「子供たちが時間を取れるときに休暇にする。私の時間が取れるときではなくてね」

カイフー・リーは、まるでロボットのように働く自らの厳しい労働倫理に誇りさえ感じていた。彼のキャリアは、そんな時間の方が圧倒的に長かった。余暇と安らぎを忌み嫌い、そんなものは怠け者の害悪だと思っていた。

週80時間労働も日常茶飯事で、午前2時に起き、海外の同僚からのメールに対応し、まじめに働いていることをアピールした。それにより、成功しているように思えた。

彼は大学で、継続的音声認識システム「Sphinx」を開発した。その後、アップル、マイクロソフト、グーグルでＡＩ開発を任され、「シノベーション・ベンチャーズ(Sinovation Ventures)」として知られるベンチャーキャピタルファンドを始めた。

リーは、自分に課していた過去の労働倫理は常軌を逸したものだったと認めている。

「何世紀もの間、人は四六時中働いて日々を過ごしてきた。時間と汗を、金に、家に、食べ物に換えてきました。私たちは文化的システムと価値によって、この交換を当たり前のものだと思っています。そして、日々の労働と自己価値を結び付けるよう信じ込まされているのです。私は嬉々としてその被害者になり、洗脳され続けていました」

彼は家族への愛もないがしろにして、労働倫理に従ってきた。しかし２０１３年、すべてが変わる。リンパ腫ステージⅣで、余命数か月だと宣告されたのだ。

「あと何か月かしか生きられないと突然言われ、不確かさが募るなかで、私はひたすら考えました。そして、**仕事の功績に自己の価値を見つけようとするなんて、あまりにも愚か**

だったと気づきました。優先順位がぐちゃぐちゃだったのです。家族のこともまるで無視して、気づいたときには父は既に他界し、母は認知症で私のことさえもう覚えていなかった。娘たちはとっくに成人していました」

幸運なことに腫瘍は寛解に向かっているが、彼は治療を受けながら、自分がそれまで一端を担ってきたＡＩ世界における人間性の意味を見つめ直した。

アンドリュー・ザッカーマンとのインタビューで、リーは次のように述べている。

「産業革命によって私たちは一生懸命働くようにプログラムされ、実際この時代に、多くの手工業が流れ作業に取って代わられました」

そして、本書でも説明したとおり、仕事に対するこの態度は長い間引き継がれ、リーやその他の人たちを忙しさの虜にし、過労地獄へと押しやったのだ。

「自分を機械だと思わなければやってられなかった」とリーは振り返る。

しかし、もうそんな必要はない。機械にふさわしい仕事はＡＩがやってくれる。そしてロボット工学や機械学習により巨万の富が人類にもたらされると、彼は強く信じている。それも、数兆円などくだらないほどの富だ。

このようなテクノロジーの発展は世界経済をデザインしなおし、同時に雇用の形態も変えていく。大きな変化が目前に迫っており、この変化によって人々は多くのタイムオフを得るだろうとリーは予測している。

「単純作業はしなくてよくなるので、自由になる時間が増えます」と彼は指摘する。

しかし僕たちは、その時間をどう投資すればよいだろうか?

「単純作業なんかしていてはいけないのです。クリエイティビティを発揮し、戦略を練って問題にあたることや、他の人と繋がり、やさしく接することなどに従事しなければなりません。愛こそが私たちの強さなのですから。こういうことを私自身がしなければならないし、他の人にも勧めなければいけない。単純作業ではなくて、自分が好きなことや情熱を感じるものに取り組むべきです。AIに負けないとか共存するとかだけでなくて、人として前進するために、**私たちは人間とはどのような存在なのか、どう定義していけばいいのか、その答えを追求するべきです**」

死と向き合ったことで、リーは自分が血眼になって向上させようとしてきたテクノロジー分野への新しい視点を手に入れた。愛とクリエイティビティに重きを置くことで、人工知能ともまた違う関係が築けるのだ。『AI世界秩序――米中が支配する「雇用なき未来」』(日経BPマーケティング　2020年)で、リーはこう述べている。

「なにかを発明し、作ったものに喜びを感じる。私たちは科学的なプロセスにおいてとてもクリエイティブです。病気を治療したり、本を書いたり映画やストーリーを作ったり、マーケティングですごいプランを考えたり。こういうクリエイティビティをもっと楽しまなきゃ。そしてそれこそが、私たちを人間たらしめるものなのです」

また、「（AIは）思いやりを要する仕事に就くことは決してできない」、そして単純作業は「人間でなくてもやれる。人間であることのしるしは愛することができる能力だから」と楽観的だ。

人間の愛と創造性こそが将来への希望だとリーは気づいたのだ。そして、スマートな機械とともに「仕事の未来」へどう楽しんで到達できるか、考えてみてほしいと説く。「この世界をゼロから作り直すことができるなら、きっと私たちは得したと感じるでしょう。単調な単純作業は機械がやってくれるのだから。そして私たちは思考し、発明し、想像し、遊び、友達を作り、趣味に没頭することができる」とリーは考察する。

そしてあらゆる形で、クリエイティブな仕事の再構築はもう始まっている。アリストテレスが現代によみがえり、テクノロジーの発展を目にしたら、**今こそ高尚な余暇に戻る絶好のタイミングだと言うだろう。**

AIの影響はなにも架空の世界の話ではない。すでに商業的な運用がされている。将来の仕事は退屈になるどころか、クリエイティブでワクワクにあふれているだろう。「株選びにしろ、ローンにしろ、カスタマーサポート、テレマーケティング、工場の組み立て作業や補助的な仕事、セールス、パラリーガルなんかも全部、AIが人間よりもずっと上手にやる未来がくることは明確です。AIがそういう仕事を担い、その分の時間を人間にとっての、自由にできる時間にしてくれるのです。大好きなこと、得意なことができるように。人生におけるとっておきの時間だ。**私たちの未来は、知能の高いコンピュータに支配されるディストピアではないのです**」とリーは述べる。

チャンスをつかみ、休息倫理を大切にしてみよう。

ＡＩと競わなくてもいい、クリエイティブな雇用にたどりつくのだ。

実践　あなたの創造性を見つめよう

あなたの仕事について、考えてみてほしい。自動化や機械化されうるところはあるだろうか？　クリエイティビティが必要なのは？　自分のスキルを思い浮かべ、どこに自らのリソース（時間、努力、金）を使えるかなどを考えてみよう。あなたの才能は自動化、機械化されうるだろうか？（エクセルが得意だという人は、とくに考えてみてほしい）クリエイティブでワクワクする仕事はあるだろうか。タイムオフで取り組みたくなるくらい、楽しいこと。それを見つけたら、思いっきりやってみよう。心から楽しみ、クリエイティブになれることこそ、ＡＩの時代に前進するための鍵なのだ。

人間はＡＩと共に栄ていく

今の時代は、多くの人がナレッジワーカーだと言える。ナレッジワーカーは、肉体労働を通して価値を作り出すのではなく、考えることや作ることが求められる職業だ。ほとんどのナレッジワーカーはその分野の第一人者であることが多く、高等教育と現場での経験、またはその両方の深い知識をもっている。

しかし多くの場合、**その知識のほんの一部しか役立てられない働き方をさせられている。**「専門家」らしいことは一切できず、事務作業や単純作業に追われ、情報を伝達するだけの役回りを任されるのである（Slackやメールの専門家だというのなら話は別だが）。

しかもこういった業務はとても気が散るし、ゆくゆくはＡＩや他の生産性向上ツールに任されるようになるだろう。もう準備は整いつつある。自身のキャリアを、なにかを作り出したりする人間らしい側面や、その専門性に向けられなければ、立場は危なくなる。

あなたの仕事内容は、ルールブックや指南書で説明可能だろうか。答えがイエスなら、あなたの仕事は機械か、安価な労働力によって取って代わられるだろう。その仕事が容易にできると言っているわけではなく、付加価値が下がると言っているのだ。

価値ある存在でいたいのであれば、ＡＩには取得できないスキルを磨くことだ。ＡＩの現時点での最高形態はディープラーニングだ。とても強力だが、その正体は大量のデータを統計学的に分析できる能力に優れているというだけだ。

専門家の間では、囲碁とチェスは「完璧な情報ゲーム」と呼ばれるが、その意図がすべてのプレイヤーに周知されていれば、ＡＩはもっとも成功しそうなパターンを選び出して勝つことができる。

しかし、現実世界でそんなことはできない。とくに、創意工夫が欠かせないプロジェクトではありえない。ＡＩには多くのことができるが、決まったパターンの外側から情報を見つけてくることは人間にしかできないのだ。

真にクリエイティブなアイデアは、いつも統計的な予測の外側で起こるものだ。仕事の価値を下げないためには、枠から外れた「異常値」を作るつもりで挑まなければならない。

そして僕たちは、一歩引いてうまくいかない原因を探り、状況を打開することができる。僕たちには、学び直す能力があるのだ。昔のやり方ではうまくいかないとわかったら、新しいやり方を試せばいい。コンピューターサイエンスのパイオニアとして知られるアラン・ケイは、次のように述べる。

「ある意味、将来の可能性は我々がどう学ぶ（learn）かではなく、既知のものをどう捨て去る（unlearn）かにかかっているとも言えるでしょう」

人類はこれまでも何度も変化を経験したけれど、その変化の頻度が上がっている。既知の概念にとらわれないことで、変化を受け止め、新しいテクノロジー開発の波によって生み出されるチャンスやツールを逃さずキャッチすることができるのだ。

AIと共に栄えるには、ルールに従うことよりも「学び方」を学ぶことを重視しよう。明確な制限を取っ払ったらなにができるかを考え、自分なりのルールを持ち、参加しているゲームから知恵を借りたり、遠くにある点を繋いだりすることが必要だ。

不確かであることに慣れ、自分の創造性に舵取りを任せよう。どんな分野であろうと、クラシック音楽のような演奏を目指さず、ジャズの即興を目指してみよう。

追求するのは、究極の「人間らしさ」だ。産業革命により「流れ作業」の列に加わって以来、僕たちはずっと機械のように働かされてきた。**でもこれからは、機械のとなりで、人間らしく栄えよう。**忙しいだけの役回りは捨てて、人間にしかできないスキル、特性、才能を磨くのだ。それは、あなたの中からどんどんあふれだしてくるだろう。

人間は「でっかく」考えられる

AlphaGoに李世ドルが惨敗したとき、多くの棋士たちが意気消沈した。しかし、最初の衝撃が落ち着いたとき、そのカオスの中に前向きな動きが現れた。

最初の5局で李世ドルは、機械が人間のプレイヤーとはまったく違う戦い方をすることに気づいていた。実況していたコメンテーターたちも、ＡＩが失敗しているのか、絶妙な手を繰り出しているのか、判断がつかなかった。全会一致だったのは、人間の巨匠はＡＩのような手は考えないということだった。

それからすぐに、人間がAlphaGoの対局スタイルを研究し、ＡＩを強力な訓練相手として採用し始めた。李世ドルがＡＩ相手に1勝したのは、誘導を軸に対局を進めたからだった（のちに観戦者が「神の一手」と呼んだ動きが決め手だった）。

李世ドルは、あの一手が可能だったのは、AlphaGoによって追い詰められ、自分を超える「超人的」ななにかを引き出せなければ勝てないともがいたからだと述べている。対局からの数年間は、「人間らしくない」プレイスタイルが多くのプロ棋士たちにインスピレーションを与え、この新しい視点から、囲碁へのより深い理解が進んだ。

ナレッジ・ワークで重要なのは戦略だ。戦略を作り、アップデートするためには、発散的思考（広く全体を見渡したうえでアイデアをたくさん出すスキル）と、集中的思考（突き詰めて集中するスキル）が必要だ。

現在のＡＩアプリやシステムは集中型の仕事に向いている。専門家はこの種類のＡＩ

を「特化型ＡＩ（Narrow AI）」と呼ぶ。ひとつのことに集中する能力はずば抜けているが、設定やタスクがちょっとでもズレると知識を適用できない。狭い領域であればすべての点繋ぎができるが、発散的思考と俯瞰的視点で戦略を立て、遠くの点をも繋ぐことができるのは人間の方なのだ。

特化型ＡＩはこれから数年の間に大きな発展を遂げるだろうが、汎用型ＡＩ（General AI）がそうなるには、もうしばらくかかると専門家は予測している。**だから僕たちには、守備範囲の広い思考が求められている。**特化的ツールの新しい使用方法に焦点を当て、集めたデータを基に僕たちの「神の一手」を繰り出すのだ。

ＡＩツールの新たな可能性を想定し、それを進化させ、統合し、新しい文脈に変換する方法を戦略的に考えられる人だけが成功を収めるだろう。そしてその成功のいくつかを、すでに僕たちは目撃している。

ディープマインド・テクノロジーズはAlphaGoや他プロジェクトにより習得した専門性を現実的な問題解決に役立てている。たとえば目の病気の診断速度を上げたり、グーグルのデータセンターの冷却を最適化してエネルギー消費量を30パーセント抑えたり、人体にたんぱく質がどのように保たれるかについての理解を助けたりしている。

現代のＡＩは、可視化や後方支援の役割だ。戦略を立てることも、領域をまたぐことも、不公平な状況を工夫して切り抜けることも、俯瞰して状況を判断することもできない。だけど、僕たちにはそれができる。強力なツールとしてAIを使いこなし、やり遂げることができる。人間らしい仕事を、これまでよりうまくやっていけるはずだ。

人間は「気持ち」がわかる

落ち込んでいるとき、AlexaやSiriに同情してもらっていると感じたことがあるだろうか。おそらくないだろう。

心情を理解してもらうことや、気持ちを共有できることは、人間のやりとりや関係作りに欠かせない。友人に心をこめて忠告をしたり、同僚との連帯を感じたりといったエンパシー(共感)は、人類の進化の根底にある。機械はこれがすこぶる苦手である。人の数ほど、状況や感情には種類がある。AIシステムが嬉しい顔や悲しい顔を認知できるのはすごいことだが、感情を理解していることにはならない。視覚的なヒントやたくさんのデータから、パターンに当てはめているだけだ。

しかし、人間の感情はとても複雑だ。嬉しくて泣くときもあるし、悔しいのに笑うときもある。限られた情報しかないなかで、直感に頼るときもある。

人間関係やコミュニケーションは、かなり混沌としていて、チェスや囲碁のような完璧な情報戦とはほど遠い。自分の気持ちさえ理解できないこともあるのに、他人の気持ちを理解するなんて難しすぎる。

さらに、感情に名前を付けることと、その文脈や意味を理解し、適切に応えることはまったく違う。この力、つまりエンパシーを感じる能力は機械には備わっていない。

統計によると、ビッグデータは人間が共感する能力と対等にはなれないらしい。人間は直感的に感情を察知することで、ＡＩには理解できないものにも、思いやりを持つことができる。一方で、エンパシーの力を向上させるために、ＡＩを役立てることはできる。

退屈な仕事は新しいテクノロジーに任せて、僕たちは独自スキルを伸ばしていこう。マックスは昔、ＡＩプロダクト開発を任されていた。このプロダクトを使うと、証券アナリストは大量のニュース情報から洞察を得ることができ、投資先を決めるまでの情報収集時間を９割削減できた。

単調で機械的な仕事をしなくてよくなったので、その時間で自分のスキルやクリエイティビティ、人との繋がりを活かせる業務に取り組むようになった。ＡＩを敵視せず、味方につけることで仕事のレベルを押し上げたのだ。

医療や法律のプロを思い浮かべてほしい。「専門家」という言葉から思い浮かべる典型的なイメージを持つ職業だ。この人たちは、事務的で単調な仕事にどのくらいの時間を費やしているのだろう？　患者と向き合う時間は取れているだろうか？　ちゃんと集中してそれぞれのケースに取り組めているだろうか？

現代の病院は、工場と似ているところがある。**患者はまるでベルトコンベヤーに乗せられているかのように、標準化された過程をたどらされる。**どのカテゴリーに当てはまるかを手早く判断され、次のセクションへと送られるのだ。

もしＡＩによって医師の事務仕事が９割削減されたらどうなるだろう？

余った時間を患者としっかり向き合うために使うことも可能になる（あるいは週30時間残業をやめてきちんと睡眠時間が取れる）だろう。機械が機械でもできる仕事を請け負い、人間が人間らしい仕事をもっとできるようになったら、ケアの質は向上するのではないだろうか。

「アスペン研究所」による２０２０年の人工知能についての会議で、報告書は「人工的な親密さ」と名付けられた。その中では、Ｓｉｒｉの共同開発者である前ＣＴＯのトム・グルーバーの「ＡＩの新たな役割は、僕たちが集合体としてもっと良くなれるように補佐することだ」という言葉が引用されている。

既知の概念を手放し、無知を認める重要さについての報告もある。マサチューセッツ工科大学教授のシェリー・タークルは、**エンパシーは「『あなたの気持ちがわかるよ』から始まるわけではない。あなたの気持ちがわからないと気づくことから始まるのだ」**と述べる。

内省と思いやりに根差したこの気づきこそ、人としてのスキルでしか到達できないものだ。しかし、ＡＩの力を借りて、そのスキルを高めることはできるかもしれない。

人間は「集めて整理する」ことができる

本書の執筆中、マックスは「Ｑｏｓｍｏ」のフルタイムメンバーであった。アート、音楽、デザインにＡＩ技術やデジタル技術のツールを提供する、東京を拠点にする集団だ。代表取締役の徳井直生は、慶應義塾大学の准教授でもあり、機械創造学（コンピュテーショナル・クリエイティビティ）を専門に研究する。彼は文学作品を例に挙げて、ＡＩのクリエイティブな分野での可能性について説明している。

アルゼンチンの著名な作家であるホルヘ・ルイス・ボルヘスが書いた素晴らしい短編「バベルの図書館」には、ページ数が４１０の、考えうる書籍がすべてそろっている巨大な図書館が登場する。アルファベット〈ａ〉で埋め尽くされた本もあれば、〈ｚ〉で埋め尽くされた本もあり、その間の考えうるすべてのアルファベットの組み合わせが書かれた（４１０ページの）本があるのだ。

その本のほとんどが、意味のわからない作品になっていると想定できるが、その無数の本の中に素晴らしい詩集が隠されているかもしれない。実在の国、もしくは架空の世界の歴史が書かれているかもしれない。ものすごい発明について書いた科学的論文もあるかもしれない。過去や未来、そしてあなたがその本を手にする瞬間の物語が書かれた本だってあるかもしれない。

この図書館には、これまでに書かれたすべての作品、そしてこれから書かれるであろうすべての作品がそろっている（４１０ページという量的制約はあるが）【原注6】。ただ、コレクションがまったくばらばらに並んでいるのが大きな問題だ。

この物語が本書とどう関係があるのだろうか？

関係大ありだ。僕たちが作り出すものすべてに「バベルの図書館」が存在する。僕たちのイマジネーションにもこの図書館はあり、絵、ソフトウェアプログラム、音楽作品、ビジネスプランごとに、この図書館は建っている。なにかを作り出すとき、この超巨大な図書館をさまよい、その中にある一冊を捜しているのだ。

これをＡＩやディープラーニングが助けてくれるとしたらどうだろう。人類史上、現代

原注6　英語の本は1ページに30行あるとして、その1行には60文字入るとすれば、４１０頁の本の総文字数は30×60×４１０＝73万８０００である。アルファベットは控えめに数えても26文字（大文字と小文字の区別をつけないと仮定して）、アルファベット以外の文字を合わせれば40だ（0から9の数字、句読点としてはドット、クエスチョンマーク、エクスクラメーションマーク、スペース）。そう考えれば、図書館の蔵書数は40の73万８０００乗で、それは2のあとに１２０万個のゼロが続く数だ。あなたがライターで、もう面白いことは書き尽くされたと感じるなら、立ち止まって、この数字を頭に入れてほしい。画家や音楽家は、40文字そこらで戦わなければならないライターに比べれば、かなり自由に作り出せることを覚えておいてほしい。クリエイティビティの可能性は底なしだ。

ほど、この図書館を探検できる時代はなかっただろう。機械学習よりも速く、意図的な方法でそれが可能なのだ。

しかも、この探索は始まったばかりである。ＡＩは僕たちがなにを欲しているのかを明らかにし、混沌とした図書館に秩序をもたらしてくれる。

しかし、なにを探すのか、そして手に入れた本をどうするのかを決めるのは人間だ。ＡＩはまじめですごく役に立つ司書になるかもしれないが、キュレーターは人間なのだ。**アートかゴミか判断できるのは、僕たちだけなのだから。**

グラフィック・デザイナーは、フォトショップやその他のデジタルグラフィックデザインのソフトウェアが登場したから活躍できなくなったって？　そんなことはない。むしろその逆だ。新しいツールを試すことで、作業が簡単になり、可能なデザインを作りだす余地が増えたと感じた人がたくさんいた。

デザインをするのはソフトウェアではないし、良いデザインを判断するのもソフトウェアではない。ソフトウェアを使用するデザイナーに多くの選択肢と余白を与え、探求やキュレーションの可能性が大きくなったのだ。

絵筆とカンバスの質で筆致が変わるように、楽器と強い絆で結ばれた音楽家が練習に励むように、優れたＡＩクリエーターは自分が使うシステムを熟知し、思い描いたとおりの結果を生みだすためになにをどう操作すればいいのかをしっかり心得ている。

ＡＩと人工知能システムが僕たちを操っているのではない。それらは、ただのペンであり、筆であり、カメラであり、バイオリン、彫刻刀、その他さまざまなものと同じである。つまり、ただのツールなのだ。

それは真新しくて、とても複雑なので、魔法のように見えるかもしれない。「自動操縦デザイナー」のように見えるかもしれない。でも結局は、クリエイターたちの手に握られた道具にすぎないのだ。

そういった道具で人間らしさを表現する。そんな人たちから、真にクリエイティブな表現が生まれるだろう。エンパシーを大切に行動し、ビッグ・アイデアに出会えるだろう。ＡＩには大きな可能性がある。ただし、それをどう使うかは僕たち次第だ。

「ソフト」スキルこそ、いちばん「硬い」土壌になる

キャンプカウンセラー（訳注：北米などでは、長期休暇中にコミュニティの子供たちが参加して遊んだり学んだりする、「キャンプ」と呼ばれるプログラムがある。キャンプカウンセラーになるのはコミュニティ内の高校生や大学生で、ボランティア的要素が強い）は、遊びを通して子供たちのスキルを伸ばそうとする。他にも若者が高齢者を訪れたり、労働者が集まってメンタルヘルスの

話をしたり、苗木を植えるコミュニティ活動もある。いわゆるボランティアとか課外活動であり、このような活動も、高尚な余暇なのだ。

そういった活動は将来の仕事に繋がりもする。慈善活動としての価値だけでなく、お互いを支え合い、価値を社会に生み出し、世界をもっとポジティブなエネルギーで満たすことができる。若者が感情的にもっと豊かになり、高齢者は知恵を分け合い、大切にされていると感じることができる。孤独だった人たちが外に出て、共に時間を過ごす。自然と現代社会が共に育っていく。

どうして僕たちはこれができないのだろう？「ハッピー・アワー」は、なぜ忙しい1日のなかのほんのちょっとの時間、それも仕事から逃げ出す時間でしかないのだろう？本当だったら一日中、働いている間ずっと「ハッピー・アワー」なはずではないのか。

ジョンは「アニマル・ベンチャーズ（Animal Ventures）」でベンチャー・パートナーとして働いていた当時、ビジネス誌『フォーチュン』が選ぶ、世界で急成長している企業リスト「Fortune 100」の常連たちに、どうしたら未来の労働に投資できるのか説明していた。各業界がオートメーションの波を受けているその最中にだ。

彼らのアドバイスはシンプルだった。アイデアのデザイナーになることを、従業員の目標にするというものだ。

アマゾンやアップルといった大企業から、地元のパン屋さんや印刷所、オンラインで営業しているフリーランスの人まで、みんなのサプライチェーンは4つの段階に分けることができる。**デザインする、作成する、調整する、そして提供するの4段階だ。**

たとえば、ネットショップを立ち上げ、植物由来の服を売るとする。まず服をデザインし、作り、売り手と在庫数などを調整し、「購入」ボタンを押してくれる人たちに届ける。弁護士であれば、論点や視点をデザインし、法的書類を作成し、調査関係者や情報源と調整し、クライアントに法律サービスを提供する。

自動化が進むと、この4段階のうち3つはAIに任せることになる。作成すること、調整すること、そして提供することだ。

植物由来の服のネットショップを立ち上げたとしよう。ロボットは製造を担当し、機械学習のアルゴリズムで在庫調整やスケジュール管理などができ、ドローンや全自動自動車などが消費者に製品を届けてくれる。

しかし、デザインはそういうわけにいかない。僕たちが「デザイン」しなければならない仕事、つまりコミュニケーション、エンパシー、クリエイティビティ、不確かな状況での戦略的な思考、疑問を抱くこと、夢見ることなどは機械には任せられない。そのすべてを総称して「ソフトスキル」と呼ぶ。

しかし名前に騙されてはいけない。この種のスキルは「ソフト」だけど、鉄のように硬い（ハードな）ものだ。ＡＩやテクノロジー、機械に適した仕事の市場において、盤石な土壌を築くだろう。

これまで見てきたように、**単純作業を続けて成功する人はいない。必要なのは、クリエイティビティとビッグアイデアだ。**

バートランド・ラッセルとテリー・ルドルフは助成金の申請書を旬なタイミングで提出したから著名なのではない。哲学と科学への功績が認められているのだ。

ベートーヴェンとチャイコフスキー、そしてイーサーウッドの音楽は、昔のアーティストを真似したから人々の心を打つのではない。

マイク・マンシアス、フィラス・ザハビがコーチとして成功できたのは他のコーチと同じやり方を試したからではない。

アリス・ウォーターズとマグナス・ニルソンが世界的なシェフになれたのは抜群の材料を選び、キッチンスタッフのシフトを完璧に組んだから、ではないのだ。

この人たちが発揮したのは、デザインの力、クリエイティビティ、遊び心、はめを外すことができる心の自由さ、そして他の人との繋がりだ。

ハードなスキルがあることも確かだが、そんな人なんていくらでもいる。ではなにが違うのか。それは、ソフトスキルを使いこなし、才能を大切にできるかにかかっているのだ。

もうおわかりいただけただろうか。適切なタイムオフが実現できれば、創造をする力に繋がり、アイデアを温める時間になる。

自動化されることに怒るのではなく、**迫りくる大きな変化に備えよう。今、良い方向に舵を切り、機械のように働くのをやめれば、将来の同僚ロボットたちと良い関係で働ける理想の立場を確保することができるだろう。**

ゲームのレベルが上がれば、仕事（と休息）との関わりも変化させなければならない。AlphaZeroのアルゴリズムデザインに不可欠なひらめきは、デイビッド・シルバーがリラックスしていたときに降りてきた。余暇は懸命な労働への報酬以上のものになるのだ。

これからの働き方において、タイムオフは「あったらいいな」と願うものだったり、才能ある社員をひきつけるための餌だったりしてはいけない。

人間らしい能力、スキル、才能は競争において大切なものだ。そして、適切なタイムオフなしには発揮することはできない。**つまりタイムオフは、デスクライトやWi-Fiくらいに必要不可欠なものなのだ。**

確かに僕たちにはＡＩにはない知能があるけれど、それを育てるためには時間がかかる。それぞれの人が考えるべきだけど、まずはリーダーが努力して、そんな空間を実現すべきではないだろうか。

ステファン・アーストル

（米国人起業家、ライター）

「働く人は70パーセントの時間を我慢して過ごして、あとの30パーセントを楽しめばいいって？　そんなの絶対おかしいだろ」

「多忙なのはクールなんて、そんな考えに酔い続けるのはやめて、もっと戦略的に時間と選択にアプローチしよう」

サンディエゴ、快晴の7月、午後1時30分。昼食後、ほとんどのオフィスワーカーたちがメールの受信トレイへと戻り、午後も頑張ろうと決意新たにしているとき、「タワー・パドル・ボーズ（Tower Paddle Boards）」の全社員は仕事を終え、くつろいだ時間を過ごそうとビーチへ向かっていた。会社の記念日でも祝日でもない、普通の日だ。

この会社は、太陽の季節を目いっぱい楽しめるように、毎年6月から9月は、1日5時間しか労働しない決まりなのだ。ホームページにはこう書かれている。

「わが社の平日は他社の〝休暇〟よりもちゃんと休暇だ」

この会社のCEOであり創設者であるステファン・アーストルは、タイムオフの価値の信奉者であり、1日5時間労働は会社の文化に欠かせないと思っている。

彼の著書『1日5時間労働――違う生き方、生産性、幸せを目指して』（原題『The Five-Hour Workday: Live Differently, Unlock Productivity, and Find Happiness』未邦訳）で彼は、5時間労働で成功にたどり着いた道のりを説明している。そして、他の人もそうするべきだと説く。1世紀前のヘンリー・フォードと同じように、アーストルは業務時間を短くするように提唱しているのだ。

「1日8時間働くってのは身体に対する基準であって、精神に対する基準ではないよ」と彼は主張する。

そして現代の仕事の多くは、僕たちの精神に大きく頼っている。アーストルと彼の会社は、1日8時間労働は「時代遅れで、現代の高い生産性を求められるナレッジワーカーの環境にまったくふさわしくない」と宣言した。そして、1日5時間労働を導入したのだ。タワー・パドル・ボーズはこの方針を会社全体に浸透させた。実店舗もカスタマーサービス部門も同じだ。多くの事業主は、営業時間を大幅にカットすることは顧客を怒らせ、悲劇的な結末をもたらすと予想するが、アーストルの考えは違う。

「瞬時にすべてが広まるこの社会において、店舗を1日中ずっと開けている必要なんてないんだ。可能なときにきちんとコミュニケーションを取ればね」

そしてこの点で、彼は間違っていないようだ。その証拠に、就業時間を減らす6月から9月までは繁忙期であり、年間利益の7割をこの期間に稼いでいる。「パートタイム勤務していても、パートタイム勤務ではないんだよ」とアーストルは強調する。

「就業時間5時間というのは、ダラダラ過ごせと言っているわけではない。その逆で、短時間で成果をあげろと言っているんだ。だから生産性は下がらない。良いことしかないよ」

短時間での勤務は集中力を上げ、目的意識をはっきりさせる。そしてそのためには、**アーストルが「プロダクション・マインドセット」と呼ぶ心の持ちようを習得しなければならない。なにが必要不可欠かを判断し、より良いプロセスを実践しようとすることだ。**

アーストルは、どのように仕事を行うべきかを真剣に考えている人は少ないのではないかと考察している。ほとんどの人はただ働いているだけなのだ。

「1日5時間労働では、価値の高い業務に集中し、時間内に終わらせるためのマネジメントができるようになる」らしい。つまり、**わざと時間制限を設けることで、隠れていた生産性を見つけることができるのだ。**なぜなら、今までとは違うやり方を模索するようになるからだ。

きちんとした労働倫理と休息倫理によって適切な方法を見つけられれば、就業時間を30パーセント減らしても生産性は下がらないとアーストルは考える。

「人間は機械ではない。8時間ずっとデスクにいるからといって、生産的であるとは限らない」と彼は言い、（よく見落とされがちな）幸せについても次のように語っている。

「幸せだと生産性も上がる。より少ない時間でやると、時間を大切に使うようになる」

これはタワー・パドル・ボーズの成功からも明らかだ。

タワー・パドル・ボーズは2014年、サンディエゴでもっとも成長の速い企業として、サンディエゴ・ビジネス・ジャーナル紙に紹介された。米テレビ番組「シャーク・タンク」で投資家のマーク・キューバンは、もっとも優れた投資先だと褒め称えた。2016年には1日5時間労働の社員7人で、年商1000万ドルを超えた。

1日5時間労働で高まるのは生産性だけではない。起業家精神も花開きやすい。社員にも雇用主にも良い文化だとアーストルは信じている。趣味や仕事以外の活動も禁じず、むしろ奨励している。

「キャプテンと同じで、社員に同じ自由を味わってもらうのも起業家の役目だよ。それを可能にするのが仕事以外の活動だ。だけど多くの社員たちは才能をフルに使って趣味に没頭しようとしない。全部のスキルアップをはかろうとする人はとても少ないよ」

本当に才能ある人たちは自分たちで極めていくだろうけど、奨励することでみんなが得をするのだ。社員にとって金銭的なプレッシャーが少なくなるし、やる気もクリエイティビティも上がる。雇用主が積極的に奨励するほど、離職率も少ない。

さらには、起業家的な探求を通してスキルも経験も得られるというおまけまでついてくる。タイムオフが可能になれば、起業家精神、ボランティア精神、コミュニティを思いやる活動に繋がり、そこから多くを学べるのだ。

タイムオフのどんな活動にも言えることだが、**バランスを取ることと、目的意識はとても重要だ。**アーストルは1日5時間労働がいつも効果的というわけではないと認めている。期間限定でしか5時間労働にしない理由はそこにある。

多くのことを短時間でやり遂げようとすると、ひとりで黙々と仕事する時間が増えるそうだ。生産性には効果抜群だが、仲間意識を築くにはあまり良いことではない。

「普通」の会社のように、長時間みんなで頑張る時間も、ときには必要だ。だから夏以外の季節は、朝8時半から午後5時半までの慣習的就業時間を設定している。

ときには夏でも、長く仕事をしなければならない事態も発生する。しかしこれは例外で、仮に長時間働かなければいけないときがあっても、あまり苦痛に感じないらしい。

「9時から5時の仕事と一緒で、残業しなきゃいけない日もある。だけど、午後1時に仕事を終えてサーフィンしたり子供の迎えに行ったりできる。仕事は人生から切り離せない。仕事は生きることの一部であるべきなんだ」

短い労働時間が性に合わない人もいるだろう。仕事場に8時間も滞在することを強制されてきた僕たちのなかには、気づかないうちに怠け癖がつき、そのやり方を捨てたくないという人もいるのだ。

慣習を打ち破り、やるときはすごい集中力を発揮し、そうでないときはスイッチオフできる、そんな人はタワー・パドル・ボーズにぴったりだ。

雇用主として、アーストルはときに厳しく、短時間業務が意味するのは結果を出さないことではないと思い出させなければいけないときがある。生産性のマインドセットを教え、なにを求めているのかしっかりと示し、自分の言葉に忠実に仕事をする。たとえそれが、誰かを解雇することを意味しても。

しかし、こういう新しい働き方をやってみたいと思う才能ある人たちはたくさんいて、列をなしてタワー・パドル・ボーズで働くチャンスを待っているのだ。

アーストルはこう述べる。

「過去に例があるからというのは、受け入れる理由にはならない。そんな理由だけで受け入れてはいけないんだ」

実践 締め切りを設定し、時間を確保する仕組みを構築しよう

自分で締め切りを設定してみよう。タスク完了までの期間を、いつもかかる時間よりも短く設定しよう。制限時間内で終わらせるためにはどうすればいいか、逆算して計画を立ててよう。仕事のやり方に目が向き、違うプロセスや仕組みを思いつくかもしれない。あなたが経営者ならば、もし1日5時間労働を導入せざるを得なくなったらなにを変えるか、なにができるか、考えてみよう。あなたにその勇気があるなら、タワー・パドル・ボーズの真似をしてもいいかもしれない。

高尚な余暇によって、文化を再構築せよ

これからの時代の仕事への準備でもっとも重要なのは、自分たちの習慣や行動を見直し、休息倫理を確固としたものにすることだ。

個人レベルでだけでなく、集団としてアプローチすべきところもあるだろう。社会、コミュニティ、会社の問題点を（隠れているチャンスも忘れずに）しっかり把握しよう。そしてみんなで、タイムオフを大切にする文化を築いていこう。

人類は多くの危機に直面している。地球温暖化、自然破壊の拡大、経済的混乱や社会不安などが挙げられる。問題解決のためには、イノベーションに左右される新しい経済の真っただ中に生きていることをしっかり認識し、今までになかったような世界規模のモデルや実践こそが、将来へと導いてくれると理解することが重要だ。

テクノロジー発展のスピードを考えれば、健康、生産、分配、エネルギー（他にももっとたくさんあるが）などに関するすべてのシステムが根本から変わることは間違いない。変化の管理は容易ではないが、その責任を負うのは僕たちしかいない。

2018年の世界経済フォーラムの年次総会は、僕たちにこう力説する。

「時代遅れの考え方にしがみつき、現代の団体や慣習に取り入れられないものに固執する

べきではない。むしろゼロからデザインしなおす、そういう気持ちでいるべきです。新しいチャンスを資本化すれば、今それを阻害しているものがなくなるはずです」

遊び心を取り戻すのだ。勇気を出して、バカげた考えにも耳を傾け、「もしこうしたらどうなるかな」と自由に考えてみよう。

心に時間とスペースをたっぷり与え、アイデアや解決策の可能性を温められるように、時代に合わない古臭いモデルや考え方を手放そう。

スマートなナレッジワーカーの多くはすでにこのことに気づき、ただ給料を増やそうとは考えていない。この人たちにとって、お金は時間を買うための資源にすぎないのだ。だから、自分が実際に働いた時間への対価を求める。

ただ悲しいことに、一見高給に見える仕事でも、実際の給料はかなり低い。その結果、もっとも優秀な人たちがこうした仕事を離れて、フリーランスの仕事を目指すのも不思議ではない。フリーランスの世界では、フリーランスとクライアントの双方が、**重要なのはアウトプットだけであり、それに費やした時間ではない**ということをともに理解し、受け入れているからだ。

なぜか、これまで伝統的な働き方をしてきた人のなかには、この働き方に嫌悪感を示す人もいる。その結果、自己裁量で仕事をすれば、より少ない時間でより多くのことを成し遂げられると気づいた人々は、フリーランスのキャリアを選ぶ。そして収入を上げ、仕事の質も高めている。**これからの働き方において、生産性と余暇は「どちらかひとつ」ではなく、「どちらも大事」なのだ。**

幸い、多くのリーダーたちが、過労とタイムオフの欠如によって経営が悪くなることに気づき始めた。ステファン・アーストルのように変化を起こそうとする人も出てきた。「ベースキャンプ」の創立者で『NO HARD WORK!――無駄ゼロで結果を出すぼくらの働き方』(早川書房 2019年)の著者であるジェイソン・フリードとデイヴィッド・ハイネマイヤー・ハンソンは、長年「タイムオフの王者」として君臨してきた。会社に十分なタイムオフを導入し、社内がより穏やかになる方法をよく知っている。

「会社をひとつの製品として考えてみると、新しい可能性や改善点などが見えるようになる。業務に変化の可能性を見出せば、新しいものやより良いものを作ろうと動くこともできる。製品に対して真摯に向き合うのと同様に、会社にも真摯に向き合っているんだ」

どの会社でもいいので、企業文化をこういった視点から考えてみてほしい。どんな会社にも、ソフトウェア同様に改善しなくてはいけないバグが潜んでいる。あなたの精神文化にちょっかいを出し、ストレスを増やすような習慣や期待に気づいたなら、企業文化のソフトウェアをアップグレードする頃合いだろう。

アーストルやフリード、ハイネマイヤー・ハンソンはうまく舵をとっている。しかし、会社の努力が真の意味で効果を発揮するためには、より大規模な文化変容も必要だ。企業レベルでは、無制限有休制度や類似する方針を取り入れている例もある。

しかし、社会が変わらなければ、そういったものの価値を信じないかもしれないし、利用することを躊躇してしまうだろう。

とくに、アメリカでは無制限有休制度にすると、逆に休みを取る時間が少なくなるそうだ。意識してか、しないでか、休みなく働くことで、生産性の高さをアピールしたい人が多いのかもしれない。

その結果、よかれと思って導入した方針が、不安や燃え尽き症候群の原因になってしまう可能性も出てくる。

会社でいっせいに休暇を取らせるなどの「強制的」なタイムオフが、現代社会の経営者が取れる最適なアプローチかもしれない。

このとき、とても重要なのは伝え方だ。「7時以降はメールを読まなくてもいい」ではなく、**「7時以降はメールを読むことを禁止する」**と言い切る方が良い。

休暇についても同じだ。「必要なら休暇を取っていいです」ではだめだ。「必要なら」と言われると、なんだか休むことが弱いことだと言われているようで、率先して休みを取る人はいない。

経営者はとくにこの問題に真剣に取り組むべきだ。燃え尽き症候群で苦しむのは本人だけではない。同僚の士気も生産性も下がる。

チームで働いている場合、そのチーム内のひとりだけが燃え尽き症候群になることは少なく、**ひとりが症状を訴えるときにはすでに、他にも苦しんでいるメンバーがいると言われている。**根本的原因を探らなければならない。

リーダーや経営者は、チームをハッピーでクリエイティビティにあふれる状態にするのが仕事だ。ジェニー・オデルは彼女の著書『何もしない』(早川書房　2021年)で次のように述べている。

「健康と生態系的観点から言えば、手入れされずにただ育っているものは寄生的か癌的だと考えられます。しかし私たちの文化は、真新しさや成長を重視し、巡り巡るものや再生の力などを無視しています。ケアやメンテナンスを生産性として捉えない傾向があるのです」

起業家たちはとくに、成長のマインドセットにとらわれる傾向がある。成長へのチャンスは来るし、仕事もしないといけない。しかし、数歩下がる時間もまた必要だ。

つまるところ、バランスが重要なのだ。現実的なゴールと予測は必要不可欠だ。それがなければどうやって成長し、足るを知ることができるだろうか？

僕たちはそれぞれ違う。だから、価値があるのだ。異なる意見、スキル、アイデアを持ち寄ったコラボレーションが成功するのはそのためだ。

それなのに多くの職場では、全員を同じ箱に詰め込もうとする。これも産業革命時代からの悪しき習慣で、害があるとわかっているのに、やめることができていない。

「あなた自身でいることに居心地の悪さを感じさせる環境は、あなたにとっているべき場所ではないということです」と、ローリー・ヘルゴーは『内向的な人こそ強い人』（新潮社2014年）で述べている。

自分の職場をじっくり見てみよう。この環境は自分を助けているのだろうか、それとも邪魔しているのだろうか、見極めてみよう。

もし後者なら、一歩下がるか、環境を変えるための一歩を踏み出すか、新しくてより良い場所を求めるか、行動すべきかもしれない。

僕たちが自分なりの方法、ペース、タイミングで仕事に取り組めるとき、潜在能力を十分に発揮するチャンスがやっと訪れるのだから。

残念ながら僕たちは、**忙しさやストレス、過労がまるで栄誉の証のようにもてはやされる社会に生きている。**なにを成し遂げたか、それがどれほど価値あるものだったのかの指標になっているのだ。

しかし、起業家、経営者、誰であっても、忙しくしていなければ「非生産的」で「役立たず」だと思われる仕組みなんて間違っている。

歯を食いしばって長時間働かなければその価値が認められないなんて、危険な堂々巡りではないか。

しかも僕たちは「そこそこ沼」にはまっている。

恐怖心なのか、怠け心なのか、ぬるま湯が気持ちいいだけなのか。中途半端なところに留まって、常識に挑戦しようとか、社会の決まりを破ってみようとか考えないのだ。

違う働き方があるのに……。

そこそこ沼から脱出する方法があるのに……。

高尚な余暇の文化を基盤にして、達成感と意義を感じながら生きる方法を僕たちは知っている。この文化が、これからの働き方を支えるのだ。

だけどその未来まで、指をくわえている必要なんてない。

3つの例を紹介しよう。個人、企業、社会レベルでこの文化変容を受け止め、成功を手に入れた人たちのストーリーを。

ピート・アデニー

（別名「金のひげ（マニー・マスタッシュ）」、
米国人退職者、フィナンシャル・ブロガー）

「金の縛りから自由になっても、働き続ける人がほとんどだ。最高の仕事をするようになる。世界にあふれている成功を見れば、世界のリーダーや創設者、クリエイティブな企業はもうすでに成功を収めていることがわかるだろう。それなのに働くのをやめない。やりがいを感じるからだろう」

引退、退職、つまり「リタイアメント（retirement）」は、長いキャリアのあとに待っている楽しみな終着点だ。ああ、やっとだ。一生懸命働いた甲斐があった。好きなことに打ち込めるなあ……だって？

本当に60歳とか70歳まで待つ必要があるのだろうか？

少数派だが勢いのあるＦＩＲＥ（「経済的に自立して早期退職する（Financial Independence, Retire Early）」ことの頭文字）と呼ばれるムーブメントから返ってくる答えはノーだ。この人たちは、もっと早く退職できると考える。人生に残されている時間がまだまだあるときに退職すればいいのだと。

このムーブメント内でいちばん大きな声を発してきたのはピート・アデニーだろう。ミスター・マニー・マスタッシュというブログネームで、大人気のブログを執筆している。

２００５年、アデニーは30歳のときに退職した。莫大な遺産を受け継いだわけでも、起業が成功していきなり大金持ちになったわけでも、なにか一発当てたとかそういうことでもなかった。ただ普通の企業に勤め、普通に働いていた。

退職する前、彼と彼の妻はソフトウェア開発者で、それぞれ年収7万ドル程度だった。ピートと妻が他の従業員と違ったのは、ふたりは倹約に努め、かなりの量を貯金に回していたことだ。

くわえて、給料の半分をベーシックインデックスファンドなどに保守的に投資していた。

退職するとき、60万ドル分の投資資産があり、20万ドルの価値がある家を所有していた（住宅ローン完済）。

この貯蓄だけでも、ふたりは家族とともに金銭的に困らずに一生暮らしていけた。

ＦＩＲＥの教義は「４パーセントルール」だ。長期的にほぼ安定して期待できるインデックスファンドのリターンは平均して年7～8パーセントである。そのためアデニーとＦＩＲＥの人たちは投資資産の４パーセントまでは引き出して大丈夫だと主張する。そうすれば、一生お金がなくなることはない。４パーセントが「退職後のための貯金から引き出してもお金が足りなくならない限度」だと彼は言うのだ。

アデニー一家は節約しているが、なにかが足りないということはない。年間の出費は2万5000ドルくらいだ。４パーセントというルールを守っても、快適に暮らしていける。

退職したばかりの人たちがよく言うのは、タイムオフの絶頂にいるようにみえて、仕事がまったくなくなり、その時間を費やせる新しいことがないとけっこうつらいということだ。そんなに何日もソファでごろごろしているわけにもいかないからね。

つまり大切なのは、働きたいところで働き、やりたいことができることだ。それも、**お金を稼がなければならないというプレッシャーがないことが重要だ。**

退職後、アデニーは退職前よりアクティブになった。「ソファやビーチにぼーっと座っていられるのは、せいぜい1時間が限界だね」と彼は書いている。

「休暇中は体を動かすプロジェクトに没頭してハッピーに過ごしている。なにもしない日が1日でもあると、精神的に参ってしまうことに気づいたんだ。なにもしなくなって、なにかしたいこともなくなって、ソファでぐだぐだして朝11時から昼寝をするとかね。なにもしないと退屈して鬱々としてしまうことがわかったよ」

ブログで「余暇の人生を慎ましく、めちゃめちゃ楽しむ方法（how we can all live a frugal yet Badass life of leisure）」を人々に伝授することは、彼にとって大切な活動だ。でも、彼がいちばん好きなのは、実際に体を動かすことだそうだ。

「スポーツ観戦の楽しさがよくわからないんだ。観光も理解できない。すごく大きな砂の城を作ろうっていう話でもない限り、ビーチに座ってなんかいられないよ。まる1日、ひとりで好きなことをしていいって言われたら、大工仕事、ウエイトリフティング、執筆、スタジオでいろいろな楽器を鳴らす、することのリストを作る、そしてリストのことをやるっていうのをぐるぐるやってると思う。嬉々としてね」

アデニーの活動の多くは、お金のためではない。創ることや教えることが根幹にあり、つまりクリエイティビティを発揮したいのだ。

アデニーは「リタイアメント」の新しい定義を提案している。

退職は高齢であることや活動しないことを意味しない。仕事してもいいし、起業だってできる。

「この新しい意味付けにおいては、早期退職は仕事を辞めることではないんだ。実際に退職したとしてもね。**本当に意味しているのは、ブルシットジョブをしなくてよくなることだ**。通勤、しがらみ、利益が見込めると上司が言うから作るはめになった粗悪商品などとはおさらばだ。その代わり、新しい定義の『リタイアメント』は情熱を注ぐものに打ち込む時間であり、他人がその活動を有益だと思うかは関係ないんだ。リタイアメントは仕事をすることの真逆ではない。自分にこう問いかけてみよう。『自分の人生、どんなふうに生きたい？　次の支払いの心配をする必要がなかったら、なにを作りたい？』。この問いへのあなたの答えこそ、あなたにとってのリタイアメントだ。自分が思っているよりも早く、そこにたどり着ける道があるはずだ」

実践　お金の使い方を見直してみよう

タイムオフしたいけど、お金がないから無理というあなた、早期退職はどうだろう？　お金を日々どんなふうに使っているか、見直してみよう。年収はどれくらい？　どれが外せない出費？　いちばん金銭的に負担になっているのはなんだろうか？　欲しい商品がある？　それともいちばん欲しいのは時間？　年収アップを目指すと、出費が増加するのはよくある話だ。そしてまた、給料がアップすると出費がかさみ、その繰り返しだ。でも、きちんと見直して適切な習慣を身に付ければ、経済的に自立して（とても）早く退職することだって可能かもしれない。

リチャード・ブランソン

（英国人起業家、投資家、慈善家）

「デスクにいないと最高の仕事ができないなんて、すごく古臭い考え方だ。俺はオフィスで働いたことなんかないね。家族と過ごす時間から、一生懸命働く時間をきっぱり隔てたくない」

「どこでも、いつでも働ける俺は幸運だと思う。仕事と遊びを区別したりしない。どっちも生きることなんだ。将来、そういうふうに考える人がもっと増えると思う。その方が個人、企業、国にとっても、利益が上がる。（中略）人は、ひとりの大人としてきちんと敬意をもって接せられたら、役に立てるよう一生懸命働こうって思えるんだから」

カリブ海に島を所有しているとか、銀行、病院、メディア、宇宙観光に至るさまざまな分野で400を超える世界企業を経営しているという読者は、そんなにいないかもしれない。

だからきっと、ネッカー島の所有者で「ヴァージン・グループ」創設者のリチャード・ブランソンに親近感は湧かないだろう。だけどその「ささいな情報」に目をつぶれば、けっこう似ているところがあるかもしれない。

すごい成功を収め、世界中の会社を経営しなければならないけれど、それでも彼はタイムオフを楽しんでいる。それも自分だけでなく、社員にも他の経営者にも同じようにするよう勧めているのだ。

ブランソンは朝早く起きる。午前5時くらいに起きて、すぐに運動する。テニスかカイトサーフィンだ。家族が大好きな彼は、その後は一緒に朝食をとる。

「運動と家族との時間で俺の心は整う。それから仕事に取り掛かる」

家族と過ごす時間で気持ちを落ち着けてから、仕事に向かうのだ。

そして彼は一日の終わりもくつろいで、社交的に過ごす。

「1日の最後の予定は大体、会食だね。いろいろ話して、アイデアが生まれる場所だ。そして就寝は11時頃だ」

世界規模の企業経営のためには、いつだって多くの存在と繋がっていないといけない。そのため彼は、インターネットテクノロジーを駆使し、柔軟に対応できるように工夫している。それも、周到に考えられた方法で。

そして**気を散らす可能性のあるものに注意し、内省のための静かな時間も確保する。**ジャーナリングをしたり、メモを取ったりしながら、彼は思考するのだ。

「どこにいても、何をしていても、いつもメモ帳を持ち歩いているよ。カイトサーフィンと水泳のときはさすがに持っていないけどね。俺の人生の裏技（ライフハック）は書き留めること。それだけ！　ペンを持ち歩いていなかったら、この人生どうなっていたかわからないね。アイデアが浮かんだらすぐに書き留めるんだ」

堅苦しいのが嫌いなブランソンは、なるべく肩の力を抜いてアクティブに過ごそうとしている。

「正式なミーティングとかは好きじゃないんだよ。一緒に飯でも食べて気楽な雰囲気でやった方がいい。時間がないときは、歩きながらのミーティングでもいい」

ジャーナリング、会食、そして運動が、大富豪リチャード・ブランソンのタイムオフのメニューだ。思ったより、平凡だ。

しかし、ブランソンがまったく平凡じゃないところ（たくさんあるが）は、彼の社員への接し方だ。社員を信用し、どこでもいつでも自分が最適だと思う働き方を許可している。

「他人と一緒に働き、成功するためには、お互いに信頼し合わなければダメだ。そのひとつは、どこにいても仕事をしてくれると信じること。指示を出さずともね。一任することのアートだね。ヴァージンも含め、多くの会社がそれで成功してきた。やる気があってちゃんとしたスキルも専門性もある、どこで働いても大丈夫だと思える人物には、そういう自由を与えたい。デスクにいようがキッチンにいようが関係ないんだよ。俺だってオフィスで働いたことなんてないし、これからも絶対ごめんだね。**働く時間が9時から5時だと決まっている時代は終わったんだ。**世界は繋がっている。この事実を受け止められない会社は置いていかれるだけだね」

ブランソンは事態を完璧に掌握している。

「柔軟に働けるための工夫をこらしている。たとえば、在宅ワーク、無制限休暇、テクノロジーの集約、職場の環境を整えることなどを通してだ。社員それぞれをひとりの立派な大人として扱うのである」と彼は書いている。

「ヴァージンの経営陣は柔軟な働き方に価値を置き、社員にいつ、どこで働くのか選択肢を与えることが大事だと信じている。みんながスマートに力を発揮できれば、長時間働く必要はない」

ブランソンも近い将来、週休3〜4日制になるだろうと予測している。短い時間の労働で収入が増え、余暇を過ごすことができる。テクノロジーの発展によって仕事を失う人も出てくるのではないかという懸念も彼は抱いている。

そして、余暇と仕事を再分配することは「バランスをとるのが難しい」とも予測するが、それでもうまくやれるだろうと確信している。

テクノロジーをきちんと理解して使いこなせば、短時間で多くのことができるようになる。人間らしく生き、クリエイティブな時間もできるのだ。

あなた個人と企業のクリエイティビティを最大限に引き出すためには、働きたい場所で働きたい時間に働けるようにすることだ。

勤務時間を厳しく設定する（午前9時から午後5時）のは、もったいない。**みんながみんな、その時間にベストを発揮できるわけではないのだから。**

テクノロジーや素晴らしいツールを駆使して、柔軟に働けるようにしよう。ひとりひとりが、立派な大人なのだから。ベストの結果を出すための働く時間とタイムオフのバランスくらい、自分で決めさせればいいのだ。

実践　柔軟になってみよう

僕たちにはそれぞれ、個性がある。だから面白いし、パーツ交換のできる退屈なマシーンとは違うのだ。同じようにしか考えられない同じ顔をしたクローンを導入せずとも（もっと最悪なのは、人間をクローンのように扱う職場だ）、あなたのまわりにいるみんなの個性と違いを受け止めよう。そして、みんながどうしたらベストを尽くし、クリエイティブにプロジェクトに貢献できるのか考え、工夫しよう。ひとつのモデルがみんなにぴったりはまるなんてことはありえない。型にはめようとすれば、みんなの可能性を制限し、信頼関係も損なわれる。その代わり、テクノロジーをうまく使おう。バラバラに別々の場所で、それぞれの力を柔軟に発揮してもらおう。

小室淑恵

（株式会社ワーク・ライフバランス 代表取締役社長）

「あなたの人生を評価するのは会社ではなく、あなたの家族です」

新井セラ

（ワーク・ライフバランスコンサルタント）

「理想のワークとライフを思い浮かべてみてください。そしてそれに近づけていくのです。子供たちがあなたを見て『大人になるってすてきだな』と感じ、大人になることを楽しみに思えるような人生を送ってほしいのです」

「過労死」は過労で死に至ることを表す日本語だ。1970年代に誕生した造語で、それからずっとサラリーマン世界にはびこり、近年そのピーク（というよりどん底だが）を迎えている。

2015年、若い社会人など数名の人の死が、過労とそれに伴う身体的、精神的ダメージによるものだと明らかになってはじめて、政府は重い腰を上げた。

内閣府の調査によると、**日本の労働者のおよそ20パーセントが過労死のリスクにさらされている。**死に至らない場合でも、生産性、クリエイティビティ、人生への満足度などは低下の一方で、日本経済に大きなダメージを与えている。

しかし、これを変えようと奮闘する人たちもいる。

小室淑恵は大学時代、アメリカに1年間滞在した。そのとき、シングルマザーから依頼を受けて住み込みのベビーシッターをしていたのだが、その経験に衝撃を受けたという。アメリカでの産休と、彼女が（日本での）産休だと考えていたものがあまりにも違ったのだ。アメリカでは産休取得中の多くの母親たちが勉強に励んでいた。職場復帰後の、昇給や昇進のためだ。

日本の場合、産休中はキャリアのことを忘れなければならないことが多い。そして職場復帰したら昇進どころか、低い役職に甘んじなければならないのが常だ。

小室さんはこの経験からひらめきを得た。帰国して大学を卒業したあと、化粧品会社大手の資生堂に勤め、社内起業という形で新規事業を立ち上げ、産休・育休から職場復帰する女性を支援する事業を始めた。

彼女のプロジェクトは大成功を収め、2004年日経ウーマン主催「日経ウーマン・オブ・ザ・イヤー2004」を受賞した。2年後、資生堂から飛び出して全国で使命を果たそうと決め、株式会社ワーク・ライフバランスを設立した。

設立当初の株式会社ワーク・ライフバランスは、女性たちが家庭を築き、子供を育てながらもキャリアをあきらめなくて済むための支援を中心としていた。しかし、小室さんは問題の根深さに気づいていた。そして彼女自身も身をもって経験していた。

第一子を出産したとき、小室さんの夫の帰宅時間は午前2時だった。そのため、育児負担はすべて小室さんが負わなければならなかったのだ。夫に対して怒りを感じたが、次第に、夫も仕事がとても大変なのだろうと思い至った。

その後、幸運にも夫は働き方を変えることができ、ふたりで一緒に子育てをすることができている。子供にとっても良い状態だ。

この経験を通じて小室さんは「日本企業では労働者のメンタルヘルス問題も深刻化している」ことに気づいた。

現在、株式会社ワーク・ライフバランスのコンサルティングサービスは、属性や業種を問わず、すべての働く人を対象としている。この人たちのワークライフバランスの問題解決は急務である。

「製造業とは違い、日本のホワイトカラーの時間あたり生産性は極端に低いです。クリエイティビティを育てるためにも、ホワイトカラーの労働者にとってワークライフバランスは重要です。新規ビジネスを生み出そうとしている場合はとくに」

日本は生産性が高いというイメージが世界では持たれているが、実際のところとても低い。**世界でも珍しいくらい忙しさに重きが置かれ、求められ続ける社会であるにもかかわらず、生産性が低いのだ。**

私生活が大事にされなければ、新しいアイデアなど浮かんでこず、会社に貢献することだって難しい。つまり、負のサイクルに陥ってしまう。アイデアとクリエイティビティがないために、その埋め合わせをしようとして長時間働くことになり、私生活が削られ、ますます内面が枯渇する。

反対に、働く時間が短くなれば、より効率的な働き方になるのだ。

会社の名前は「ワーク・ライフバランス」だが、「じつは等しくバランスを取ることに重点を置いているわけではなく、大切にしているのは相乗効果なんです。仕事と私生活は、影響を与え合っています。悪い影響も、良い影響もあります。そしてふたつはともに存在しているのです」と小室さんは言う。

仕事と私生活が「対立する」という考え方は間違っているのだ。

「働く時間が長すぎると、私生活の時間がなくなる。そして私生活に時間を使う人は、一生懸命に働くことはできない。そんなふうに考える人もいますが、それは誤解です。やりがいのある仕事と、満足感のある私生活、両方をどちらも手に入れていいんです」と強調するのは新井セラだ。

彼女は、株式会社ワーク・ライフバランスで働く今や30名を超えるコンサルタントのうちのひとりだ。育ちはほとんど日本だが、父がニュージーランド出身で、幼い頃からさまざまな国の文化やアイデアに触れてきた。他国と日本の労働環境を比べ、「日本での就職はあまり魅力的に思えず、海外で就職して生活しよう」と思っていたのだという。

しかし、大学在学中に母親を癌で亡くした。なぜもっと一緒に時間を過ごさなかったのだろうと、今でも後悔している。

そしてそれがきっかけで、超高齢化社会で、しかも働きすぎることが奨励される日本の労働文化において、自分と同じ思いをする人がたくさん出てくるのではないかと考え始めたのだ。そのとき偶然、手に取ったのが小室さんの著書だった。

「今の日本に必要な変化はこれだ。大人たちが仕事も私生活も楽しんで生きられるように日本が変われたら、日本に暮らす子供たちももっと幸せになれる。そんな日本だったら私も住み続けたい」と、新井さんは小室さんの言葉に心を動かされたのだという。

その変化が起こるのをただ待つのではなく、その変化を起こす力になりたいと新井さんは考えた。そして、株式会社ワーク・ライフバランスの社員として、名を連ねたのだ。

ワーク・ライフバランスの社員たちは一丸となって、1000以上の企業や組織を支援した。社員が4人規模の企業から、何万人と社員を抱える世界的企業まで、クライアントはさまざまだ。

クライアントの規模に違いがあっても、基本的なアプローチは変わらない。まずは日々一緒に同じ仕事をしているメンバーのグループ(通常は10名程度)をいくつか選定してもらう。これは日々の業務に応じて選定されることが多い。

そしてグループ別ミーティングを行い、各グループの理想の業務スタイルについて尋ね、「ゴールイメージ(ありたい姿)」を持ってもらう。

ゴールイメージとは、株式会社ワーク・ライフバランスで使われる言葉だ。楽しく助け合って仕事をし、家族との時間なども増える様子を具体的に思い浮かべて文章にまとめるのだ。

「共通のゴールイメージが見えたら、どのようにしてそのイメージに一歩ずつ近づくのか、一緒に考えて取り組みます」と新井さんは説明する。

まずは、小さなことから取り入れていく。職場の掃除や、メールの署名欄に「ワークライフバランス向上に取り組んでいるため、夜間や週末のメール送信は控えさせていただきます」という文言を入れる、などだ。

他にも、「お互いに感じ良くしよう」というシンプルなアイデアが出ることもある。新井さんによると「多くの日本企業では、社員が疲れすぎているうえに、**こうすべきではないとか、正しいやり方ではないとか指図され、自分で考えることをやめてしまう場合がとても多い**のです。だから新しいアイデアなど生まれないし、新しいことを試そうなんて気も起こらない」のだそうだ。

生産性も、クリエイティビティも、幸福感も、すべて影響を受けているのだ。

「小さな一歩でもいいんです。小さくても、自分や会社、顧客にとってベストだと思ったことをやってみよう、できるかもしれないって思えることから文化は変わっていきます」

そして小さな変化は、大きなムーブメントになる。

「まず小さな成功を収め、それを積み重ねると、より大きなチャレンジに挑戦しようと思えるんです」と新井さんは言う。

ある顧客とのコミュニケーションやコラボレーションの仕方を変えて負担を軽減したり、カスタマーエクスペリエンスを向上させたり、上司に相談して社内の書類づくりや会議のやり方の効率を上げる方法を提案したりとか、そういう方向に目が向くのだ。

ひとつひとつの行動が大きくなくても、**自分たちで変化を起こそう、意見を言おうとする気持ちになることが重要で、そういう積み重ねが気概を高めていく。**

これらの小グループが行動を変えると、労働時間が平均30パーセント削減され、やる気は出るし幸福感も上がる。そしてそのことを社内で話すようになる。それを聞いた他の社員たちも羨ましくなり、同じことを試したくなる。タイムオフの種がまかれたのだ。

「次第に、より多くの小グループがプログラムに参加し、ついには会社全体が変化を遂げるのです」

クライアントとの取り組みのなかで共通して鍵となったのは、人間関係の質である。

「チームメイトとの関係が良好であれば、仕事効率も上がります」

生産的なチームの条件は「チームメイト同士で心理的安全性を感じられること、そしてバランスの取れたコミュニケーションがとれること」だ。**ひとりだけしゃべりっぱなしで、他の人たちが黙っているようではだめだ。**みんなが声を出せるのが理想である。

株式会社ワーク・ライフバランスでは、自社でも実践している。社員の間の関係の質と心理的安全性を大切にしているのだ。コミュニケーションをとるときに思いやりを忘れず、支え合い、協力し合えるシステムを作っている。

働き方で改善できるところがないか考え、もっと楽しく、もっと効率的に仕事をする方法を話し合うためのミーティングも定期的に行っている。

くわえて、毎朝、その日のスケジュールを自分で考え、メールでチームメイトに送る。これは「朝メール」と呼ばれる習慣だ。これにより、チームのみんなに、誰が、どのタイミングで、なにを、どうしているのかが共有される。

「お互いに協力して、もしなにか起きたときはフォローしたりすることもできます。問題があれば助け合うし、成功したら一緒に喜びます」

企業レベルにとどまらず、株式会社ワーク・ライフバランスは社外にも広く働きかけている。社会にも大きな影響を与え、2019年3月に日本政府は時間外労働時間の上限を、原則として月45時間、年360時間と定めた。この変化により少しずつではあるが、日本社会も旧来型の働き方ではだめだと気づき始めている。

これらの問題の一部は日本独自のものであるが、他国でも同じような人口推移が見られている。

「日本での変化が、他の国のお手本になれるように願っています。とくに現在、人口ボーナス（訳注：総人口に占める生産年齢人口の割合が上昇し、労働力増加率が人口増加率よりも高くなること）を経験している国々では、のちに同様の変化が、人口構成においても市場においても起きてくるからです」

新井さんは最後にこう話してくれた。

「幸せに、人生を楽しめる人を増やしたいのです。こんなに素晴らしいものにかこまれているのだから、人生を楽しまなきゃもったいないですよね」

新井さんのアドバイスはもっともだ。人生も仕事も楽しもう。一生懸命頑張る時間も、そしてもちろんタイムオフも。

実践 「ゴールイメージ」を持とう

あなたの理想の仕事、人生はどんなものだろうか？　まず、ひとりきりで考えてみよう。そして可能であれば、普段仕事を共にする仲間とも一緒に考えてみよう。このイメージを持つと、そこに向かって動けるようになる。小さな一歩を積み重ねよう。新井さんの言葉を紹介しよう。「ゴールイメージをしっかり持つには、理想の仕事の仕方や生き方をはっきりさせなければなりません。すると、今の自分との違いが見えてくるのです。そのゴールイメージがあれば、なにを変えるべきか見えてくるはずです」。

さあ、今こそ「休息倫理」を構築しよう

1932年、バートランド・ラッセルは「余暇は文明に欠かせない」と述べた。ここまで読んだあなたなら、うなずいているに違いない。そして、ラッセルはこう続ける。「古代にひとにぎりの人にゆるされた余暇は、多くの者たちの労働によって可能であった。**労働に価値があるのは、労働が善だからではなく、余暇が善だからだ。**そして現代の技術があれば、文明を損ねることなく、余暇を公平に分配することができるはずだ」

ラッセルは先見の明があったかもしれないが、彼の時代から1世紀経って、AIが労働力として期待できる時代に僕たちは生きている。

そのおかげで、**人類史上はじめて、誰もが余暇階級（有閑階級）に加われるようになるのだ。**アリストテレスが言う高尚な余暇で、社会を再構築する時がきたのだ。選ばれた人だけでなく、みんな一緒に。

AIは僕たちの仕事を奪わないし、人間の価値はなくならない。むしろその逆だ。AIは市場の在り方を変えるだろう。だけど仕事はなくならない。エンパシーやクリエイティビティはこれからも必要とされる。

これらのスキルを発揮するためには忙しくするのではなく、充実した仕事とたっぷりと

した休息のバランスが取れたサイクルが大切なのだ。

ストレスばかりで燃え尽き寸前で、忙しすぎて効率も上がらない。そんな状況に僕たちはあまりにも長く身を置きすぎた。

最悪なのは、そんな状況のせいでクリエイティビティを失い、たくさんの変化を起こすことができるビッグアイデアも遠ざけてきたことだ。

今、変わらなければ、死ぬまで働くか、機械に任せられる重要でもない作業をずっとやらされる。

真に生産性の高いナレッジワーカーたちは、忙しさの反対に位置し、より思慮深い、複雑なアプローチを必要とする。だから、しっかりとしたタイムオフが不可欠なのだ。

僕たちそれぞれが、個人として、リーダーとして、このことに気づくべきだ。

ただ、重要性に気づいたからといって、タイムオフが急に現実になるわけではない。とくに、現代社会で求められる仕事の仕方を考えればなおさらだ。だから意識して時間を作り、それを奪おうとする世界から死守しなければならない。

なんだか逆説的に聞こえるかもしれないが、タイムオフのための計画と、それを死守する方法を練る時間が重要だ。

当たり前を捨て去り、優れたプロセスだけを適所に当てはめていこう。日課と習慣によって自分を律し、労働倫理と同じくらいしっかりした休息倫理を持とう。これからの働き方における休息倫理は、休暇政策や週末の休みをとることだけを意味しない。

僕たちは機械のようには働けないし、働くべきでもないということをしっかり認識することが重要なのだ。仕事を離れ、ゆっくりする時間も必要で、そうしてはじめて、誇れるような人間らしいスキルが発揮できると心から理解してほしい。

タイムオフは仕事から逃げることではない。むしろ、仕事の必要不可欠な一部であり、人生にも働くことにも欠かせないものだ。

クリエイティビティやビッグアイデアへの戦略は、時間と余裕のなかで考えを温めたり、自由に遊ばせたりすることから始まる。

休息倫理とは、つまるところ、**自分のいちばん深いところにあるクリエイティビティと可能性を見つけ、解き放つためのもの**なのだ。

哲学的価値の中心に、エンパシーとクリエイティビティ、その実践と習慣づけを意識している人や企業は、すでにうまくやっている。そしてすぐに、そういうあり方でしか生き残れなくなる日が来るだろう。

忙しくてもできる仕事は自動化しやすい。そしてどんなに長い時間働こうと、どれだけ一生懸命になろうと、**そういうタスクにおいて人間がAIに勝つのは不可能だ。**

一方でクリエイティビティとエンパシーは、これからもずっと、人間にしか備わらない力だ。このスキルを理解し、新しいツールとして認識するならば、AIを敵や障壁ではなく、次の高みへと引き上げてくれるテクノロジーとして捉えられるだろう。

そのためにも、仕事と余暇のリズムへの健やかなアプローチを身に付け、タイムオフを実践しよう。今から、始めよう。

あなたこそ、タイムオフにふさわしい人だ。休息倫理を手に入れ、質の高い仕事も人生も、あなたが手にするべきだ。

まずは、お皿を空っぽにしよう。

大胆なビッグアイデアと、スマートさを大切にしよう。

アリストテレスの高尚な余暇に立ち戻り、タイムオフを取り入れて、意義のある探求を始めよう。

バートランド・ラッセルが、文明を発展させる源だと呼ぶ余暇階級にみんなで仲間入りしよう。

この世界は、これまで紹介したリーダーやクリエイターのような人たちがもっと必要だ。自分次第で、僕たちも、あなたも、仲間入りできる。

今、この本を読んでくれているあなたの力が必要だ。

ぜひ、たっぷりと休んで、思いやりのある、幸せで、クリエイティブで、影響力の大きな人になってほしい。

そして、働き方の未来を示してほしい。

エピローグ

僕たちの物語

OUR STORY

ジョン・フィッチ

（本書の共著者）

これまでの僕のキャリアで、もっとも関わってきたのはIT事業の立ち上げだ。起業してゼロからプロトタイプを作り、価値があるとみんなが判断するかどうかを見極めてきた。iPhoneが最初に発表されたときは、ソフトウェアのデザインに没頭したよ。他のすべてをおざなりにしてね。

厳しい労働倫理がなければ成功できないと思っていたんだ。だから僕自身、仕事中毒から立ち直ろうとしている。

常に多忙で、夜にハッカソンをして、週に80時間働いていた。あの頃は、他のソフトウェア業界の基準をすべて自分に当てはめていた。

家族も友達も先輩（メンター）も、休みを取らなきゃダメだって言ってくれたし、週末くらいは仕事を忘れて楽しむべきだとアドバイスもしてくれた。それをすべて無視して、ずっと椅子に座っていたんだ。

みんな秘密を知らないだけだと思っていた。働けば働くほど成功できるという秘密をね。だけど、そうじゃなかった。みんなが見ていたのはそんなものじゃなかったんだ。もうどうにも立ち行かなくなってはじめて、それに気づいたよ。

僕はあの頃、人生でこれ以上ないってくらい仕事人間だった。

でも突然、ずっと付き合っていた恋人に別れを告げられ、共同で立ち上げたスタートアップ事業が頓挫した。そのふたつが1週間で起こったんだ。絶望のどん底に突き落とされた。

今なら、なぜうまくいかなかったのかわかる。

一生懸命働いていたのに、なにひとつうまくいかなかった。忙しさの中毒で、休息倫理なんてものの存在さえ知らなかった。あの頃の僕は、人生のいくつもの大事な瞬間に、いちばん大切な人たちのことをないがしろにしていた。

僕は確かにそこにいたけれど、心はどこか違うところにあったんだ。

夕食のときだって、メールを返信するのに忙しかった。「休暇」のときも次のアプリのことを考えていた。誰かとの人間関係も尊重していなかった。

だっていつだって、頭にあったのは仕事のことだったから。


だけど、長年お世話になっているメンターが引っ張りあげてくれた。人生の立て直しが必要だと知って、ニューヨークのあるベンチャー企業のスタートアップに誘ってくれたんだ。やり直したくて、僕はテキサスから東海岸へ引っ越した。

事業はリトリート（合宿）から始まった。どんな会社にしていくのか、明確なビジョンを固め、重要なプロジェクトに挑む準備をするためだった。

仕事とプロジェクトのことしか話したがらない僕を、ふたりのメンターがたしなめたよ。

ふたりの考えは、僕とは違っていたんだ。合宿で話すのは、労働倫理と休息倫理についてだと言うじゃないか。

僕はあまり乗り気じゃなかった。だって、仕事のことしか考えてこなかった人間だ。だけど、それで僕は失敗したんだから、メンターの方法も試してみようと思った。

長い時間をかけて散歩をしたり、夕食を囲んで話し合ったりして、休息と内省に根差した企業文化を築くという方向性が決まった。そうしなければ、成功はないという結論に至ったんだ。

何時間働いたとかは関係なくて、あらかじめ決められた締め切りや至急で処理しなければならない業務とか、そういうものは極力遠ざけようと決めた。

大胆な方針だったのは、**あるプロジェクトに3か月集中して取り組んだら、1か月の休息と内省の充電時間を取り、新しい視点を得て帰ってくることだった。**もっと人間として面白くなって帰ってきてほしいと言われたよ。

僕の心に潜む仕事人間は、「そんなの無理に決まっているよ」とささやいた。だけど、心のどこかで僕は、こういう変化を切望していたのだと思う。自分の信じていた世界がいきなり崩れてしまうって、本当に目の覚める経験だから。

3か月間で最初のソフトウェア製品を作り上げ、チームメンバーたちはタイミングをずらして1か月間ずつ休暇をとった。共同経営者たちはサンティアゴ・デ・コンポステーラの巡礼路を600マイル歩いて、人生をゆっくり歩くことの大切さを学んだ。アイスランドへ車旅に出て、みずみずしい多様な地形に息をのんだ同僚もいた。

僕は、ギリシャで地中海の料理を学び、日々、タイムオフの実践練習に励んだ。冒険の途中、イカリア島の女性と出会い、タイムオフと余暇に対する見方ががらりと変わった。

イカリア島は「死ぬことを忘れた」人々が住む島だと言われる。100歳を超えた人に偶然出会うことも珍しくない。

エーゲ海を見渡せる小さなレストランで紅茶を飲んでいたとき、地元のすてきな女性と話が弾んだ。僕は彼女から、島の長寿の秘密を聞き出そうとした。やさしくて穏やかなその女性は、医療の専門家のようだったが、テーブルの準備を待っている間に僕の人生を変えるこんなアドバイスをしてくれた。

「ジョン、あなたはその日の予定をすごく気にしているみたいだね。だけどイカリアでは、ゆっくり暮らすことが大切なの。時計なんて見もしない。だからそんなにストレスホルモンが出ない。時間にとらわれないからね。他の人の時間の過ごし方をコントロールしようともしない。**どうして他の人の予定と自分の予定を合わせるために、四苦八苦しなきゃいけないかわからないんだよね。**予定なんて立てても、宇宙から笑われるだけだよ。その代わり、自分でコントロールできるものに深く潜り、もし誰かとそれをシェアできたら嬉しいな、くらいに思えばいい。考えてみてよ。あなたの人生でのいちばんの思い出も、アイデアが浮かぶ瞬間も、仕事をしていないときじゃない？」

彼女の言うとおりだ。ビッグアイデアがひらめいたのは、ごく稀に僕がデスクから離れたときで、クリエイティブにならなきゃって必死になっていたときじゃなかった。

この出会いで、僕はタイムオフの信奉者になった。

メールや通知が届くとき、他人が僕の時間と予定に介入しようとしている、と意識するようになった。送り主が、僕を非生産的にしたいわけじゃないことは知っている。だけど僕自身は、意識して注意をそらさないようにする必要がある。

つまり、忙しくしないという選択はできる。メールを今は読まないという選択ができるし、全部のメールを読むことはおそらくないだろうとも思う。でもそれでいい。だって、僕が今、集中して取り組みたいプロジェクトには関わりのないものだから。

考える時間がもっとできて、電話を片手に不安がらなくてもいい。もっと良いものが作り出せる。そしてこういった変化で、仕事の質も深くなる。メールを熱心に読まなくても、世界は崩壊しなかったことをここに報告しよう。

1か月間の小休憩を経て、チームメンバーたちはそれぞれにレベルアップしていた。チーム全体としても、業務の改善点に気づいた。

僕たちの会社のタイムオフ戦略は、忙しさを中心に据える業務をしないことだ。僕が休んでいる間、会社が困らないように、タイミングをずらして休みが予定されていた人たちには、僕の担当分のタスクが分配されていた。僕の主な仕事を全部やってもらった。

すると戻ったとき、新しい視点で業務に取り組んだメンバーによって、内容が改善されていた。そして僕も、同僚からやり方をまた学び、新しい気持ちで業務に挑むことができた。僕には見えなかった良い方法を見つけてくれたのだ。

こんなふうに、働き方を頻繁にアップグレードできて、会社全体としてもどんどん発展できる。ぬるま湯につかって、のろのろ働くなんてことがなくなる。知っていると思っていたことを手放させてくれる。

きちんと休息をとることで、心から誇れる仕事しかしなくなるんだ。

四六時中働く仕事人間だった僕が、今や休息の信奉者になったなんて……もしかしたらタイムオフは人間に不可欠なのではないだろうか。そう思い立ってリサーチを始め、Podcast の番組も企画して、いろいろな人と話してみた。

数回の番組収録を終え、何十時間もリサーチに費やしたあと、僕たちの会社が特別なわけではないことに気づいた。忙しくすることと人生の成功を結びつけない人や文化がたくさん見つかった。人生において欲しいものを手に入れる方法は、他にもあると知っている人はたくさんいたんだ。

そして彼らの多くが、**忙しくすることではなにひとつ達成できないと考えていた。** Podcastが回を重ねていくと、リスナーも増え、タイムオフの本を書いてはどうかと提案する人も出てきた。それで、この本の旅が始まったわけだ。

本の構想からはおよそ2年が経った。世界は大きく変わった。

この段落を書いているのは2020年4月で(あとちょっとで本が完成だ)、新型コロナウイルス感染症のために世界のほとんどがシャッターを下ろしている。

パンデミックの真っただ中で、どんなふうに収束するのかまだわからない。ここ1か月くらいはとくに各方面に悪い影響が出ているが、ロックダウンが恵みのように感じる人もいるだろう。だって、強制的タイムオフのようなものだからだ。

僕は散歩に行く(もちろん他の人との距離は取りながら)のが日課なのだけど、やっと余暇を楽しめている人たちに出会った。

隣人と話したり、ゆっくりご飯を食べたり。維持可能で人にやさしいヘルスケアシステムをどうやったら実現できるのか、考え始めた人もいた。

教育や環境問題について思いを巡らせ、壊れたパラダイムを飛び越えて現代の新しい経済を作るにはどうすればいいのだろう、といったことを考える人にも出会った。

また、もう何年も散歩なんてしていなかったという人や、業務内容がまったく時代に合っていないと気づいた人もいた。

足を止めて、仕事と余暇について考える時間を手に入れた人たちだ。

これからの働き方についての僕の予測が当たり、多くの人が点繋ぎを始められるように願っている。

このパンデミックでなにが起ころうと、僕は楽観的だ。

今回のことで僕たちは気づいたはずだ。月に届くくらい大きなアイデアがたくさん必要なんだってことに。しかも、「今」必要なんだ（昨日必要だったものもあるけれど）。

昔の僕みたいな仕事人間のあなたのために、この本を書いた。

夕飯のときもなにも話さず、余暇の時間など取らずにメールチェックばかりしている、そこのあなたのために。

機械のように働いているのに全然なにもできないと感じている、あなたのために。

働きすぎていっぱいいっぱいのあなたに、こう言いたい。

休んでいいんだよ。

内省して、遊んで、回復していいんだよ。

あなたが大事にしている世界を動かすようなプロジェクトも、それによって、もっと良くなるのだから。

マックス・フレンゼル

（本書の共著者）

「なんだってこんなにやる気も出ないし、ワクワクしないいんだろう」と、僕は2017年8月、ノートに書き記した。

この言葉を書いたとき、僕は山形県の高原にある蔵王温泉の小さな古宿の静かな部屋にひとり、滞在していた。普段は目まぐるしい東京で暮らしていたので、数日間の休みを取って、日本を探検してみようと思ったんだ。少し見方が変わるかもしれないと思ってね。別に逃げたいと思っていたわけではない。逃げなきゃいけないと感じていたものはなにもなかった。万事うまくいっていた。東京も好きだし、仕事だって好きだと思っていた。だけど数日間休みを取ってみて、気が付いた。**こんなにやる気が出ず、なにかを作ろうという気が起きないのは生まれてはじめてじゃないかって。**しかも気が散りやすく、集中することも難しい。

気が付いたら僕は、博士課程に在籍していたときのことを思い返していた。

僕が研究したのは量子情報理論(Quantum Information Theory)で、インペリアル・カレッジ・ロンドンの博士課程に在籍していた。指導教官はデイビッド・ジェニングスとテリー・ルドルフだ。この本を届けられたのは、ふたりと、ふたりの元で過ごした日々のおかげだ(正確には、ふたりのそばではあまり時間を過ごさなかったおかげだ)。

ふたりは、僕に好きにさせてくれた。信頼し、自分のペースとスタイルで研究に打ち込める自由をくれた。おかげで僕は、タイムオフと真剣に向き合ったらどんな成果が出せるのか学んだ。

クオンタム・フィジックス（quantum physics）の研究のかたわら、スタートアップ事業も立ち上げ、家庭教師として週に数時間働くようになったし、ウルトラマラソンのためのトレーニングにも励み（いちばんトレーニングをした時期で、週に15時間以上走った。それとは別に、他の準備や回復の活動にも時間を取った）、そのうえ、たくさん読書し、昼寝や瞑想だってしていたし、クリエイティブなプロジェクトをいくつか掛け持ちしていた。

友達との飲み会や（行きすぎていたかもしれないけれど……）、キッチンでいろいろなコーヒーや食べ物を試したり、自分の身体を使って〝いろいろ〟な「サプリ」とか食事法や睡眠法を試したりもした。

こんなにたくさんのことをしていたけれど、忙しいとかストレスだなあと感じたことはなかった。１日の仕事時間は、４時間にも満たなかっただろう。だけどやるときはすごく集中して、効率はとても上がった。

日本の山で、自分の時間についていろいろ思い返していたら、自分の現状があの頃とはあまりにもかけ離れていることに気づいた。

なにが変わった？　なんでこんなに違うんだろう？　ワクワクするはずの仕事、好きだったはずの仕事をしているのに。ＡＩのスタートアップ事業で、小さいけれどぐんぐん成長している会社でリサーチャーとして働けているのに。

そしてそのとき、僕は気づいてしまった。全然満足できていないことに。なんの進歩もないまま一日がのろのろと過ぎていく。今まででいちばん忙しいし、「仕事」をしている時間も過去最高なのに、自由になる時間があっても、昔みたいに他のことで遊ぼうという気にはなれなかった。創作意欲も湧かなかった。昔の自分に比べたら、なんて退屈な人間になってしまったんだろうと思った。

僕たちは満足できていないことや、費やしている時間に対して成果が上がっていないことを見落としがちだ。日々のいろいろに気を取られすぎて、見えなくなっているのだ。

ティム・クレイダーがエッセイ「怠けること――マニフェスト」（原題「Lazy：A Manifesto」未邦訳）で「せわしない、自己満足にすぎない忙しさ」と呼ぶ状態に慣れきっていて、自分の働き方が理想とはほど遠いことに気づいている人は少ないのではないのだろうか。

僕は、そうじゃない道もあるのだと学ぶ経験ができて本当に良かったと思う。博士課程にいたとき、好きなときにふらーっと数週間外国に行くことができたし、気乗りしなければ研究を数日間寝かせて、他のプロジェクトに取り組むことだってできた。そしてその結果、新しいアイデアやモチベーションを蓄えて研究に戻り、「無駄にした」時間を取り戻してもお釣りがくるくらいの成果を上げることができた。

だから僕は、他の実践できる（すべき？）方法もあるって身をもって知っていたはずなのに、忙しい仕事のルーティーンに数か月間身を浸しただけで、あの日々に学んだことをすべて頭から消し去ってしまっていた。環境から離れて自分と向き合って、やっと気づけたんだ。

休暇が終わって東京に戻ると、すぐに自分の癖や日々のルーティーンに戻ってしまい、せっかくの気づきをまた忘れそうになった。だけど、次第に問題がはっきりし始めた。あきらめて辞めるのではなく、この新しい感情に慣れてみようと思った（頭の中で「これが歳をとるってことなんだよ」と語り掛けてくるその声にも）。一体なにが問題で、どうしたら解決できるのだろうと考え始めた。

そして、小さくても、大きくても、どちらでもいいから変えていこうとした。博士課程の日々のエッセンスを少しでも取り戻せれば、なにか変わるかもしれない。

まずは、朝を取り戻した。まっすぐオフィスに向かわず、家かカフェで没入して仕事に取り組む時間を作った。オフィスでも、頻繁に休憩するようにした。散歩してアイデアに考えを巡らせたり、カフェで仕事をしたりするようになった。連絡がつかないようにして、誘いにもあまり乗らなくなった。

その変化を、みんなわかってくれた。僕の仕事は重要だから、どこでいつ働こうが同僚は気にしなかった。姿が見えなくても、ちゃんと働いているってわかってくれていたんだ。

この頃、僕は自分の経験について書き始めた。昔の働き方、以前のレベルのやる気や好奇心を取り戻すための苦労などを記録した。

記事にして発表すると、多くの人が共感してくれた。最初に反応をくれたのは友人たちで、ネット上の知らない人からの声も届き、書き続けてほしいし、タイムオフを取り戻せるといいねという励ましまでもらった。それで、ジョンと協力して本を書こうと思ったんだ。君が今、読んでくれているこの本をね。

個人レベルでの休息倫理は大きく向上させたけれど、より広い文化や職場での変化を起こすのは難しかった。それで、あの旅行から1年ほどして、僕は会社を辞めた。

だけど、フルタイムで働くのをやめたわけじゃない。「Ｑｏｓｍｏ」で働き始めたんだ。Ｑｏｓｍｏは最先端のデジタル技術や人工知能（ＡＩ）技術などの研究開発を使って、金融機関や法律事務所などの依頼を受け、チームパフォーマンスを可視化させるデジタル・クリエイティブたちの集団だ。ディープラーニングを駆使し、面白い音楽作品やライブパフォーマンス、新しくてインタラクティブなアート作品を作ったり、クライアント企業に、ＡＩ時代を見越したチームを準備する方法などをアドバイスしたりしていた。

会社の規模として、小さい方が好ましい。高速で成長し、鮮やかに消えるなんてまっぴらだ。目指しているのは、高品質なクリエイティブなアウトプットであり、人々の人生を豊かにすることだ。

タイムオフもその過程であると理解しなければならない。ＡＩによって総取っ替えするのではなく、一部に取り入れて人間のクリエイティビティを向上させるように、余暇だって取り入れることができるのだ。趣味、サイドプロジェクト、他にやりたいことなんでも（たとえばこの本とか）。

仕方がないからやってもいいよ、というものではなく、ぜひやってみてほしい。だってこういう質の高い、積極的に取り組まれる余暇ほど、僕たちに幸福を与え、仕事に還元できるものはないのだから。**面白い仕事をするには、面白い人生を送らなきゃ！**

フルタイムで働くことと、僕が博士課程で体験したような生活は、相反するものではないと今なら言える。だけど、それが言えるのは適切な企業文化に出会ったからだ。適切なリーダーと、信頼し合える仲間に出会えたからだ。そんな文化に身を置いて働き、積極的になにかを作り出すことを、僕は大切にしている。

この優先順位のおかげで、現在の日々のルーティーンは、博士課程の頃とけっこう似ている。朝起きて、まずコーヒーを飲みながら1時間読書する。コーヒーが大好きだから、豆をひいて完璧な一杯を淹れるのはもう儀式みたいなものだ。ぜったいに欠かせない（カフェイン中毒を正当化しているみたいだよね……）。

リモートワークの比率が大きくなり、自分のスケジュールを組んで邪魔されずに仕事している。アイデアが出てこなくて、ひらめきがほしいと感じるときは、場所も変える（家、カフェ、自然の中など）。仕事場を変えると、徒歩でも自転車でもいいのだけれど、アイデアを温める時間が自然とルーティーンに組み込まれる。

サイドプロジェクトや趣味への情熱も戻ってきた。今、夢中になっているのは電子音楽を作曲して演奏することや、サワードウブレッドを焼いたり、マッシュルームを育てたり（マジック・マッシュルームじゃないよ）、ランニングやクロスフィットで健康に気を付けることかな。全体的にすごくハッピーだし、なにかを作ろうって思えるし、やる気もあるし満ち足りた気持ちなんだ。

だけど、僕の話を終える前に、タイムオフの怖いところも話しておきたい。

タイムオフって、そんなに簡単じゃないんだ。自分に厳しくなきゃいけない。休息倫理をしっかり持たなくちゃいけない。

この本を書いているとき、認めたくはなかったけど、気づいてしまったことがある。仕事上で与えられた自由やライターとしての自由は、計画も物事の管理も、僕に委ねられているということだ。全部がごちゃごちゃになってしまう可能性だってある。

僕の日々は、概してリラックスしているけれど、「軽めの仕事」をねじ込むようにしている。本を書くことでも、会社の仕事でもいいんだけれど、スケジュールの空白にちょっとできる仕事をいれるんだ。

白黒はっきりしている四角が並ぶカレンダーよりも、全体が灰色っぽく見える方がいい。タイムオフをくっきりと分けて使うのではなく、他のものと混ぜてしまって、仕事とも合体させるんだ。いつも歯を食いしばって頑張っている仕事よりもいいけれど、理想の働き方ではないかもしれない。

だけど、じつはこの本を書きながら、僕はタイムオフの燃え尽き症候群になりかけたんだ。タイムオフをルーティーン化しようとするあまりね。タイムオフは闇雲にするのではなく、きちんと考えて行わなければいけないという自分のアドバイスにもう1度立ち戻ったよ。

幸運なことに、本書で紹介してきた素晴らしい人たちのアドバイスを学んで実践したことも功を奏して、ちゃんとバランスを取り戻せた。そして、仕事と休息についてもう1度しっかり考えてみた。

タイムオフは、素晴らしいパワフルなツールだ。だけど、だからこそ、使いこなすには練習と適切な実践が必要だ。

きっと僕の話からもわかると思うけれど、この本をジョンと一緒に作るなかで、かなりの時間、タイムオフについて考えていた。

それでわかったけれど、僕の人生で起こったことの良いことや、大きな功績のほとんどは、**タイムオフしたにもかかわらず手に入ったのではなく、余暇と冒険、探求によって追い求めたからこそ、実現したんだ。**自信をもって、そう伝えたい。

タイムオフがいかに大事か（そして常に忙しくしていることがいかに有害か）を経験できたことを、すごく幸運に思っている。

そしてときどき、このことを忘れちゃうんだけど、タイムオフの力と大切さに気づけるチャンスがあった人ばかりではないし、そのチャンスに恵まれなかった人たちはすごくつらいだろうなとも思う。

だけど、この本を読んで、もっと自分はゆっくりしてもいいんだな、ときどきは、忙しさを信奉するカルト集団から抜け出してもいいんだなって気づいてもらえたら嬉しい。

タイムオフを取り戻そう。

余暇の時間の質を高め、人生のなかで、いちばん高尚で、価値あるものにしようよ。

Mariya Suzuki

（本書のイラストレーター、アーティスト）

たくさんの依頼に埋もれ、誰にノーと言えばいいのかわからなかった。間に合わせようと、朝早めにスタジオに行って、終電まで作業する日々が続き、ストレスと重圧にイライラしやすくなっていた。

だけどイラストレーターという仕事は、仕事があること自体がありがたくて、そこに苦労する人も多いから、チャンスがたくさんあることには感謝しなきゃって思っていた。絵を描くという大好きなことを、お金をもらいながらやれるんだからって。

そのときに見落としていたのは、絵を描くことが仕事であり、好きなことであったのは確かだけど、そのふたつはアプローチや成果が全然違うということだった。

仕事のためのイラストは、クライアントをハッピーにするためで、クライアントの評価を常に気にしながら描いていた。決まった箱の中から出ようともしなかったし、自分のスタイルで実験しようともしなかった。

気が付いたら、決められた型に合わせて絵を描くようになっていた。その方が、クライアントにとっても自分にとっても面倒くさくないやって。そんなふうに考えることで、絵を描く楽しみがどんどんなくなってしまうことに気づけなかった。

自由になる時間で描いた作品は、他の誰のためでもなく、自分のために描いたもので、仕事のときの感覚とは全然違った。

目標とか目的とか、「間違い」を恐れるとか、そういうのを全部とっ払って描くとき、絵を描くことはリラックスすることや自己表現、喜びにあふれた発見、そして終わりのない成長を意味した。

だけどクライアントからの依頼で描くようになって、結局時間もやる気も出し尽くして、自由に自分のためだけに描く時間が取れなくなった。

スケッチブックに毎日絵を描くことは、私にとってなくてはならない自然なことだったのに、じわじわとできなくなっていった。雲がお日様を覆うように、笑顔が悲しい顔に変わるように、私の人生から色と喜びが、さーっと引いていった。

2018年の年末が近づいたとき、昔みたいに絵を描くことを楽しめていないことに気が付いた。へとへとで、ハッピーじゃなかった。絵を描くことこそが私のすべてなのに、絵を描いて生活できているにもかかわらず、ハッピーになれない。その事実に、このままじゃいけないと思った。

そこでお正月はタイムオフの時間にしようと決めた。

そうしたら、当たり前すぎてつまらないと思えるほど当たり前のことに気づいた。両親と一緒に1週間を過ごすって、すごく楽しくて貴重なことだなあって。心がすっきりしたような気がした。

それから私は、長い時間をかけて歩くことにした。今でも毎日、通勤は徒歩。片道1時間ずつ歩いている。

それから、パンを焼いたり、スタジオの家具を作ったり、ハッピーになれることに時間を割こうと決めた。新しいライフスタイルのなかで、こういう小さな喜びを積み重ねたら、タイムオフの大切さに気付くことができた。

プロジェクトの評価の仕方も変わった。以前は、全部の依頼を引き受けなければいけないと思っていた。その依頼の内容で自分が楽しめるかどうかは考えずに、ただ引き受けていた。

でも、どんな仕事をするにせよ、大好きなことを大好きなままでやり続けていくには、自分にとって楽しめるプロジェクトかどうかを自問することは大事だと思う。

タイムオフを理解して実践しだすと、新しい趣味ができて、仕事から離れる時間が増え、本当に私がやりたい仕事はどんなものなのか考えられるようになった。

私の明確な指標は、プレッシャーの大きさだ。**プレッシャーが大きすぎると喜びは感じられないから、私には向いていないプロジェクトなのだと思う。**

そして私はイラストレーターだけど、その前にアーティストだから、自分がどんなアーティストなのか知っておかなきゃいけない。だけど、これには今でも悩んでいる。

アーティストとして、私はどこに行きたいんだろうって。この答えがはっきり出る日が来るのかはわからない。きっと一生かけて自然にわかっていくものなのかもしれない。

タイムオフは、そのプロセスも助けてくれると思う。

だから、ジョンとマックスがこの本のイラストを依頼してくれたとき、タイミングがばっちりだったし、パーフェクトなプロジェクトだと思った。自分の休息倫理を考えたり向上させたりしつつ、大事だと心から信じているプロジェクトに関われたから。

私と同じように悩んでいる人たちの助けになれたら嬉しい。

とくに日本では、本書で紹介されているのと同じような、もしかしたらもっと劣悪な状況にいる人たちを見てきたから。

タイムオフは学びのためのプロセスであり、いつかみんなが、それぞれに合ったアプローチを見つけられることを信じている。

私も、探している途中だ。

あなたのタイムオフを広めていこう

あなたが本書を楽しみ、そして、なにか役立つことを見つけてくれていたら嬉しいです。ぜひ、感想を教えてください。
そして、あなた自身のタイムオフや高尚な余暇、休息倫理でシェアしたいものがあったり、伝えたいことがあったら、ぜひSNSでも紹介してみてください。その小さな行動が、社会の変化に繋がっていくかもしれません。

タイムオフについてもっと知りたい人や、最新の動きをチェックしたい人は、ホームページ「timeoffbook.com」をチェックしてください。
あなたに合ったタイムオフを見つけるのに役立つ診断も用意しました。あなたの休息倫理をぜひ「timeoffbook.com/find-my-rest-ethic」で探してみてください。

この本が役に立ったなと思ったら、タイムオフを必要としているあなたの周りの人にプレゼントしてみてはどうでしょうか。団体購入の場合はディスカウントもあるので、詳細が知りたい方は出版社までお問い合わせください。

謝辞

from ジョン

僕はたくさんの人にご馳走しなきゃいけないなと考えている。この本を書くための力と勇気を出させてくれた、たくさんの人たちがいるのだ。

まず、牧場で仕事や料理をすること、ゆっくり食事をとること、外で過ごして新しい視点を得ることを教えてくれた家族に感謝したい。

次に、この本が書かれる前からタイムオフを実践していた世界中の数々の友達。仕事人間の僕を叱るのではなく、仕事から離れるきっかけを作ってくれたり、半ば無理やり山登りやドラムの練習をさせてくれたり、もう一杯付き合えよってカクテルを注文してくれたり、午後にジムに連れ出してくれたり、目的を定めた探求とシンプルな人生を教えてくれたりして、助けになってくれた人たちだ。

それから、あなたにもお礼を言いたい。この本の読者になってくれてありがとう。そして、これからタイムオフをたくさんとってくれることに、今、感謝を表したい。ワクワクする面白い仕事をしてくれてありがとう。

君が燃え尽きちゃいやだよ。変わろうとしてくれて、ありがとう。

from マックス

僕がまず感謝を伝えたいのは、家族だ。

とくに、母親のモニカ。いつも無条件にサポートしてくれて、自分の道を選ばせてくれてありがとう。みんなと同じことをしなきゃいけない、みんなの決めた成功を目指さなきゃいけないというプレッシャーも感じずに、ここまでやってこれた。勉強してるときも仕事で帰りが遅くなったときも、もっと頑張れと言うんじゃなくて、ちゃんとタイムオフできているか聞いてくれてありがとう。

僕の母は読書家で、そのおかげで僕も幼い頃からたくさんの本を読んできた。僕がこの本を書くように導かれた道の始まりは、母だったのだ。ありがとう！

それから、友人のライターであるユーヤン・ハンにもお礼を言いたい。もともと、僕に考えを書いてシェアするように勧めたのはヤンで、ずっと応援し続けてくれた。僕がふらふらしないように、約束や夢を忘れないように工夫してくれた。書くのが難しく感じたり、人生に困ったりしたときは僕のぶつぶつ文句に耳を貸してくれて、「ファッキング・ボヘミアン・ライター（超ボヘミアンな書き手）」にならせてくれたのも彼女だ。

それから、友達みんなもサポートと応援をありがとう。とくに、カマダシズカは土曜日をダラダラ過ごしていいことを教えてくれ、執筆中、つらいときには心を落ち着けるように力になってくれた。

from Mariya

私はまずジョンとマックスにありがとうを伝えたい。こんなに意義のあるプロジェクトに誘ってくれてありがとう。片足を突っ込んでいたその得体のしれないなにかの名前を教えてくれてありがとう。「タイムオフ」って呼べばいいんだね。

それから、人生を夢見るままに、思うままに生きなさいといつも背中を押してくれる両親に感謝したい。ふたりがいなかったら、プロのイラストレーターになる夢がどこかで消えてしまっていたかもしれない。

すごく自然にタイムオフを実践できているクールな友人たちにも感謝を。ストレスに押しつぶされそうなとき、見えなかったものを見せてくれてありがとう。やさしくて、辛抱強い周りの人たちに、心から感謝している。

そして三人から、Command+Z Contentの編集担当アン・メイナードに感謝を伝えたい。僕たちの、ときに長々とした、とっ散らかった、もどかしいアイデアたちを、今手元にあるきちんとしたナラティブにまとめてくれてありがとう。最初に手渡した原稿はまだ粗くて（すごく分厚くて）大理石のかたまりみたいで、それを彼女が少しずつ削り、角をとって美しい彫刻に仕上げてくれた。

コピーエディターのスーザン・カヒルにもお礼を。鷹の目で句読点も参照も細かく見てくれたし、マックスにrealizeの最後の「ズ」のスペルは「z」なんだと教えてくれてありがとう。

Mariyaのイラストの取り入れ方をデザインしてくれた、デザイナーのニッキ・エリスにもお礼を。Mariyaと一緒に表紙デザインも考えてくれて、僕たちとの会話に何度も付き合ってくれ、アイデアやひらめきをデザインとして実現してくれて心から感謝しているよ。

刊行前の試し読みをしてくれた読者へ。

タイムオフがぼんやりとしたアイデアと、数名の著名人についての情報しかなかったときから支えてくれてありがとう。フィードバック、アイデア、そしてこのプロジェクトを心待ちにしてくれていることで力が湧いてきたよ。それがあったから、この本を完成させることができ、つらいときや自分を疑ってしまうときも前を向くことができた。あなたの時間をくれて、注目してくれて、ありがとう。

アリッサ・エストラダ、アマンダ・アレン、ビル・デビッドソン、ボグダン・テリーガ、キャロライン・カナヴァティ、デビッド・トフ、エリック・アワーズ、エバリン・チョウ、ファリス・オウェイス、ギャビー・ジョー・フォスター、ヘイリー・フランシス、ジェイムズ・バード、ジェニファー・プロシャー、マイク・シャグ、モリッツ・グラフ、ナタリア・ウルフ、ニック・ウォーカー、ニコ・ランズイシ、パブロ・レンドン、サラ・ラウントリー・シュレジンガー、セス・ウィリアムス、シェーン・オドネル、シャイナ・ダニッツ、シー・サルキン、トッド・スピッツ、トメク・ルトカウスキ、トレヴァー・コブへ。

なかでも、アンドリュー・アタードのサポートとフィードバックに感謝したい。ときに僕たちの下書きよりも詳しい情報をくれた。タイムオフをしっかり享受している君の姿に、インスピレーションをもらったよ。また本の下読みをしてくれるなら（してくれたら心強いな）連絡してね！

最後に、本書で紹介した人たちへ。

あなたたちのストーリーのおかげで、休息倫理についてのひらめきを得て、楽しむことができたし、タイムオフの具体的なステップを紹介することもできた。

僕たちと話すために時間を割いてくれた人たち、初稿を読んで感想をくれるなど、大事なフィードバックをくれた人にもお礼を言いたい。
この本の一部でいてくれてありがとう。
そして、タイムオフ運動のパイオニアになってくれてありがとう。
今、この本を読んでいる読者も、あなたたちに続きますように。

参考文献

プロローグ

Aristotle. *Aristotle's Politics: Writings from the Complete Works: Politics, Economics, Constitution of Athens*. Edited by Jonathan Barnes and Melissa Lane. Princeton, NJ: Princeton University Press, 2017.

"Aristotle on Work vs. Leisure," The Noble Leisure Project. Accessed March 20, 2020. https://blogs.harvard.edu/nobleleisure/aristotle-on-work-vs- leisure/.

Fried, Jason, and David Heinemeier Hansson. *It Doesn't Have to Be Crazy at Work*. New York: Harper Business, 2018.

Miller, Bruce B. *Your Life in Rhythm: Less Stress, More Peace, Less Frustration, More Fulfillment, Less Discouragement, More Hope*. McKinney: TX Dadlin, 2016.

Minerd, Matthew. "Leisure: The Basis of Everything?" *Homiletic & Pastoral Review*, January 20, 2017. https://www.hprweb.com/2017/01/leisure-the-basis-of-everything/.

Newport, Cal. *Digital Minimalism: Choosing a Focused Life in a Noisy World*.New York: Penguin Business, 2020.

Oshin, Mayo. "Einstein's Most Effective Life Hack Wasn't about Productivity." Quartz at Work. Accessed March 20, 2020. https://qz.com/ work/1494627/einstein-on-the-only-productivity-tip-youll-ever-need-to- know/.

Pieper, Josef. *Leisure: The Basis of Culture*. Indianapolis: Liberty Fund, 2010.

Russell, Bertrand. "In Praise of Idleness." *Harper's Magazine*, October 1932. https://harpers.org/archive/1932/10/in-praise-of-idleness/.

Sahlins, Marshall. "Hunter-Gatherers: Insights from a Golden Affluent Age."*Pacific Ecologist*, no. 18 (January 1, 2009): 3–9.

Sipiora, Phillip, and James S. Baumlin, eds. *Rhetoric and Kairos: Essays in History, Theory, and Praxis*. Albany, NY: SUNY Press, 2002.

Taleb, Nassim Nicholas. *The Bed of Procrustes: Philosophical and Practical Aphorisms*. Reprint edition. New York: Random House Trade Paperbacks, 2016.

Thompson, E. P. "Time, Work-Discipline, and Industrial Capitalism." *Past & Present*, no. 38 (1967): 56–97.

序章

Aarstol, Stephan. *The Five-Hour Workday: Live Differently, Unlock Productivity, and Find Happiness*. Lioncrest Publishing, 2016.

"Bertrand Russell," Wikipedia. Last modified April 13, 2020. https:// en.wikipedia.org/wiki/Bertrand_Russell.

"Burn-Out an 'Occupational Phenomenon': International Classification of Diseases," WHO. Accessed March 23, 2020. http://www.who.int/ mental_health/evidence/burn-out/en/.

Davis, Pete, and Jon Staff. "People Fought for Time Off from Work, So Stop Working So Much." Fast Company, February 23, 2019. https://www.fastcompany.com/90309992/people-fought-for-time-off-from-work-so- stop-working-so-much.

Doukas, Dimitra, and E. Paul Durrenberger. "Gospel of Wealth, Gospel of Work: Counterhegemony in the U.S. Working Class." *American Anthropologist* 110, no. 2 (2008): 214–24.

"The 5-Day Week in the Ford Plants." *Monthly Labor Review* 23, no. 6 (December 1926): 1162–66.

Fogg, B. J. *Persuasive Technology: Using Computers to Change What We Think and Do*. San Francisco: Morgan Kaufmann, 2003. https://doi. org/10.1016/B978-1-55860-643-2.X5000-8.

Graeber, David. *Bullshit Jobs: A Theory*. New York: Simon & Schuster, 2018.

Huffington, Arianna. "Burnout Is Now Officially a Workplace Crisis." Thrive Global, June 3, 2019. https://thriveglobal.in/stories/burnout-is-now- officially-a-workplace-crisis/.

———. "Don't Call It a Vacation: Thrive Time Is the Key to Sustainable Success." Thrive Global, July 12, 2019. https://thriveglobal.com/stories/ vacation-time-off-pto-prevent-stress-burnout-arianna-huffington/.

———. "Microsteps: The Big Idea That's Too Small to Fail, According to Science." Thrive Global, February 27, 2019. https://thriveglobal.com/ stories/microsteps-big-idea-too-small-to-fail-healthy-habits-willpower/.

Katz, Emily Tess. "The Moment Arianna Knew She Had to Change Her Life." HuffPost, March 25, 2014. https://www.huffingtonpost.com/2014/03/25/arianna-huffington-fainting_n_5030365.html.

Newport, Cal. *Deep Work: Rules for Focused Success in a Distracted World.* New York: Grand Central Publishing, 2016.

"The Nobel Prize in Literature 1950," NobelPrize.org. Accessed March 21, 2020. https://www.nobelprize.org/prizes/literature/1950/summary/.

Petersen, Anne Helen. "How Millennials Became the Burnout Generation." BuzzFeed News, January 5, 2019. https://www.buzzfeednews.com/ article/annehelenpetersen/millennials-burnout-generation-debt-work.

Russell, Bertrand. "In Praise of Idleness." *Harper's Magazine*, October 1932.

https://harpers.org/archive/1932/10/in-praise-of-idleness/.
Saad, Linda. "The '40-Hour' Workweek Is Actually Longer – by Seven Hours." Gallup.com, August 29, 2014. https://news.gallup.com/ poll/175286/hour-workweek-actually-longer-seven-hours.aspx.
Schroeder, Doris. *Work Incentives and Welfare Provision: The "Pathological" Theory of Unemployment*. Oxford and New York: Routledge, 2018.
Weber, Max. *The Protestant Ethic and the Spirit of Capitalism*. Edited by R. H. Tawney. Translated by Talcott Parsons. Mineola, NY: Dover Publications, 2003.

第 1 章

Bennett, Arnold. *How to Live on 24 Hours a Day*. London: New Age Press, 1908.
Currey, Mason. *Daily Rituals: How Great Minds Make Time, Find Inspiration, and Get to Work*. New York: Picador, 2014.
Eiduson, Bernice T. "Scientists and Their Psychological World." *Engineering and Science* 26, no. 5 (February 1, 1963): 22–30.
Epstein, David. *Range: Why Generalists Triumph in a Specialized World.* New York: Riverhead Books, 2019.
Goldsmith, Margie. "Google A.I. Engineer/Rapper Wants Kids to Know It's Cool to Be a Genius." *Forbes*, January 21, 2019. https://www.forbes.com/ sites/ margiegoldsmith/2019/01/21/google-a-i-engineerrapper-wants- kids-to-know-its-cool-to-be-a-genius/.
Hallowell, Edward M. *CrazyBusy: Overstretched, Overbooked, and About to Snap! Strategies for Handling Your Fast-Paced Life*. New York: Ballantine Books, 2007.
Harford, Tim. "A Powerful Way to Unleash Your Natural Creativity." TED video, 2018. https://www.ted.com/talks/tim_harford_a_powerful_way_ to_unleash_your_natural_creativity.
———. "Multi-Tasking: How to Survive in the 21st Century." *Financial Times*, September 3, 2015. https://www.ft.com/content/bbf1f84a-51c2- 11e5-8642-453585f2cfcd.
Huxley, Aldous. The Divine Within: Selected Writings on Enlightenment.New York: Harper Perennial, 2013.
———. Music at Night and Other Essays. London: Flamingo, 1994.
Jacobsen, Annie. *The Pentagon's Brain: An Uncensored History of DARPA,America's Top-Secret Military Research Agency*. New York: Back Bay Books, 2016.
Kerst, Friedrich. *Beethoven: The Man and the Artist, As Revealed in His Own*

Words. Edited by Henry Edward Krehbiel. New York: Dover Publications, 2011.

Koestler, Arthur. *Act of Creation*. New York: Macmillan Company, 1966.

Mejia, Zameena, and Mary Stevens. "This Engineer Was a Homeless Teen –Now He's a Rapper Who Also Works at Google." CNBC, January 8, 2019. https://www.cnbc.com/2019/01/04/google-engineer-went-from- homeless-to-rapper-and-ai-computer-scientist--.html.

Newport, Cal. *Deep Work: Rules for Focused Success in a Distracted World*.New York: Grand Central Publishing, 2016.

"The Nobel Prize in Physics 1964," NobelPrize.org. Accessed March 23, 2020. https://www.nobelprize.org/prizes/physics/1964/townes/facts/.

Rolland, Romain. *Beethoven the Creator*. Translated by Ernest Newman. New York: Garden City Publishing, 2007.

Tchaikovsky, Modeste. *The Life and Letters of Peter Ilich Tchaikovsky*. Edited by Rosa Newmarch. Honolulu, HI: University Press of the Pacific, 2004.

Tory, Brandon. "How Being an Apple and Google Engineer, and a Rapper, Are All the Same. #Multidream." Medium, October 18, 2018. https:// medium.com/@brandontory/multidream-256d88cf8c3e.

———. "M U L T I D R E A M." brandontory. Accessed March 23, 2020. https://www.brandontory.com/multidream.

Townes, Charles. Adventures of a Scientist: Conversation with Charles Townes. Interview by Harry Kreisler, February 15, 2000. http://globetrotter. berkeley.edu/people/Townes/townes-con0.html.

Wallas, Graham. *The Art of Thought*. London: Solis Press, 2014.

第 2 章

Bakker, Arnold B., Ana I. Sanz-Vergel, Alfredo Rodríguez-Muñoz, and Wido G. M. Oerlemans. "The State Version of the Recovery Experience Questionnaire: A Multilevel Confirmatory Factor Analysis." *European Journal of Work and Organizational Psychology* 24, no. 3 (May 4, 2015):350–59. https://doi.org/10.1080/1359432X.2014.903242.

Bell, Eric Temple. *Men of Mathematics*. New York & London: Simon & Schuster, 1986.

Carr, Michelle. "How to Dream Like Salvador Dali." *Psychology Today*, February 20, 2015. https://www.psychologytoday.com/blog/dream- factory/201502/how-dream-salvador-dali.

Ericsson, K. Anders, Ralf T. Krampe, and Clemens Tesch-Römer. "The Role of

Deliberate Practice in the Acquisition of Expert Performance." *Psychological Review* 100, no. 3 (1993): 363–406. https://doi.org/10.1037/ 0033-295X.100.3.363.

Frenzel, Max F., Bogdan Teleaga, and Asahi Ushio. "Latent Space Cartography: Generalised Metric-Inspired Measures and Measure-Based Transformations for Generative Models." *ArXiv:1902.02113 [Cs, Stat]*, February 6, 2019. http://arxiv.org/abs/1902.02113.

Fried, Jason. "Workplace Experiments." Signal v. Noise by Basecamp, March 5, 2008. https://signalvnoise.com/posts/893-workplace-experiments.

Immordino-Yang, Mary Helen, Joanna A. Christodoulou, and Vanessa Singh. "Rest Is Not Idleness: Implications of the Brain's Default Mode for Human Development and Education." *Perspectives on Psychological Science* 7, no. 4 (July 1, 2012): 352–64. https://doi.org/10.1177/1745691612447308.

Kierkegaard, Soren. *The Concept of Anxiety*. Macon, GA: Mercer, 1985.

———. *Either/Or: A Fragment of Life*. Edited by Victor Eremita. Translated by Alastair Hannay. London & New York: Penguin Classics, 1992.

Liu, Luke. "What Is Crop Rotation?" WorldAtlas, April 25, 2017. https:// www.worldatlas.com/articles/what-is-crop-rotation.html.

Pang, Alex Soojung-Kim. *Rest: Why You Get More Done When You Work Less*. New York: Basic Books, 2018.

Pascal, Blaise. *Pensées*. Translated by A. J. Krailsheimer. Penguin Classics.London & New York: Penguin Books, 1995.

Penfield, Wilder. *The Second Career and Other Essays and Addresses*. Boston: Little Brown, 1963.

Poincaré, Henri. *The Foundations of Science: Science and Hypothesis, the Value of Science, Science and Method*. Translated by George Bruce Halsted. New York: Science Press, 1929.

Raichle, Marcus E., Ann Mary MacLeod, Abraham Z. Snyder, William J. Powers, Debra A. Gusnard, and Gordon L. Shulman. "A Default Mode of Brain Function." *Proceedings of the National Academy of Sciences of the United States of America* 98, no. 2 (January 16, 2001): 676–82.

Servick, Kelly. "How Exercise Beefs Up the Brain." Science | AAAS, October 10, 2013. https://www.sciencemag.org/news/2013/10/how-exercise- beefs-brain.

Sonnentag, Sabine. "Psychological Detachment from Work during Leisure Time: The Benefits of Mentally Disengaging from Work." *Current Directions in Psychological Science* 21, no. 2 (April 1, 2012): 114–18. https://doi.org/10.1177/0963721411434979.

Westerborg, Dennis Van. *Quotes That Breathe*. Whimprint Books, 2016.

Bezos, Jeff. "Why Getting 8 Hours of Sleep Is Good for Amazon Shareholders: Interview with Thrive Global." Medium, April 27, 2017. https://medium. com/thrive-global/jeff-bezos-sleep-amazon-19c617c59daa.

Cartwright, Rosalind D. *The Twenty–Four Hour Mind: The Role of Sleep and Dreaming in Our Emotional Lives*. Oxford: Oxford University Press, 2010.

Cooke, Rachel. "'Sleep Should Be Prescribed': What Those Late Nights Out Could Be Costing You." *The Observer*, September 24, 2017. https://www.theguardian.com/lifeandstyle/2017/sep/24/why-lack-of-sleep-health- worst-enemy-matthew-walker-why-we-sleep.

Domínguez, Fernando, Valentín Fuster, Juan Miguel Fernández-Alvira, Leticia Fernández-Friera, Beatriz López-Melgar, Ruth Blanco-Rojo, Antonio Fernández-Ortiz, et al. "Association of Sleep Duration and Quality with Subclinical Atherosclerosis." *Journal of the American College of Cardiology* 73, no. 2 (January 14, 2019): 134–44. https://doi. org/10.1016/j.jacc.2018.10.060.

Frenzel, Max. "The Effects of Caffeine, Alcohol, and Exercise on Sleep: Analyzing the Surprising Results." Medium, December 4, 2018. https:// medium.com/better-humans/the-effects-of-caffeine-alcohol-and- exercise-on-sleep-analyzing-the-surprising-results-117330af2480.

Gritters, Jenni. "Why Strava's CEO Doesn't Work Evenings or Weekends." Medium, April 30, 2019. https://elemental.medium.com/why-stravas- ceo-doesn-t-work-evenings-or-weekends-a72093618711.

Irwin, M., J. McClintick, C. Costlow, M. Fortner, J. White, and J. C. Gillin. "Partial Night Sleep Deprivation Reduces Natural Killer and Cellular Immune Responses in Humans." *FASEB Journal: Official Publication of the Federation of American Societies for Experimental Biology* 10, no. 5 (April 1996): 643–53. https://doi.org/10.1096/fasebj.10.5.8621064.

James, LeBron, Mike Mancias, and Tim Ferriss. "LeBron James and His Top-Secret Trainer, Mike Mancias." *The Tim Ferriss Show*. September 27, 2018. https://tim.blog/2018/11/27/lebron-james-mike-mancias/.

Jensen, Tina Kold, Anna-Maria Andersson, Niels Erik Skakkebæk, Ulla Nordstrøm Joensen, Martin Blomberg Jensen, Tina Harmer Lassen, Loa Nordkap, et al. "Association of Sleep Disturbances with Reduced Semen Quality: A Cross-Sectional Study among 953 Healthy Young Danish Men." *American Journal of Epidemiology* 177, no. 10 (May 15, 2013):1027–37. https://doi.org/10.1093/aje/kws420.

Mah, Cheri D., Kenneth E. Mah, Eric J. Kezirian, and William C. Dement. "The

Effects of Sleep Extension on the Athletic Performance of Collegiate Basketball Players." *Sleep* 34, no. 7 (July 1, 2011): 943–50. https://doi. org/10.5665/SLEEP.1132.

Naska, Androniki, Eleni Oikonomou, Antonia Trichopoulou, Theodora Psaltopoulou, and Dimitrios Trichopoulos. "Siesta in Healthy Adults and Coronary Mortality in the General Population." *Archives of Internal Medicine* 167, no. 3 (February 12, 2007): 296–301. https://doi. org/10.1001/ archinte.167.3.296.

Rea, Mark S., Mariana G. Figueiro, Katherine M. Sharkey, and Mary A. Carskadon. "Relationship of Morning Cortisol to Circadian Phase and Rising Time in Young Adults with Delayed Sleep Times." Clinical Study. *International Journal of Endocrinology*. Hindawi, 2012. https://doi. org/10.1155/2012/749460.

Sandhu, Amneet, Milan Seth, and Hitinder S. Gurm. "Daylight Savings Time and Myocardial Infarction." *Open Heart* 1, no. 1 (March 1, 2014). https:// doi. org/10.1136/openhrt-2013-000019.

Shokri-Kojori, Ehsan, Gene-Jack Wang, Corinde E. Wiers, Sukru B. Demiral, Min Guo, Sung Won Kim, Elsa Lindgren, et al. "ß-Amyloid Accumulation in the Human Brain after One Night of Sleep Deprivation." *Proceedings of the National Academy of Sciences* 115, no. 17 (April 24, 2018): 4483–88. https:// doi.org/10.1073/pnas.1721694115.

Walker, Matthew. "Proof the Secret of a Good Sex Life Is Sleeping Apart."*Daily Mail*, November 1, 2018.

———. "Sleep Is Your Superpower." TED video, April 2019. https://www. ted. com/talks/matt_walker_sleep_is_your_superpower.

———. *Why We Sleep: The New Science of Sleep and Dreams.* London: Penguin Books, 2018.

第 4 章

Barba, Christine. "'Re-Sculpt' Your Brain with Exercise and Lower Dementia Risk by up to 90 Percent, Says Neuroscientist Wendy Suzuki." Being Patient, March 27, 2019. https://www.beingpatient.com/wendy-suzuki- exercise-brain/.

Pang, Alex Soojung-Kim. *Rest: Why You Get More Done When You Work Less.* New York: Basic Books, 2016.

PsiQuantum. "PsiQuantum." Accessed April 8, 2020. https://psiquantum. com/.

Servick, Kelly. "How Exercise Beefs Up the Brain." *Science*, October 10, 2013. https://www.sciencemag.org/news/2013/10/how-exercise-beefs-brain.

Suzuki, Wendy. "The Brain-Changing Benefits of Exercise." TED video. November

2017. https://www.ted.com/talks/wendy_suzuki_the_brain_ changing_ benefits_of_exercise/transcript.
Waitzkin, Josh. *The Art of Learning: An Inner Journey to Optimal Performance*. New York: Free Press, 2008.
Zahabi, Firas. "JRE MMA Show #32 with Firas Zahabi." *The Joe Rogan Experience Podcast*, June 19, 2018. https://www.youtube.com/watch?reload=9&v=xDsoWp743gM.

第 5 章

Aristotle. *Aristotle's Politics: Writings from the Complete Works: Politics, Economics, Constitution of Athens*. Edited by Jonathan Barnes and Melissa Lane. Princeton, NJ: Princeton University Press, 2017.
Bratman, Gregory N., J. Paul Hamilton, Kevin S. Hahn, Gretchen C. Daily, and James J. Gross. "Nature Experience Reduces Rumination and Subgenual Prefrontal Cortex Activation." *Proceedings of the National Academy of Sciences of the United States of America* 112, no. 28 (July 14, 2015): 8567–72. https://doi.org/10.1073/pnas.1510459112.
Cain, Susan. *Quiet: The Power of Introverts in a World That Can't Stop Talking*. New York: Broadway Books, 2013.
Cott, Jonathan. *Conversations with Glenn Gould*. Chicago, IL: University of Chicago Press, 2005.
Dunbar, R. I. M. "The Social Brain: Mind, Language, and Society in Evolutionary Perspective." *Annual Review of Anthropology* 32, no. 1 (2003): 163–81. https://doi.org/10.1146/annurev.anthro.32.061002.093158.
Etherwood. "Etherwood's Facebook Page." Facebook, October 4, 2016. https://www.facebook.com/etherwood/photos/a.492668237465654/1154606401271831/?type=1&theater.
———. "Most Wanted: Etherwood Dreams of a Mobile VW Studio." fabric london, June 12, 2015. https://www.fabriclondon.com/blog/view/most- wanted-etherwood-dreams-of-a-mobile-vw-studio.
Flint, Kate. "Reading Uncommonly: Virginia Woolf and the Practice of Reading." *The Yearbook of English Studies* 26 (1996): 187–98. https://doi.org/10.2307/3508657.
Harris, Michael. "Need to Inspire Creativity? Give Daydreaming A Shot." Discover Magazine, May 16, 2017. https://www.discovermagazine.com/ mind/need-to-inspire-creativity-give-daydreaming-a-shot.
———. *Solitude: In Pursuit of a Singular Life in a Crowded World*. New York:

Thomas Dunne Books, 2017.

Hirst, Jake. "Etherwood Returns with New Music..." UKF, October 23, 2017. https://ukf.com/news/etherwood-returns-new-music/20578.

Hunt, Melissa G., Rachel Marx, Courtney Lipson, and Jordyn Young. "No More FOMO: Limiting Social Media Decreases Loneliness and Depression." *Journal of Social and Clinical Psychology* 37, no. 10 (November 8, 2018):751–68. https://doi.org/10.1521/jscp.2018.37.10.751.

Klinenberg, Eric. *Going Solo: The Extraordinary Rise and Surprising Appeal of Living Alone*. London & New York: Penguin Books, 2013.

Long, Christopher R., and James R. Averill. "Solitude: An Exploration of Benefits of Being Alone." *Journal for the Theory of Social Behaviour* 33, no. 1 (2003): 21–44. https://doi.org/10.1111/1468-5914.00204.

Mellor, Felicity. "The Power of Silence." *Physics World*, April 3, 2014. https://physicsworld.com/a/the-power-of-silence/.

Newport, Cal. *Digital Minimalism: Choosing a Focused Life in a Noisy World*.New York: Portfolio, 2019.

Sivers, Derek. "About." Derek Sivers. Accessed April 8, 2020. https://sivers. org/about.

———. "No 'yes.' Either 'HELL YEAH!' or 'No.'" Derek Sivers, August 26, 2009. https://sivers.org/hellyeah.

———. "Parenting: Who Is It Really For?" Derek Sivers, July 26, 2017. https://sivers.org/pa.

———. "Relax for the Same Result." Derek Sivers, October 2, 2015. https:// sivers.org/relax.

———. "Subtract." Derek Sivers, December 5, 2018. https://sivers.org/ subtract.

———. "Workspiration with Derek Sivers." Workspiration, January 29, 2014. https://workspiration.org/derek-sivers.

Thoreau, Henry David. *Walden*. Princeton, NJ: Princeton University Press, 2004.

Waytz, Adam. "2014: What Scientific Idea Is Ready for Retirement?: Humans Are By Nature Social Animals." Edge, 2014. https://www.edge.org/ response-detail/25395.

Wozniak, Steve, and Gina Smith. *IWoz: Computer Geek to Cult Icon: How I Invented the Personal Computer, Co-Founded Apple, and Had Fun Doing It*. New York: W. W. Norton & Company, 2006.

第 6 章

"A Stoic Response to Rejection." Daily Stoic. August 28, 2017. https:// dailystoic.com/stoic-response-rejection/.

Aquinas, Thomas. *The Summa Theologica of St. Thomas Aquinas*. Translated by Fathers of the English Dominican Province. New York: Christian Classics, 1981.

Aurelius, Marcus. *Meditations*. Translated by Martin Hammond. London: Penguin Classics, 2006.

Epictetus. *Discourses and Selected Writings*. Edited by Robert Dobbin.London: Penguin Classics, 2008.

Godin, Seth. “Do Less.” Porchlight Books, August 24, 2004. https://www.porchlightbooks.com/blog/changethis/2004/Do-Less.

———. *Small Is the New Big: And 183 Other Riffs, Rants, and Remarkable Business Ideas*. New York: Portfolio, 2006.

Godin, Seth and Tim Ferriss. “How Seth Godin Manages His Life - Rules, Principles, and Obsessions.” *The Tim Ferriss Show*, February 10, 2016. https://tim.blog/2016/02/10/seth-godin/.

Holiday, Ryan. *Obstacle Is the Way*. London: Profile Books, 2015.

Jenkins, Tom. “One of the World’s Best Chefs Gives His Cooks Three Days Off a Week.” Fine Dining Lovers, September 8, 2017. https://www.finedininglovers.com/article/one-worlds-best-chefs-gives-his-cooks- three-days-week.

Kondo, Marie. *The Life-Changing Magic of Tidying Up: The Japanese Art of Decluttering and Organizing*. Berkeley: Ten Speed Press, 2014.

———. “Marie’s Top 5 Productivity Tips.” KonMari: The Official Website of Marie Kondo, February 4, 2019. https://konmari.com/marie-kondo- productivity-tips/.

McKeown, Greg. “The Simplest Way to Avoid Wasting Time.” Greg McKeown, October 2, 2014. https://gregmckeown.com/simplest-way- avoid-wasting-time/.

Milner, Rebecca. “How I Get It Done: Organizational Guru Marie Kondo.” The Cut, March 6, 2018. https://www.thecut.com/2018/03/marie-kondo-lifechanging-magic-tidying-up-interview.html.

Nilsson, Magnus. “Magnus Nilsson Speaking at Food on the Edge 2017.” Food on the Edge, February 1, 2018. https://www.youtube.com/watch?v=UOOa0Eqv6hs.

Pieper, Josef. *Leisure: The Basis of Culture*. San Francisco: Ignatius Press, 2009.

Scattergood, Amy. “The Story behind Why Magnus Nilsson Is Closing Fäviken.” *Los Angeles Times*, May 6, 2019. https://www.latimes.com/ food/la-fo-magnus-nilsson-faviken-restaurant-sweden-closing-20190506- story.html.

Stubblebine, Tony. “Replace Your To-Do List with Interstitial Journaling to Increase Productivity.” Medium, September 8, 2017. https://medium.com/

better-humans/replace-your-to-do-list-with-interstitial-journaling- to-increase-productivity-4e43109d15ef.

The School of Life. “Thomas Aquinas,” November 13, 2014. https://www.theschooloflife.com/thebookoflife/the-great-philosophers-thomas- aquinas/.

Witts, Sophie. “Noma 2.0 to Reduce Opening Hours and Raise Prices to Reduce Staff Stress.” Big Hospitality, November 15, 2017. https://www. bighospitality.co.uk/Article/2017/11/15/Noma-2.0-to-reduce-opening- hours-and-raise-prices-to-reduce-staff-stress.

第 7 章

Beard, Alison. “Life’s Work: An Interview with Alice Waters.” *Harvard Business Review*, May 1, 2017. https://hbr.org/2017/05/alice-waters.

Brown, Stuart L. “Consequences of Play Deprivation.” *Scholarpedia* 9, no. 5 (May 7, 2014): 30449. https://doi.org/10.4249/scholarpedia.30449.

Frenzel, Max F., David Jennings, and Terry Rudolph. “Quasi-autonomous Quantum Thermal Machines and Quantum to Classical Energy Flow.” *New Journal of Physics* 18 (February 10, 2016): 023037. https:// doi:10.1088/1367-2630/18/2/023037.

Gopnik, Alison. *The Philosophical Baby: What Children’s Minds Tell Us about Truth, Love and the Meaning of Life*. London: Bodley Head, 2009.

———. “What Do Babies Think?” TED video, July, 2011. https://www.ted. com/talks/alison_gopnik_what_do_babies_think.

Gopnik, Alison, Andrew N. Meltzoff, and Patricia K. Kuhl. *The Scientist in the Crib: What Early Learning Tells Us about the Mind*. New York: William Morrow Paperbacks, 1999.

Hallowell, Edward M. *Shine: Using Brain Science to Get the Best from Your People*. Harvard, MA: Harvard Business Press, 2011.

“Hermann Hesse – Facts.” NobelPrize.org. Accessed April 10, 2020. https:// www.nobelprize.org/prizes/literature/1946/hesse/facts/.

Hesse, Herman. *My Belief: Essays on Life and Art*. New York: Farrar, Straus & Giroux, 1974.

Hilbert, Matthias. *Hermann Hesse und sein Elternhaus - Zwischen Rebellion und Liebe: Eine biographische Spurensuche*. Stuttgart: Calwer Verlag GmbH, 2005.

Kinchin, Juliet, and Aidan O’Connor. *Century of the Child: Growing by Design 1900–2000*. New York: The Museum of Modern Art, New York, 2012.

Page, Karen, and Andrew Dornenburg. *The Flavor Bible: The Essential Guide to Culinary Creativity, Based on the Wisdom of America’s Most Imaginative*

Chefs. New York: Little, Brown and Company, 2008.

Pollan, Michael. *How to Change Your Mind: What the New Science of Psychedelics Teaches Us About Consciousness, Dying, Addiction, Depression, and Transcendence*. New York: Penguin Press, 2018.

Potts, Rolf. *Vagabonding: An Uncommon Guide to the Art of Long-Term World Travel*. New York: Villard Books, 2002.

Stuart, Mel. *Willy Wonka & the Chocolate Factory*. Paramount Pictures, 1971.

Waters, Alice. "Interview with Chef, Author and Slow Food Advocate Alice Waters." Julie Ann Wrigley Global Institute of Sustainability, March 20, 2019. https://sustainability.asu.edu/news/archive/interview-with-chef- author-and-slow-food-advocate-alice-waters.

Watts, Alan. *Does It Matter?: Essays on Man's Relation to Materiality*. Novato, CA: New World Library, 2010.

———. *Psychotherapy East and West*. Novato, CA: New World Library, 1989.

———. *Wisdom of Insecurity: A Message for an Age of Anxiety*. London: Rider, 1987.

第 8 章

Chambers, Veronica. "Lupita Nyong'o Talks *Us* Movie, *Black Panther*, and Working with Jordan Peele." *Marie Claire*, February 5, 2019. https://www.marieclaire.com/celebrity/a26102917/lupita-nyongo-us-interview-2019/.

Drew, Kimberly. "For the Love of Lupita Nyong'o." *Vanity Fair*, September 3, 2019. https://www.vanityfair.com/hollywood/2019/09/lupita-nyongo- cover-story.

Gayduk, Jane. "Beyond Stunts with Stefan Sagmeister." *Sixtysix Magazine*, July 10, 2019. https://sixtysixmag.com/stefan-sagmeister/.

Iyer, Pico. "Why We Travel." Salon, March 18, 2000. https://www.salon.com/2000/03/18/why/.

Kazantzakis, Nikos. *Zorba the Greek*. Translated by Peter Bien. New York: Simon & Schuster, 2014.

Kuralt, Charles. *A Life on the Road*. New York: Ballantine Publishing Group, 1990.

Melville, Herman. *Moby Dick*. Ware, Hertfordshire: Wordsworth Editions Ltd, 1993.

Potts, Rolf. *Vagabonding: An Uncommon Guide to the Art of Long-Term World Travel*. New York: Villard Books, 2002.

Sagmeister, Stefan. "Answers." Sagmeister Inc. Accessed April 13, 2020. http://sagmeister.com/answers/.

"The Power of Time Off." TED video, July 2009. https://www.ted.com/talks/

stefan_sagmeister_the_power_of_time_off.
Tzu, Lao. *Tao Te Ching: A New English Version*. Translated by Stephen Mitchell. New York: Harper Perennial Modern Classics, 2006.

第 9 章

Bloomberg. "Brunello Cucinelli Insists on Balance at His Business." The Business of Fashion, November 5, 2015. https://www.businessoffashion. com/articles/news-analysis/italian-fashion-brunello-cucinelli.
Bosker, Bianca. "The Binge Breaker." *The Atlantic*, November 2016. https://www.theatlantic.com/magazine/archive/2016/11/the-binge- breaker/501122/.
Carr, Nicholas. *The Shallows: What the Internet Is Doing to Our Brains*. New York: W. W. Norton & Company, 2011.
"Center for Humane Technology: Realigning Technology with Humanity." Center for Humane Technology. Accessed April 13, 2020. https:// humanetech.com/.
Charnov, Eric L. "Optimal Foraging, the Marginal Value Theorem." *Theoretical Population Biology* 9, no. 2 (April 1, 1976): 129–36. https:// doi.org/10.1016/0040-5809(76)90040-X.
Cucinelli, Brunello. "A Fair Working Life." Brunello Cucinelli, June 12, 2012. https://www.brunellocucinelli.com/en/il-giusto-lavoro.html.
———. "Code of Ethics of Brunello Cucinelli," June 20, 2011. investor.brunellocucinelli.com/yep-content/media/Code_of_Ethics.pdf.
Fromm, Erich. *The Anatomy of Human Destructiveness*. New York: Holt Paperbacks, 1992.
Fuchs, Eberhard, and Gabriele Flügge. "Adult Neuroplasticity: More Than 40 Years of Research." *Neural Plasticity* 2014 (2014). https://doi.org/10.1155/2014/541870.
Gazzaley, Adam, and Larry D. Rosen. *The Distracted Mind: Ancient Brains in a High-Tech World*. Cambridge, MA: MIT Press, 2017.
Harris, Tristan. "Essays." Tristan Harris, May 19, 2016. https://www. tristanharris.com/essays.
———. "How Technology Is Hijacking Your Mind — from a Magician and Google Design Ethicist." Medium, October 16, 2019. https://medium. com/thrive-global/how-technology-hijacks-peoples-minds-from-a- magician-and-google-s-design-ethicist-56d62ef5edf3.
———. "Is Technology Amplifying Human Potential, or Amusing Ourselves to Death?" Daily Good, June 17, 2015. http://www.dailygood.org/ story/1063/is-technology-amplifying-human-potential-or-amusing- ourselves-to-death-/.
Kim, Tammy D., Gahae Hong, Jungyoon Kim, and Sujung Yoon. "Cognitive

Enhancement in Neurological and Psychiatric Disorders Using Transcranial Magnetic Stimulation (TMS): A Review of Modalities, Potential Mechanisms and Future Implications." *Experimental Neurobiology* 28, no. 1 (February 2019): 1–16. https://doi.org/10.5607/ en.2019.28.1.1.

Lendved, Nolan. "Lynda Barry at NASA: Drawing to Infinity and Beyond." Wisconsin Institute for Discovery, June 9, 2016. https://wid.wisc.edu/ lynda-barry-at-nasa/.

Leroy, Sophie. "Why Is It So Hard to Do My Work? The Challenge of Attention Residue When Switching between Work Tasks." *Organizational Behavior and Human Decision Processes* 109, no. 2 (July 1, 2009): 168–81. https://doi.org/10.1016/j.obhdp.2009.04.002.

Li, Yunyun, Fang Liu, Qin Zhang, Xinghua Liu, and Ping Wei. "The Effect of Mindfulness Training on Proactive and Reactive Cognitive Control." *Frontiers in Psychology* 9 (June 20, 2018). https://doi.org/10.3389/ fpsyg.2018.01002.

Malik, Om. "Brunello Cucinelli." On my Om, April 27, 2015. https:// om.co/2015/04/27/brunello-cucinelli-2/.

Mandolesi, Laura, Francesca Gelfo, Laura Serra, Simone Montuori, Arianna Polverino, Giuseppe Curcio, and Giuseppe Sorrentino. "Environmental Factors Promoting Neural Plasticity: Insights from Animal and Human Studies." *Neural Plasticity* 2017 (2017). https://doi. org/10.1155/2017/7219461.

Mandolesi, Laura, Arianna Polverino, Simone Montuori, Francesca Foti, Giampaolo Ferraioli, Pierpaolo Sorrentino, and Giuseppe Sorrentino. "Effects of Physical Exercise on Cognitive Functioning and Wellbeing: Biological and Psychological Benefits." *Frontiers in Psychology* 9 (April 27, 2018). https://doi.org/10.3389/fpsyg.2018.00509.

Newport, Cal. *Deep Work: Rules for Focused Success in a Distracted World*.New York: Grand Central Publishing, 2016.

———. *Digital Minimalism: Choosing a Focused Life in a Noisy World*. New York: Portfolio, 2019.

Postman, Neil. *Technopoly: The Surrender of Culture to Technology*. New York: Vintage, 1993.

Rosen, L. D., A. F. Lim, J. Felt, L. M. Carrier, N. A. Cheever, J. M. Lara- Ruiz, J. S. Mendoza, and J. Rokkum. "Media and Technology Use Predicts Ill-Being among Children, Preteens and Teenagers Independent of the Negative Health Impacts of Exercise and Eating Habits." *Computers in Human Behavior* 35 (June 2014): 364–75. https://doi.org/10.1016/j. chb.2014.01.036.

Shlain, Tiffany. "Do Yourself a Favor: Unplug This Shabbat." The Forward, March 2, 2017. https://forward.com/scribe/364784/do-yourself-a-favor- unplug-this-shabbat/.

Shlain, Tiffany, and John Fitch. "Tech Shabbats with Tiffany Shlain." *Time Off*, June 10, 2018. https://anchor.fm/timeoff/episodes/Tech-Shabbats- With-Tiffany-Shlain-e1kcjd.

Skinner, B. F. *Science and Human Behavior*. Oxford, England: Macmillan, 1953.

Stenfors, Cecilia U. D., Stephen C. Van Hedger, Kathryn E. Schertz, Francisco A. C. Meyer, Karen E. L. Smith, Greg J. Norman, Stefan C. Bourrier, et al. "Positive Effects of Nature on Cognitive Performance across Multiple Experiments: Test Order but Not Affect Modulates the Cognitive Effects." *Frontiers in Psychology* 10 (2019). https://doi.org/10.3389/ fpsyg.2019.01413.

Thoreau, Henry David. *Walden*. Princeton, NJ: Princeton University Press, 2004.

Zanto, Theodore P., and Adam Gazzaley. "Neural Suppression of Irrelevant Information Underlies Optimal Working Memory Performance." *The Journal of Neuroscience* 29, no. 10 (March 11, 2009): 3059–66. https://doi.org/10.1523/JNEUROSCI.4621-08.2009.

第１０章

Aarstol, Stephan. *The Five-Hour Workday: Live Differently, Unlock Productivity, and Find Happiness*. Lioncrest Publishing, 2016.

———. "How to Make a 5-Hour Workday Work for You." *Entrepreneur*, July 27, 2016. https://www.entrepreneur.com/article/279772.

———. "My Company Implemented a 5-Hour Workday — and the Results Have Been Astounding." Thrive Global, October 3, 2018. https:// thriveglobal.com/stories/my-company-implemented-a-5-hour-workday- and-the-results-have-been-astounding/.

Adeney, Pete. "About." Mr. Money Mustache, April 27, 2014. https://www.mrmoneymustache.com/about/.

———. "The 4% Rule: The Easy Answer to 'How Much Do I Need for Retirement?'" Mr. Money Mustache, May 29, 2012. https:// www.mrmoneymustache.com/2012/05/29/how-much-do-i-need-for- retirement/.

———. "Great News – Early Retirement Doesn't Mean You'll Stop Working." Mr. Money Mustache, April 16, 2015. https://www.mrmoneymustache.com/2015/04/15/great-news-early-retirement-doesnt-mean-youll-stop-working/.

———. "Seek Not to Be Entertained." Mr. Money Mustache, September 20, 2017. https://www.mrmoneymustache.com/2017/09/20/seek-not-to-be-entertained/.

Borges, Jorge Luis. *The Library of Babel*. Translated by Andrew Hurley.Boston: David R. Godine Publisher Inc, 2000.

Branson, Richard. "Flexible Working Is Smart Working." Text. Virgin, February 3, 2015. https://www.virgin.com/richard-branson/flexible- working-smart-working.

———. "Give People the Freedom of Where to Work." Text. Virgin, February 25, 2013. https://www.virgin.com/richard-branson/give-people-the- freedom-of-where-to-work.

———. "My (Usual) Daily Routine." Text. Virgin, April 7, 2017. https:// www.virgin.com/richard-branson/my-usual-daily-routine.

———. "Proof That Flexible Working Works." Text. Virgin, April 26, 2019. https://www.virgin.com/richard-branson/proof-flexible-working-works.

———. "The Way We All Work Is Going to Change." Text. Virgin, December 12, 2018. https://www.virgin.com/richard-branson/way-we-all-work- going-change.

Fried, Jason, and David Heinemeier Hansson. *It Doesn't Have to Be Crazy at Work*. New York: Harper Business, 2018.

Fujimoto, Taro. "Work-Life Balance More Important Than Ever." Japan Today, March 9, 2009. https://japantoday.com/category/features/ executive-impact/work-life-balance-more-important-than-ever.

Gloria, Kristine. "Artificial Intimacy: A Report on the 4th Annual Aspen Roundtable on Artificial Intelligence." The Aspen Institute, 2020. https://csreports.aspeninstitute.org/documents/AI2020.pdf.

Helgoe, Louise. *Introvert Power: Why Your Inner Life Is Your Hidden Strength*. Naperville, IL: Sourcebooks, 2013.

"Impact." Deepmind. Accessed April 22, 2020. https://deepmind.com/ impact.

"Japan Debuts Legal Cap on Long Work Hours under Labor Reform Law, but for Now Only Big Firms Affected." *Japan Times*, April 1, 2019. https://www.japantimes.co.jp/news/2019/04/01/business/japan-debuts- legal-cap-long-work-hours-labor-reform-law-now-big-firms-affected/#. XdtM8S-Q3zI.

Kay, Alan C. "Predicting the Future." *Stanford Engineering* 1, no. 1 (Autumn 1989): 1–6.

Komuro, Yoshie. "Life Balance." TEDx Talks, June 29, 2012. https://www.youtube.com/watch?v=2Y4E2uCuJaE.

Kreider, Tim. *We Learn Nothing: Essays*. New York: Simon & Schuster, 2013.

Lee, Kai-Fu. *AI Superpowers: China, Silicon Valley, and the New World Order*. Boston: Houghton Mifflin Harcourt, 2018.

———. "Automation Will Force Us to Realize That We Are Not Defined by What We Do." Quartz, October 10, 2018. https://qz.com/1383648/ automation-will-remind-us-that-we-are-not-defined-by-what-we-do/.

———. "We Are Here to Create." Edge. Accessed April 22, 2020. https:// www.

edge.org/conversation/kai_fu_lee-we-are-here-to-create.

Markoff, John. "Business Technology; Talking to Machines: Progress Is Speeded - *The New York Times*." *New York Times*, July 6, 1988. https:// www.nytimes.com/1988/07/06/business/business-technology-talking-to- machines-progress-is-speeded.html.

Metz, Cade. "In Two Moves, AlphaGo and Lee Sedol Redefined the Future." *Wired*, March 16, 2016. https://www.wired.com/2016/03/two-moves-alphago-lee-sedol-redefined-future/.

Odell, Jenny. *How to Do Nothing: Resisting the Attention Economy*. Brooklyn, NY: Melville House, 2019.

Purtill, Corinne. "A Former Symbol of Silicon Valley's 'Crush It' Culture Now Regrets Working So Much." Quartz at Work, December 9, 2018. https://qz.com/work/1488217/a-former-symbol-of-silicon-valleys-crush- it-culture-now-regrets-working-so-much/.

Russell, Bertrand. "In Praise of Idleness." *Harper's Magazine*, October 1932. https://harpers.org/archive/1932/10/in-praise-of-idleness/.

Schawbel, Dan."Shark Tank Roundtable – Their Bestand Worst Deals." Forbes, June 4, 2012. https://www.forbes.com/sites/danschawbel/2012/06/04/ shark-tank-roundtable-their-best-and-worst-deals/#6938437f9ca7.

Schwab, Klaus. "Globalization 4.0 - What Does It Mean?" World Economic Forum, November 5, 2018. https://www.weforum.org/agenda/2018/11/ globalization-4-what-does-it-mean-how-it-will-benefit-everyone/.

Silver, David. "AlphaZero and Self Play (David Silver, DeepMind)." *AI Podcast*, April 4, 2020. https://www.youtube.com/watch?v=e77NkSjnyH4&feature=youtu.be.

"Standup Paddle Boarding Careers at Tower." Tower Paddle Boards. Accessed April 22, 2020. https://www.towerpaddleboards.com/v/tower- careers.htm.

Tromp, John. "Counting Legal Positions in Go." John Tromp. Accessed April 22, 2020. https://tromp.github.io/go/legal.html.

Zuckerman, Andrew. "Kai-Fu Lee on the Power of A.I. to Transform Humanity." Time Sensitive. Accessed April 22, 2020. https://www. timesensitive.fm/episode/kai-fu-lee-power-artificial-intelligence- transform-humanity/.

著者略歴

ジョン・フィッチ(John Fitch)

ビジネス・コーチ、エンジェル投資家、ライター。仕事中毒から立ち直りつつあり、この本は昔の自分を念頭に執筆した。テキサス大学オースティン校で経営とメディアを学んだ。デジタルプロダクト・デザインによりキャリアを積み上げ、働く人が楽しくなさそうな仕事の自動化を推進する技術開発に投資するエンジェル投資家。未来の経営と働き方に大きな興味があり、近い将来、みんながクリエイティブな仕事をするだろうと考えている。ディナーパーティーを企画し、新しいアイディアやひらめきに出会うのが好き。柔術に励み、新しいところを旅したり、スイカを栽培したり、音楽を演奏したり、大好きな人とダンスしたりしている。

ホームページ:www.john-fitch.com

マックス・フレンゼル(Max Frenzel)

AI研究者、ライター、デジタル・クリエイティブ。インペリアル・カレッジ・ロンドンで量子情報理論を研究し博士号を取得後、東京大学のポスト・ドクター・リサーチ・フェローとして着任。AI研究とプロダクトデザインを組み合わせるスタートアップ事業に多数参加。最近の関心は、クリエイティビティとデザイン、音楽にAIやディープ・ラーニングなどを融合させること。かかわったAIアートの中には、ロンドンのバービカン・センターに展示された物もある。AIとクリエイティビティをテーマに講演活動も行っている。タイムオフの時間には、おいしいコーヒーを楽しむ。パン焼き名人になるための練習も欠かさない。電子音楽を作り東京の各地で演奏も行っている。

ホームページ:www.maxfrenzel.com

イラストレーター略歴

Mariya Suzuki

イラストレーター。奈良県出身。カリフォルニア州ロングビーチでイラストを学んだ。現在は東京を拠点にイラストレーター/アーティストとして活動している。世界中のたくさんのミュージシャンや食のスペシャリスト、著者、出版社に作品を提供してきた。出版やメディア関係以外でも、インテリアデザイン分野でも活躍し、壁画を描くこともある。仕事以外では、街をぶらぶらして、目に飛び込んできたものや耳に入ってきたストーリーをスケッチするのが好き。暮らしの身の回りのものも、よくスケッチしている。

ホームページ:www.mariyasketch.com

訳者略歴

ローリングホフ育未(Ikumi Roelinghoff)

翻訳家・トロント大学OISE修士。

TIME OFF
働《はたら》き方《かた》に“生産性《せいさんせい》”と“創造性《そうぞうせい》”を取《と》り戻《もど》す戦略的休息術《せんりゃくてききゅうそくじゅつ》

2023年4月1日　初版発行

著　者　ジョン・フィッチ　マックス・フレンゼル

訳　者　ローリングホフ育未

発行者　小早川幸一郎

発　行　株式会社クロスメディア・パブリッシング
〒151-0051 東京都渋谷区千駄ヶ谷4-20-3 東栄神宮外苑ビル
https://www.cm-publishing.co.jp
◎本の内容に関するお問い合わせ先：TEL(03)5413-3140／FAX(03)5413-3141

発　売　株式会社インプレス
〒101-0051 東京都千代田区神田神保町一丁目105番地
◎乱丁本・落丁本などのお問い合わせ先：FAX(03)6837-5023
service@impress.co.jp
※古書店で購入されたものについてはお取り替えできません

印刷・製本　中央精版印刷株式会社

 ISBN978-4-295-40811-6　C2034